한·중 언어문화 현상
: 담화 중심 완곡 표현의 사용 양상 연구
韩中语言文化现象: 以谈话为中心的委婉表达使用样相研究

한·중 언어문화 현상: 담화 중심 완곡 표현의 사용 양상 연구

韩中语言文化现象:
以谈话为中心的委婉表达使用样相研究

한존새 韩存玺 著

역락

머리말

 이 책은 대조언어학적인 관점에서 한국어와 중국어 완곡 표현의 사용 양상을 연구하였다. 구체적으로 담화 차원에서 담화 요인을 고려하여 한국어와 중국어의 완곡 표현을 예문을 통해 살펴보고, 거기서 발견되는 공통점과 차이점을 분석하였다.

 이러한 논의를 바탕으로 완곡 표현에 대해 더 깊이 이해할 수 있을 뿐만 아니라, 한국어 학습자의 사용상 오류를 줄일 수 있는 방안에 대해서도 알 수 있었다. 특히 소통과 이해를 중요시하는 현대 사회에서 상황에 맞는 적절한 완곡 표현의 사용이 중요함을 알 수 있었다.

2025. 10.

한존새(韩存玺)

차례

머리말　5

제1장 서론 • 9

　1.1. 연구 목적 및 필요성　9
　1.2. 선행 연구 검토　12
　　1.2.1. 한국에서의 완곡 표현에 대한 연구　13
　　1.2.2. 중국에서의 완곡 표현에 대한 연구　21
　1.3. 연구 대상 및 방법　27

제2장 이론적 배경 • 29

　2.1. 완곡 표현의 개념과 특징　29
　　2.1.1. 완곡 표현의 개념　29
　　2.1.2. 완곡 표현의 특징　31
　2.2. 완곡 표현의 유형 분류　37
　　2.2.1. 한국에서의 완곡 표현의 유형 분류　38
　　2.2.2. 중국에서의 완곡 표현의 유형 분류　42
　2.3. 담화 중심 완곡 표현　45
　　2.3.1. 담화의 개념　45
　　2.3.2. 담화 상황 맥락의 구성 요소　47
　　2.3.3. 담화 중심 완곡 표현의 유형 분류　52

제3장 담화 중심 한·중 완곡 표현의 사용 양상 · 54

   3.1. 담화 참여자 요인   54
      3.1.1. 청자 중심   55
      3.1.2. 화자 중심   65
      3.1.3. 제3자 중심   71
   3.2. 담화 기능 요인   76
      3.2.1. 정보 요청하기와 정보 전달하기   79
      3.2.2. 설득하기와 권고하기   100
      3.2.3. 태도 표현하기   134
      3.2.4. 감정 표현하기   176
      3.2.5. 사교적 활동하기   204
   3.3. 담화 목적 요인   224
      3.3.1. 피휘 목적   226
      3.3.2. 피휘와 예의 및 존중 공동 목적   237
      3.3.3. 예의 및 존중 목적   249
      3.3.4. 숨김 및 위장 목적   256

제4장 결론 · 259

참고문헌   263

표 차례

〈표 1〉 한국에서의 완곡 표현의 유형 분류　　　　　　　40
〈표 2〉 중국에서의 완곡 표현의 유형 분류　　　　　　　44
〈표 3〉 담화 중심 완곡 표현의 유형 분류　　　　　　　　53
〈표 4〉〈국제 통용 한국어 표준 교육과정 적용 연구〉의 기능 분류　78

그림 차례

〈그림 1〉 담화 목적별 완곡 표현의 유형 분류　　　　　　225

제1장
서론

1.1. 연구 목적 및 필요성

　원활한 의사소통 능력은 외국어를 배우는 학습자에게 가장 기본적인 욕구 중 하나이다. 의사소통 능력은 언어학, 특히 사회언어학에서 많이 언급되는 개념으로, 모어 화가가 제2언어를 학습할 때 필요로 하는 언어 능력을 지칭한다. 이는 학습자가 문법을 이해하고 응용할 수 있는 능력뿐만 아니라, 잘못된 발화를 수정하고 어떻게 적절한 발화를 할 수 있는지 판단할 수 있는 능력까지를 포함한다. 효과적인 의사소통은 정확한 문장 표현을 구사하는 것에서 시작되기 때문에 실제 상황에 맞지 않는 표현을 사용하게 되면 의사소통에 장애가 생길 수밖에 없다.
　우리는 언어를 통해 의사소통을 한다. 중국 속담에 '말 한마디에 천 냥 빚을 갚기도 하고 말 한마디 잘못해서 패가망신을 한다.'는 말이 있다. 동서고금을 막론하고 언어의 중요성은 예나 지금이나 아무리 강조해도 지나침이 없을 것이다. 그러나 실제 언어생활에서는 각 나라의 문화, 사회, 종교, 심리,

감정 등이 많이 다르기 때문에 언어를 사용할 때 슬기로움이 필요하다. 일상생활에서 아무런 문제없이 사용할 수 있는 말이 있는 반면, 사용이 극히 제한되거나 금기되는 말들도 존재하기 때문에 원활한 의사소통을 하기 위해서는 상황에 맞는 적절한 완곡 표현의 사용이 필요하다.

완곡 표현은 인류사회에서 흔히 사용되는 언어 표현이고 원활한 의사소통에 중요한 역할을 한다. 우리의 사회생활에서는 사회, 문화, 교육, 종교, 심리, 감정, 인지 등 여러 가지 원인으로 금기나 기피해야 하는 상황이 종종 있다. 그러나 이러한 상황에서 외국인 학습자는 같은 뜻의 여러 가지 표현 중에 어느 표현을 선택해야 하는지, 그리고 어떻게 말을 해야 상대방이 쉽게 받아들일 수 있는지에 대해 어려움이 따를 수밖에 없는 상황이다. 언어를 곱게 사용하고 상대방의 마음을 상하지 않게 하는 것은 매우 중요한 일이다. 이때 대화 상대에게 실례를 범하지 않고 듣기 좋게 말을 하는 것이 바로 완곡 표현이라 할 수 있다. 다시 말하면, 대화 상대의 불쾌감을 감소시키고 직접적인 용어를 사용하는 대신, 모호하고 우회적인 용어로 완곡하게 말하는 표현이 완곡 표현이다.

한국과 중국은 오래 전부터 같은 유교 문화권에 속하기에 언어를 사용할 때 예의나 겸손을 생각하면서 말을 부드럽고 좋게 하는 경향이 있었다. 특히 상대방을 자극하는 용어를 사용하지 않고 말을 완곡하게 사용하는 것을 미덕이라고 생각했다.

완곡 표현은 터부(taboo)와 관계가 있다. 터부는 인류학이나 사회학 등 영역에서 많이 쓰이는 단어로, 禁忌로 번역된다. 즉 신성하거나 속된 것, 또는 깨끗하거나 부정하다고 인정된 사물, 장소, 행위, 인격, 말 따위에 관하여 접촉하거나 이야기하는 것을 금하거나 꺼리고, 그것을 범하면 초자연적인 제재가 가해진다고 믿는 習俗을 가리킨다. 따라서 터부를 침범한 자는 자기 자신이 재앙에 휘둘릴 뿐만 아니라, 자신의 주위 사람들이나 공동체도 재앙을 가져온다고 믿는다.

 과거 과학기술이 발달하지 않았던 원시 단계의 사람들은 이해하지 못하는 자연현상에 대해 맹목적으로 경외하고 귀신이나 괴물 등 초자연적 능력을 믿으면서 금기와 숭배가 생겨나게 되었다. 이후 금기라는 용어는 많은 문화들 속에서 회피가 요구되는 복합적인 제도와 관행에 대한 적용으로 확대되었다. 즉, 만져서는 안 되는 물건, 먹어서는 안 되는 음식, 들어가면 안 되는 장소, 말해서는 안 되는 단어, 보거나 행해서는 안 되는 사건들을, 위험하기 때문에, 혹은 접촉으로 인하여 초래될지도 모르는 손상 때문에 회피하게 만들었다.(고영복, 2000)

 금기는 어느 나라든 존재한다. 또한 모든 나라와 민족은 다 자기 문화 속에 특유한 금기 형태와 내용을 가지고 있다. 따라서 낯선 환경에서 금기를 모르면 남의 기분을 상하게 하거나 오해와 충돌을 일으키게 된다. 이에 원활한 의사소통을 진행하기 위해서는 말을 곱게 하고 금기를 회피하는 완곡 표현을 쓰는 게 좋은 선택이라고 믿어 왔다. 그러나 완곡 표현 속에는 사회제도·문화·역사·가치관 등 종합적인 배경이 내재화되어 있기 때문에 외국인 학습자가 학습하기에는 많은 어려움이 따른다. 또한 학습자들이 학교에서 다른 나라 언어를 배울 때에도 단순히 어휘, 문법, 일상 회화, 문장 등 언어 기능을 배울 뿐 완곡 표현에 관한 내용이 전혀 없는 상태이다. 게다가 완곡 표현은 내포적인 의미를 파악해야 하기 때문에 외연적인 의미에 집중하는 학습자들에게 큰 놀람뿐만 아니라, 그 의미를 파악하는 데에도 어려움을 줄 수 있다. 의사소통 측면에서 보면 큰 문제가 없다고 할 수 있지만 듣는 사람의 심리나 생각은 화자의 표현에 따라 차이가 많이 난다. 예를 들어 '오늘 밥을 같이 먹자. 오늘 밥을 같이 먹을래? 오늘 밥을 같이 먹니? 오늘 밥을 같이 먹지 않을래? 오늘 밥을 같이 밥을 같이 안 먹을래? 오늘 밥을 같이 먹으면 좋을 텐데. 오늘 밥을 같이 먹어. 오늘 밥을 같이 먹으면 어떨까?

오늘 밥을 같이 먹으면 어떠신지? 오늘 밥을 같이 먹읍시다.'와 같은 표현 등은 겉으로 보면 의미가 비슷한 것 같지만 청자 입장에서 보면 미묘한 차이가 분명이 있다. 따라서 의미적으로 비슷한 표현들이 많을 경우 원어민이 아닌 사람들과 대화를 할 때 어떤 표현을 선택해야 그 언어 환경에 부합하는지 판단을 해야 한다. 또한 자신뿐만 아니라 대화 상대의 성격이나 심리 상태, 직업, 등급, 대화의 분위기 등 여러 가지를 같이 고려해야 한다.

현재의 외국어 교육 현장에는 완곡이나 완곡 표현 또는 이와 직·간접으로 관련된 교육 내용이 거의 없다. 언어 교재에 일부 완곡 표현과 관련된 어휘나 문장이 있다 하더라도 문화와 관습, 역사 등의 시각에서 구체적 설명이 없다. 따라서 동일한 의미의 표현이라 하더라도 어떤 차이가 있는지 언제 어떤 환경에서 사용해야 하는지 등 학습자가 어려움을 느끼게 될 수밖에 없다.

원활한 의사소통을 하기 위해서는 완곡 표현의 정확한 사용에 관한 연구가 필요하다. 한·중 완곡 표현의 정확한 사용은 두 나라의 언어뿐만 아니라 두 나라의 문화까지도 더 깊이 이해하는 데에 도움이 될 수 있을 것이다. 그러나 기존의 한·중 완곡 표현에 관한 연구는 주로 어휘나 문장 차원, 생성 방식, 유형 분류 등의 측면에서 양국의 공통점과 차이점을 밝히는 데에 중점을 두고 있었다. 이 책은 완곡 표현을, 단순한 어휘나 문장 차원에서보다는 실제적이고 실용적인 담화 차원에서 비교하는 데 목적을 두었다. 즉, 실제 언어 환경을 고려하여 담화 차원의 한·중 완곡 표현의 공통점과 차이점을 찾아내고, 어떤 규칙을 설정할 수 있는지를 탐구하고자 하는 것이다.

1.2. 선행 연구 검토

본 절에서는 한국과 중국에서의 완곡 표현에 대한 기존 연구를 살펴서, 이 책의 논의 방향을 명확히 하고자 한다.

1.2.1. 한국에서의 완곡 표현에 대한 연구

지금까지 한국에서 이루어진 한국어 완곡 표현에 관련된 연구들을 보면 주로 국어학적 측면, 교육학적 측면, 대조 언어학적 측면 등으로 나눌 수 있다.

완곡 표현에 대한 국어학적 연구로는 이용주(1959), 노대규(1975), 김재민(1992), 문금현(1999), 조혜선(1999), 김미형(2000), 김홍석(2008), 성미선(2009), 권길호(2015), 马丽(2019) 등을 들 수 있는데 주로 어휘적 측면에서의 연구가 주를 이루었다.

이용주(1959)는 한국에서의 완곡 표현에 대해 최초의 연구로, '완곡어법'이란 용어를 처음 사용하였다. 그러면서 ①생리작용, 성, 신체, 배설물 ②죽음 ③인명 ④병 ⑤음식 ⑥직업, 신분 등 영역으로 나누어 완곡어법을 분석하였고, 일상의 언어활동과 완곡한 표현의 관계도 같이 논의하였다. 그러나 이 연구에서는 완곡 표현의 사용 영역의 분류 기준을 명시하지 않았을 뿐만 아니라, 분류 중 서로 겹치는 부분이 존재한다는 한계를 드러낸다.

노대규(1975)는 완곡어법이라는 것은 화자가 청자에게 수치 감정이나 불쾌 감정, 또는 공포 감정을 불러일으키는 직접적이고 노골적인 단어나 표현 사용을 피하고, 그러한 감정들을 간접적이고 시사적인 완곡한 단어나 표현으로 바꾸어 나타내는 화법이라고 정의하였다. 그러면서 완곡 표현의 의미 변화와 완곡어법의 생성 원인을 논의하였다. 그러나 완곡 표현을 구체적인 담화 상황에서 어떻게 써야 하는지, 완곡 표현을 문장 측면에서의 사용할 때 어떤 규칙이 있는지에 대해서는 제시하지 못하였다.

김재민(1992)은 '완곡어법'이란 용어를 사용하면서, 주로 미국에서 경칭을 쓰는 관습이 어떻게 달라지고 또 자기의 직업이나 위치를 어떻게 완곡하게 표현하는가를 논의하였다. 나아가 미국인들이 입에 담지 않는 말은 어떤 것이며, 그 말을 어떻게 바꾸어 쓰는가도 같이 논의하였다. 그러나 완곡 표현의 생성 원인이나 완곡 방식에 대해서는 구체적인 분석이 부족하다.

문금현(1999)은 전통적인 어휘 차원의 완곡어법에서 조금 벗어나 '완곡성'을 논의하였는데, 부차적 의미 특성으로서 완곡성을 가지고 있는 국어 관용 표현들을 제시하였다. 이러한 관용 표현에는, 두려움이나 공포의 대상이 되는 것을 돌려서 표현하는 경우, 직접 말하기 어려운 일에 대한 표현을 비유적으로 표현하는 경우, 상대방에게 불쾌감을 주는 내용을 돌려서 표현하는 경우, 추하고 더러운 것을 돌려서 표현하는 경우가 있다고 하면서 구절과 문장을 포함하는 '완곡성을 갖는 관용 표현'을 들었다. 이 연구는 완곡성을 가지고 있는 관용 표현들을 제시한 것에 의의가 있다. 그러나 분류 시 각 경우가 서로 병렬되거나 포함 관계로 인해 중복되는 부분이 많이 존재할 수 있다는 것을 자세하게 살피지 못한 점은 아쉽다.

조혜선(1999)은 화용론적 측면에서 영어와 한국어에서의 완곡어법을 장치-비유적 표현, 우회적 표현, 무관계 표현에 중점을 두고 설명했다. 그리고 완곡어법의 작용을 언급함으로써, 완곡적인 표현을 선택했는데, 공손원칙과 협력원칙의 대화를 격률 사이의 상호작용이 화용론적 현상이라는 것과 공손원칙이 협력원칙보다 강한 통제 기능을 가진다는 것을 주장했다. 그러나 구체적인 담화 상황에서 완곡 표현의 쓰임에 대한 분석이 부족하다.

김미형(2000)은 완곡 표현을 어휘 범주의 완곡어와 문장 범주의 완곡어로 나누었으며 문장 범주의 완곡어를 상대방에게 도움을 청하는 경우, 상대방에게 어떤 행위나 금지를 명령하는 경우, 상대방의 안 좋은 일에 대하여 질문하는 경우, 말하는 이가 자기 주장이나 진술을 하는 경우, 상대방의 잘못이나 실수를 지적하는 경우, 상대방에게 거절을 하는 경우, 상대방의 생각을 돌리려고 하는 경우, 말하는 이의 행위로 상대방에게 혜택을 주게 되는 경우, 상대방의 행위로 인해 다른 사람이 혜택을 입게 되는 경우 등으로 나누어 살피고 있다. 완곡 표현의 유형과 언어 사용 심리에 대해 중점을 두는 것은 의의가 있으나, 문장 범주의 완곡어에 대한 구체적인 분석이 부족하다는 점이 아쉽다.

김홍석(2008)은 총 73개의 어휘 범주 완곡어를 대상으로, 유형별로 나타나는 양상과 함께 은밀함·더러움·추함·두려움·불쾌감·민망함 등의 심리적 기제를 연구하였다. 그러나 완곡 표현은 구체적인 문장이나 담화에서 완곡의 역할을 발휘할 수 있기 때문에 단순히 어휘 측면에서 연구하는 것은 한계가 있다고 할 수밖에 없다.

성미선(2009)에서는 '완곡어법은 표현하고자 하는 내용의 부정적인 속성을 발화하거나 제시할 때 그 부담을 줄이기 위한 것이다'라고 정의하였다. 완곡어법은 어휘 자체를 완곡하게 사용하기도 하고, 피동 표현, 의문형, 추측 표현, 비유적 표현 등 문장 차원에서 사용하기도 하고, 피동 표현, 의문형, 추측 표현, 비유적 자체를 완곡하게 사용하기도 한다는 것이다. 그러나 문장 차원에서 상황별로 완곡 표현의 사용 양상에 대해서는 언급하지 않았다.

권길호(2015)에서는 완곡 표현을 생성적 특이성에 주목하여 연구하였다. 그리고 완곡 표현이 형성되는 과정에 따라 그 개념과 특성, 생성 원인과 형성 과정을 논의하고, 이를 통해 완곡 표현의 유형과 유형별 특성에 대한 종합적인 논의를 통해 완곡 표현을 한국어 언어 표현의 한 범주로 설정하였다. 이 연구에서는 완곡 표현의 형식적 특성은 논의하였으나, 완곡 표현의 의미 변화와 특성에 대한 분석을 다루지 않다는 것은 아쉽다.

马丽(2019)는 완곡 표현의 개념과 범주에 대해 논의한 후 문장 범주를 초점에 두고 한국 완곡 표현의 구성 방식을 세종말뭉치에서의 예문을 통해 자세히 연구하였다. 그러나 문장 형식이나 문장 의미 측면에서 분석하였을 뿐, 구체적인 담화 상황별로 완곡 표현의 쓰임에 대해 논의하지 못하였다는 한계를 드러낸다.

교육학적 측면에서 연구로는 곽단양(2006), 용요요(2010), 석진주(2011), 왕효효(2011), 劉曉璇(2012), 양정(2017), 하완(2017), 장슬이(2019) 등이 있다.

곽단양(2006)은 한·중 완곡 표현을 대조적으로 분석하고, 중국인 학습자들이 한국어 완곡 표현을 이해하고 사용함에 있어서 나타난 오류에 대해 분석하였다. 나아가 베이징대학교, 베이징 대외경제무역대학교, 길림대학교, 연변대학교에 재학 중인 3, 4학년 학생 50명을 대상으로 완곡 표현에 대한 설문조사를 실시하여, 중국인 학습자를 대상으로 한국어 완곡 표현 교육을 위한 체계적인 교수·학습 방안을 제시하였다. 이 연구는 어휘 차원과 문장 차원에서는 한·중 완곡 표현의 사용에 대해 대조하였으나, 담화 차원에서는 대조하지 못한 아쉬움이 있다.

용요요(2010)는 완곡 표현의 특성을 논의하고, 한·중 두 언어의 성행위·배설 및 신체, 사망, 직업 및 직무, 기타 영역을 대비하였다. 나아가 한·중 양국 완곡 표현의 대비 연구를 바탕으로 한국인 교사가 완곡 표현을 통해 중국어 학습자에게 효과적으로 교수할 수 있는 방안을 제시하는 데 목적을 두었다. 그러나 완곡 표현의 대조만 제시되어 있을 뿐 교육 방안에 대해서는 언급하지 않았다.

석진주(2011)는 한국어 교재를 통해 한국어 교육용 완곡 표현을 검토해 교육 방법을 제시하였다. 이를 위해 한국어를 학습하고 있는 중·고급 수준의 학습자 84명을 대상으로 설문을 실시하였다. 이 연구는 완곡 표현에 대한 판단 기준을 제시하지 못했을 뿐만 아니라, 교육용 완곡 표현의 목록이 이루어지지 않았다.

왕효효(2011)는 한국에서 출판된 한국어 교재와 중국에서 출판된 한국어 교재들 중에 대표적인 교재를 선택하여 교재에 나타난 완곡 표현을 정리하였다. 나아가 완곡 표현의 특징을 분석하고 외국어로서의 한국어 교육 현장에서 교재에 어떤 완곡 표현이 포함되어야 하는지와 교재에 있는 완곡 표현을 어떻게 교육해야 하는지를 논의하였다. 그러나 완곡 표현의 분류에 대해 명확한 기준이나 방법을 제시하지 않았다.

배성영(2012)은 고급 한국어 학습자를 대상으로 한국어 모어 화자의 완곡 표현 사용 양상과 한국어 교육 현장에서 완곡 표현 교육 실태를 비교하여 학습자의 요구에 맞는 교육 방안을 제시하였다. 그러나 이 연구는 교육용 완곡 표현을 선정하는 데 있어서 그것이 완곡 표현인지 아닌지에 대한 판단 기준을 제시하지 못하였다는 한계를 드러낸다.

劉曉璇(2012)은 한국에서 출판된 연세대『연세한국어』, 서울대『한국어』, 중국에서 출판된 북경대『표준한국어』교재에 제시되어 있는 다양한 완곡 표현을 유형별로 분류하여 각각의 완곡 표현의 담화 기능을 논의하였다. 그리고 추출한 완곡 표현을 분포도와 빈도수에 따라 교육 목록을 선정하고 이를 바탕으로 한국어 완곡 표현 교육 방안을 제시하였다. 이 연구는 화행 차원에서 한국어 완곡 표현의 교재 내용을 중심으로 선정하는 것에는 의미가 있지만, 문장 측면에서만 연구했을 뿐 어휘까지 포함하지 않았다는 점이 아쉽다.

양정(2017)은 한·중 한국어 완곡 표현에 관련된 모든 선행 연구들을 검토하고 이를 기초 연구 자료로 삼아 완곡 표현의 판단 기준과 교육용 완곡 표현의 선정 기준을 제시하였다. 나아가 교육용 완곡 표현을 목록을 선정하고 중국어권 학습자를 위해 선정된 완곡 표현의 난이도 분석을 통해 등급화를 설정하였다. 이 연구는 한국어 어휘 범주의 완곡 표현을 선정하였으나 문장의 범주의 구절이나 화용 차원에서 완곡 표현에 대한 논의를 하지 않았다는 한계가 있다.

하완(2017)은 어휘 방식, 수사 방식의 측면에서 한·중 외모 묘사 완곡 표현을 세분화하고 대조·분석하였다. 그리고 경희대학교, 고려대학교, 서강대학교, 연세대학교의 교재를 분석하여 중국인 한국어 학습자 50명을 대상으로 설문조사를 실시하였다. 이를 바탕으로 구체적인 교육 방안을 도출하였다. 그러나 이 연구는 어휘, 수사적 측면에서 한·중 외모 묘사 완곡 표현은 대조하였으나, 문장 범주나 화용 차원에서는 논의하지 않았다.

장슬이(2019)는 완곡 표현의 개념, 완곡 표현과 공손 표현, 간접 표현 간의 관계, 한·중 완곡 표현의 구성 방식과 분류를 분석하였다. 나아가 한국의 대학교와 대학원에 재학 중인 중국인 학생을 대상으로 설문조사를 실시하여 그 결과를 통해 중국인 학생들의 실제 한국어 완곡 표현의 사용 양상과 사용 오류를 분석하였다. 이 연구는 어휘 측면에서의 완곡 표현에 대한 분석은 제시되었으나, 구체적인 문장이나 담화 상황에서의 완곡 표현 사용 양상은 제시하지 못하였다.

대조언어학적 측면에서의 한·중 완곡 표현에 대한 연구는 췌이 펑 훼이(2009), 용요요(2010), 소우(2011), 王笑丹(2011), 김욱(2011), 미풍빈(2012), 전지연(2013), 채운옥(2013), 姚姸君(2014), 진흔흔(2016), 하완(2017), 종언선(2019), 한신(2019) 등을 들 수 있다.

췌이 펑 훼이(2009)는 완곡어의 생성 요인을 분석하고, 대조언어학의 관점에서 한·중 완곡어의 분류 방식과 구성 방식을 살펴보았다. 나아가 두 언어 사이의 공통점과 차이점을 밝히고자 하였다. 음성, 문자, 어휘, 문법 측면에서 구성 방식에 따라 대조하였으나 문장이나 화용 측면에서 대조를 하지 않았다는 한계를 드러낸다.

용요요(2010)는 완곡 표현의 특성을 논의하고, 한·중 완곡 표현을 성행위·배설 및 신체, 사망, 직업 및 직무, 기타 영역으로 나누어 대비하였다. 이를 통해 한국어 완곡 표현과 중국어 완곡 표현의 공통점과 차이점을 자세히 논했다. 이 연구는 완곡 표현의 사용 영역에 따라 한·중 완곡 표현에 대해 비교를 했을 뿐, 완곡 표현을 담화 상황별로 어떻게 사용해야 하는지에 대해 언급하지 못하였다.

王笑丹(2011)은 시대 흐름에 따른 사회의식의 변화와 양국의 문화적 배경을 감안하여 영화, 드라마, 소설의 다양한 예문들을 대상으로 완곡 표현의 특성을 살펴보고, 나아가 한·중 두 나라 완곡 표현의 사용상 공통점과 차이점을 분석하였다. 그러나 문장 범주와 담화 범주에서 분석하지 못하고 어휘 범주에만 국한되었다는 한계점을 가지고 있다.

김욱(2011)은 완곡어의 유형과 교육용 완곡어 어휘 선정을 논의한 후, 한·중 양국 완곡어를 유형별로 대조하였다. 그리고 한국어와 중국어의 완곡 표현 구성 방식에 대해도 함께 분석하였다. 그러나 이 연구는 완곡 표현에 관한 명확한 분류 기준을 제시하지 못하고 어휘 측면에서만 중점을 두고 대조하였다는 한계점이 있다.

미풍빈(2012)은 완곡어와 금기어, 경어법의 관련성을 기술하였고, 사회적 관점에서 완곡어의 역할과 효과를 논의하였으며, 일상 영역과 인터넷 공간 영역에서 한·중 완곡 표현에 대해 분석하였다. 이 연구도 완곡 표현의 분류 기준을 제시하지 못하고 어휘 범주에서만 분석하였다.

채운옥(2014)은 인지의미론에서 이용되는 원형이론, 개념적 은유와 환유 이론을 바탕으로 대조언어학의 관점에서 한·중 완곡 표현의 실현 양상, 목적별 유형을 체계적으로 대조·분석하였다. 이 연구는 인지언어학적 관점에서 한·중 완곡 표현에 대한 차이점과 공통점을 제시하였다는 점에서 의의를 찾을 수 있다.

姚姸君(2014)은 한국어와 중국어의 단어와 관용어 위주의 완곡 표현을 분석 대상으로 삼아, 한·중 양국 완곡 표현의 사용 실태와 구성 유형 등을 언어학적 관점에서 분석하고 공통점과 차이점을 제시하였다. 그러나 문장 범주나 화용 범주로 확대하여 분석하지 못했다는 한계점을 가지고 있다.

진흔흔(2016)은 완곡 표현의 개념과 특징을 분석하고 죽음, 질병과 신체장애, 직업, 성과 임신, 배설 등 다섯 가지 영역에서 완곡 표현의 사례를 통해 공통점과 차이점 및 문화적 배경을 논의하였다. 그러나 어휘 측면에서만 논의하였고 예문도 어휘만 제시했을 뿐 구체적인 담화 상황에서의 쓰임을 제시하지 못하였다.

종언선(2019)은 완곡어의 개념, 특징과 기능을 체계적으로 정리한 후, 완곡어의 생성 원인, 완곡어와 금기어, 경어 간의 관계를 분석하였다. 한국어와 중국어 완곡어를 죽음, 성, 생리적 현상, 직업, 질병과 신체적 결함으로 나누고 주제별로 두 언어의 공통점과 차이점을 논의하였다. 나아가 수사법의 측면에서 완곡어에서 흔히 사용된 비유법, 미화법, 생략법을 분석하였다. 이 연구는 완곡 표현이 분류 기준을 명시하지 못하고 예문도 일상생활에서 자주 쓰는 대화문이 아니라 신문기사 등 문어를 주로 썼다는 한계점이 있다.

한신(2019)은 한·중 완곡 표현의 개념, 완곡 표현과 간접 표현, 공손 표현의 관계를 살펴 완곡 표현의 범주를 설정하였다. 나아가 한·중 어휘 차원의 완곡 표현에서 동의어, 반의어, 모호어와 관련된 어휘 대체 방식을 대조하였으나 문장 차원이나 화용 차원에서 분석을 제시하지 못하였다.

지금까지의 한국학계에서의 연구 결과를 종합적으로 정리해 보면, 완곡 표현에 대한 연구는 주로 국어학, 교육학, 대조언어학 등 범주에서 이루어졌음을 알 수 있다. 학자마다 완곡 표현에 대한 유형 분류도 많은 차이가 있다. 완곡 표현에 대한 연구의 초기 단계에는 주로 언어학적 범주에서 어휘적 측면을 많이 다루었다. 그 후 문장 범주까지 언급하였지만, 문장 형식이나 관용구만 다루는 내용들이 대부분이었다. 그러다가 사람들이 완곡 표현에 대해 많은 관심을 갖게 됨에 따라 교육적인 입장에서도 논의하기 시작하였고, 어휘 범주에서 벗어나서 실용적인 문장 범주까지 확대되었다. 이뿐만 아니라 대조적인 입장에서 한·중 완곡 표현의 공통점과 차이점에 대해서도 연구하였다. 하지만 완곡 표현에 대한 분류 기준이 너무 다양할 뿐만 아니라 명확하지 못하다. 또한 완곡 표현은 화자의 의도에 의해 실현된 언어 표현이기 때문에 실제 담화 상황에서 담화 요인을 고려하여 연구하는 것이 보다 실용적이고 의의가 있다고 할 수 있다.

1.2.2. 중국에서의 완곡 표현에 대한 연구

중국에서의 완곡어(委婉语)에 대한 연구는 80년대 이전에는 거의 없었다. 초기 고대 한어에는 완곡 표현이란 말이 없고 대신에 '曲語'나 '婉詞' 등으로 완곡의 뜻을 표현했지만 체계적인 연구가 진행되지 못하였다.

최초로 수사학 측면에서 완곡 표현을 연구한 학자인 陳望道(1932) 이후 오랫동안 중국 학자들은 수사학의 측면에서 연구를 진행해 왔다. 그 후 수사학 측면에서 완곡 표현에 대한 연구는 단순한 어휘 차원의 연구에서 벗어나 문장 차원으로 확대되었다.

수사학적 관점에서의 완곡 표현에 대한 대표적인 연구는 吳禮權(2006)이 있다. 吳禮權(2006)은 수사학적 관점에서 완곡 표현 현상에 대한 연구로, 완곡을 한 가지 수사격으로 인정하고 연구의 영역을 효과로부터 완곡 수사 현상으로 그 범위를 넓혔다.

국어학적 관점에서는 주로 완곡 표현의 생성, 분류, 구성 방식, 의미 특징, 기능 등을 다루었다. 완곡 표현의 생성과 분류 측면에서의 완곡 표현에 대한 연구로는 陈原(1983), 伍铁平(1989), 束定芳(1989), 熊金豐(1991), 邵軍航(2008) 등이 있다.

陈原(1983)은 당시 중국어의 완곡어를 가장 상세하게 살펴보았다. 이 논의에서는 완곡어의 생성 원인과 완곡 현상의 본질, 그리고 대량의 실례를 통해 완곡어의 구성 방식과 사용 양상에 대해 구체적으로 분석하였고, 완곡어에 대해 후속 연구의 이론적 기초를 제공하였다.

伍铁平(1989)은 모호 이론을 이용하여 완곡어의 생성 원리를 논의하였다.

그리고 네 가지 모호 방식으로 분류하여 완곡 표현의 사용을 분석하였다. 그러나 이 논의는 모호 방식 법주에서만 연구했을 뿐, 완곡 표현의 다른 구성 방식들을 언급하지 못하였다는 한계점이 있다.

束定芳(1989)은 완곡어의 범주와 분류, 그리고 구성 원칙에는 궁극적으로 距離原則, 相關原則, 動聽原則 등 세 가지 기본 원칙이 있다고 주장하였다. 그러나 이 연구는 어휘 측면에서만 연구를 했을 뿐, 많은 예문을 제시하지 못하였다는 아쉬운 점을 가지고 있다.

熊金豐(1991)은 직업, 몸짓, 질병, 인체생리, 인간관계 등 측면에서 완곡 표현에 대해 구체적으로 분석하여 완곡어는 금기어의 대체 언어라고 하였다. 그리고 심리 언어학 이론을 기초로 완곡어의 생성 원인과 완곡어에 관한 수사 방식도 함께 분석하였다. 그러나 어휘 범주에만 국한되었다는 점은 아쉽다.

邵軍航(2008)은 완곡어의 정의, 사용 목적, 완곡어의 특징을 살펴 완곡어의 구성 수단, 완곡어의 유형 분류, 완곡어의 완곡 원칙, 그리고 완곡어의 번역까지 상세히 논의하였다. 특히 완곡어의 완곡 기능을 함께 분석한다는 점은 특징이다.

완곡 표현의 구성 방식 측면에 대한 연구로는 陳松岑(1989), 柳惠(1999), 胡勝高(2003) 등이 있다.

陳松岑(1989)은 완곡어와 금기어의 대조를 통해 완곡어의 개념을 제시하고 완곡 표현의 구성 방식을 논의하였다. 그러나 이 연구는 완곡어와 금기어의 관련성을 통해 완곡어의 구성 방식을 논의했을 뿐, 완곡어의 예의 존중 및 위장 등 특성을 함께 고려하지 못하였다는 한계가 있다.

柳惠(1999)는 완곡어의 구성 방식을 은유 전환법, 의미 전환법, 사용 간접 표현 등 세 가지 방법으로 나눠 분석하였다. 그러나 이 논의는 은유 전환법만 언급하였을 뿐, 환유 전환법 방식으로 완곡 표현을 구성하는 분석을 하지 못하였다.

胡勝高(2003)는 의미 수단으로 외래어 차용, 의미 확장, 모호사 사용, 의미 약화 등 네 가지 측면에서 완곡어의 구성 방식을 논의하였으나 문장이나 화용적 측면에서 논의를 하지 못하였다.

의미론에서는 주로 완곡 표현의 의미 특징, 기능을 다루고 있다. 대표적인 연구로는 邵軍航·範葳葳(2004), 姚劍平(2005), 盧忠雷(2011), 劉蓉(2014), 高洋洋(2018) 등이 있다.

邵軍航·範葳葳(2004)은 인지언어학 관점에서 개념적 은유 이론인 '突顯'(현저성)과 '隱藏'(은폐) 기능을 근거로 들면서 완곡어의 구성 유형과 구성 방식에 대해 자세히 논의하였다 점에서 의의가 있다.

姚劍平(2005)은 완곡어의 정의를 언급하면서 완곡어의 표현 방식을 어음 수단, 어휘 수단, 문법 수단으로 나누었다. 그리고 완곡어는 간접언어행위 중의 하나, 민감 화제에서 사용, 완곡어로 원활한 의사소통 달성, 책략 표현 등 네 가지 어용 기능을 갖고 있다고 논의하였다. 그러나 완곡어를 간접언어행위 중의 하나로 설정하였다는 것은 타당성에 문제가 될 수 있다.

盧忠雷(2011)는 완곡어의 실현 수단과 완곡어의 어용 기능 측면에서 완곡어에 대해 연구하였다. 그러나 고대소설에서 쓰이는 문어로 된 예문을 통해 설명하고자 했기 때문에 실용성이 부족하다는 한계점이 있다.

劉蓉(2014)은 완곡어와 언어 환경, 완곡어와 합작 원칙, 완곡어와 간접언어 행위이론, 완곡어와 예절 원칙 등 네 가지 어용 기능을 이용하여 완곡어에 대해 논의하였다. 그러나 예문을 통한 구체적인 논의가 없다는 한계점을 가지고 있다.

高洋洋(2018)은 완곡어 개념을 살펴 완곡어의 어용 기능을 피휘기능, 우아기능, 예절기능 등 세 가지 측면에서 분석하고 완곡어의 사용 원칙, 다문화 교제에서 완곡어의 정확한 사용에 대해 체계적으로 연구하였다. 그러나 완곡 표현의 숨김·위장 기능을 언급하지 못하였다.

교육학적 측면에서의 완곡 표현에 대한 연구를 보면 중국에서 완곡 표현 교육에 관한 연구들은 주로 영어 완곡 표현을 중국인 학습자에게 교육하는 연구가 주로 이루어졌다. 반면 한국 완곡 표현을 중국인 학습자를 중심으로 교육하는 연구는 매우 적다. 대표적인 연구로는 倪一凡(2015), 杨静(2016b) 등이 있다.

倪一凡(2015)은 완곡 표현의 정의와 유형, 그리고 완곡 표현과 공손 표현의 관계, 완곡 표현의 언어심리 및 역할을 살펴보고, 드라마 <별에서 온 그대> 대본에 나온 예문을 통해 한국의 일상 언어생활에서 흔히 사용되고 있는 완곡 표현의 사용 양상을 분석하였다. 나아가 드라마를 통해 완곡 표현 교육 방안을 제시하였다. 그러나 명확한 분류 기준을 제시하지 못하였다는 아쉬운 점이 있다.

杨静(2016b)은 어휘·구에 초점을 두고 어음 변화 방식의 사용, 문자 구조 변화 방식의 사용, 외래어·사투리의 사용, 수사법의 사용, 진술 설명의 사용, 유사어의 사용, 반의어, 부정법, 대체법, 아동 등 여러 가지 유형으로 나누어 한국어 어휘·구의 완곡 표현 방식을 분석하였다. 이를 바탕으로 교육 방안을 제시하였으나 교육용 완곡 표현의 목록을 제시하지는 못하였다.

대조언어학적 관점에서의 완곡 표현에 대한 연구로는 南桂仙(2006), 金莉娜(2006), 翟录(2006), 田英(2011), 赵美恩(2011), 李善熙(2012), 孟繁平(2014), 苏晓霞(2015), 张姗(2016), 全真儿(2017) 등이 있다. 이 중 어휘 측면에서 완곡 표현에 대해 연구한 대표적인 논의는 다음과 같다.

南桂仙(2006)은 언어학과 완곡어 연구의 기본 이론을 이용하여 먼저 한·중 완곡어의 구성 방식상의 차이점을 찾아내고 이런 차이점이 나타나는 원인을 분석하였다. 나아가 한·중 완곡어의 분류 및 사용상의 차이점, 한·중 민족문화상의 차이점도 같이 논의하였다. 하지만 예문이 많지 않아 설명이 충분하지 않다는 점이 아쉽다.

金莉娜(2006)는 어음, 어휘, 문법 등 세 가지 측면에서 한·중 완곡어의 구성 방식상의 차이점과 그에 따른 원인을 분석하였으나 문장이나 담화 차원에서 언급하지 못하였다.

田英(2011)은 완곡어의 정의와 특징을 살펴 어음 방식, 문자 방식, 어휘 방식 등 세 가지로 나누어 한·중 완곡어의 구성 방식을 대조·분석하였다. 그리고 죽음에 관한 완곡어, 직업에 관한 완곡어, 신체 부위와 성 및 배설에 관한 완곡어 등 세 영역으로 나누어 어휘 측면에서만 비교·분석하였다.

趙美恩(2011)은 어음, 어휘 두 가지 측면으로 한·중 완곡어 언어 요소 구성 방식을 대조하여 분석하였다. 나아가 죽음, 질병 및 생리 결함, 분비 및 배설, 직업 등 네 가지 유형으로 분류하여 대조하였다. 그리고 사회심리와 역사 문화 측면에서도 한·중 완곡어의 사용에 대해 연구하였다. 이 연구도 어음, 어휘 측면으로 한·중 완곡 표현에 대해 분석을 했을 뿐, 문장이나 담화 측면에서 분석을 하지 못하였다는 점이 아쉽다.

孟繁平(2014)은 완곡 표현의 특징과 유형을 분석한 후, 완곡 표현의 생성 요인을 전통 금기, 민족심리, 유가문화, 민속·풍속의 측면에서 연구를 하였다. 이 연구는 설득과 거절하는 상황에 대해서만 한·중 완곡 표현의 사용을 언급했을 뿐 담화의 다른 상황에 대해 연구하지 못하였다는 한계점이 있다.

苏晓霞(2015)는 완곡어의 생성 원인을 논의한 다음, 어음, 어휘, 문법 등 세 가지 측면에서 실례를 통해 중한 완곡어를 비교·분석하였으나 완곡어의 분류 기준을 제시하지 못하였다.

全真儿(2017)는 한·중 완곡어의 범위와 특징을 논의한 후 문법, 의미, 어용 기능 등 세 가지 측면에서 한·중 완곡어를 대비하였다. 설문지를 통해 완곡어의 사용 양상에 대해 분석하고, 그 결과에 따른 오류 발생 원인을 찾아냈다는 점은 의의가 있다.

어휘와 문장 측면에서의 완곡 표현에 대한 연구로는 翟录(2006), 李善熙(2012), 张姗(2016) 등이 있다.

翟录(2006)는 한·중 완곡어의 정의와 분류 방법을 살펴 한·중 완곡 표현을 어휘와 문장 측면으로 나누어 구체적으로 비교·분석하였다. 그러나 문장 측면에서 문장 형식인 서술, 의문, 청유만 언급하였을 뿐, 구체적인 상황별로 완곡어의 한·중 사용 상의 차이점을 제시하지는 못하였다.

李善熙(2012)는 한·중 완곡어에 대한 정의와 완곡어와 금기어, 완곡어와 간접 표현, 완곡어와 예절 표현 등 서로의 관계를 살펴보았다. 그리고 어휘와 문장 측면으로 나누어 많은 실례를 통해 대조하였다. 어휘 측면에서는 죽음, 질병 및 신체 장애, 성·임신·배설, 직업 등 네 가지 방면에서 대비하고 분석하였다. 문장 측면에서는 청유, 지시명령, 권유, 거절, 충고·참모, 자기 의견 표현, 비평 등 일곱 가지 상황으로 나누어 구체적으로 비교하였다. 그리고 완곡어에 내재되어 있는 문화 요소도 함께 논의하였다는 점은 특징이다.

张姗(2016)는 완곡 표현의 정의와 완곡 표현과 금기어의 관계, 그리고 완곡 표현과 높임 표현의 관계를 살펴보고, 어음 및 문자로 표현된 완곡 표현 대비, 어휘로 표현된 완곡 표현 대비, 문장으로 표현된 완곡 표현 대비 등 세 가지 측면에서 구체적으로 한·중 완곡 표현을 대비하였다. 그러나 문장 측면에서 서술문, 의문문, 명령문에서만 완곡 표현의 대비를 제시하였다는 한계가 있다.

중국학계에서 완곡 표현에 대한 연구 성과를 보면, 주로 수사학, 국어학, 교육학, 대조언어학 등 측면에서 연구를 진행하고 있다. 위의 중국학자들의 논의를 종합적으로 보면 대부분 학자들은 어휘적인 측면에서의 논의가 많지만 표면적인 예만 제시했을 뿐, 체계적이고 구체적인 분석과 설명이 부족하다. 그리고 전통적인 관점에서 완곡 표현에 대한 연구는 어휘 측면과 문장 측면으로 집중했을 뿐, 담화 측면에서의 연구에 대해 소홀하였다. 완곡 표현은 화자의 의도와 언어 환경의 영향을 크게 받는 언어 표현으로서 담화 차원에서 담화 요인을 고려해서 완곡 표현에 대해 연구를 진행하는 것은 의의가 있다고 본다.

1.3. 연구 대상 및 방법

완곡 표현에 대해 기존의 연구를 보면 대부분 어휘 차원, 문장 차원, 생성 방식, 유형 분류 등의 측면에서 연구하고 있다. 그러나 완곡 표현은 일상생활에서 자주 사용하는 표현으로, 단순한 어휘나 문장 차원에서 비교하는 것보다 좀 더 실제적이고 실용적인 담화 차원에서 한·중 양국의 완곡 표현의 사용 양상을 대조 연구하는 것이 이 책의 목적이다. 즉, 실제 언어 환경을 고려한 담화 차원의 한·중 완곡 표현의 공통점과 차이점을 찾아내어 어떤 규칙이 있는지를 예문을 통해 설명하고자 하는 것이다. 이런 목적을 달성하기 위해 담화의 구성 요인과 완곡 표현의 특징을 함께 고려해서 완곡 표현의 분류를 담화 차원에서 다시 하고, 이에 따라 구체적인 담화 상황에서 완곡 표현의 쓰임을 연구할 것이다. 이에 이 책에서는 담화 차원에서 한국어 완곡 표현과 중국어 완곡 표현의 사용 양상을 연구 대상으로 대조언어학적 관점에서 담화 차원의 한·중 완곡 표현의 사용 양상을 대조하여 양국의 완곡 표현이 실제 담화 환경에서 어떻게 쓰는지를 분석하고자 한다.

이 책에서 수집한 완곡 표현은 주로 선행 연구에 있는 완곡 표현과 한·중 국어사전, 학술 자료와 인터넷 자료, 민간 속담 등을 참조하여 활용하였다. 그리고 필요에 따라 완곡 표현의 정의를 판단 기준으로 적절한 예문도 만들었다. 이 책은 총 4장으로 구성되어 있다.

1장에서는 이 책의 연구의 목적과 필요성을 제시하고자 한다. 그 다음에 선행 연구를 검토하여 한국어와 중국어 완곡 표현의 연구 현황과 문제점을 파악하고 이 책의 연구 대상과 방법을 제시할 것이다.

2장에서는 먼저 완곡 표현의 개념과 특징에 대해 자세히 설명하고, 한국과 중국에서의 완곡 표현의 유형 분류를 살펴보고자 한다.

3장에서는 담화 차원에서 한국어와 중국어 완곡 표현의 사용 양상을 예문을 통해 대조·분석하고자 한다. 구체적으로 보면 담화 참여자 요인, 담화 기능 요인, 담화 목적 요인으로 나눠 분석하고자 한다. 담화 참여자 요인에 의한 완곡 표현의 사용 양상은 다시 청자 중심의 완곡 표현, 화자 중심 완곡 표현, 제3자 중심 완곡 표현으로 나뉜다. 담화 기능 요인 부분에서는 정보 요청하기와 정보 전달하기, 설득하기와 권고하기, 태도 표현하기, 감정 표현하기, 사교적 활동하기 등 다섯 부분으로 나눠 분석할 것이다. 마지막으로 담화 목적 요인 부분에서는 피휘 목적에 관한 한·중 완곡 표현의 사용 양상, 피휘와 예의 및 존중 공동 목적에 관한 한·중 완곡 표현의 사용 양상, 예의 및 존중 목적에 관한 한·중 완곡 표현의 사용 양상, 숨기 및 위장 목적에 관한 한·중 완곡 표현의 사용 양상으로 나눠 살펴볼 것이다.

4장에서는 각 장의 연구를 통해 얻어진 결과를 정리한다.

제2장
이론적 배경

 한·중 완곡 표현을 대조·연구하기 전에 완곡 표현의 개념과 특징, 그리고 완곡 표현의 분류에 대해 미리 고찰할 필요가 있다. 앞서 살펴보았듯이 완곡 표현에 대한 논의는 학자마다 다르다. 이 장에서는 완곡 표현의 사전적 개념뿐만 아니라 학자들의 논의를 같이 살펴보고 완곡 표현의 개념과 특징, 그리고 분류에 대해 구체적으로 고찰할 것이다.

2.1. 완곡 표현의 개념과 특징

2.1.1. 완곡 표현의 개념

 '완곡'에 대응하는 영어 용어는 'euphemism'인 바, 이는 그리스어의 eu(well 또는 sounding good을 의미)와 phēmē(speech를 의미)에 기원을 두고 있다. 따라서 euphemism은 '즐겁지 않은 주제나 듣기 안 좋은 말이나 문장을 대신해서 사용한다'는 뜻이다. euphemism에 대한 한국어 표현은 주로 완곡어,

완곡어법, 완곡 표현으로 쓰이고 있고, 중국어 표현에서는 주로 완곡어로 쓰이고 있다.

먼저 완곡 표현에 대한 사전에서의 정의를 살펴보면, 『영어완곡어사전』(2001)에서는 '완곡어'는 '무해하거나 듣기 좋은 말로 직접적, 당돌한 언행을 대체할 수 있고 선의적인 말로 사실을 덮어 주는 수사 수단이다'로 정의한다. 『표준국어대사전』에서는 '완곡법'이라는 것을 '어떤 내용을 직접 드러내지 않고 빙 둘러 표현하는 방법이다'라고 정의하고, '완곡어법'에 대해 '언어는 듣는 사람의 감정이 상하지 않도록 모나지 않고 부드러운 말을 쓰는 표현법이다'라고 정의하였다. 『現代汉语词典』에서는 '迂回'는 '직접적으로 말하지 말고 돌려서 한다'라고 하였고, 『中华大辞典』에서는 '본래의 뜻을 직접적으로 표현하지 많고 완곡하고 온화한 말로 같은 의미를 표현한다'라고 정의하였다. 『辞海』에서는 '모호, 추상적, 그리고 구체적인 어휘와 같은 의미를 표현할 수 있는 단어'라고 정의하였다.(田英, 2011)

완곡 표현의 개념에 대해 논의한 학자들도 매우 많을 뿐만 아니라 완곡 표현에 대한 정의도 매우 다양하다. 한국어 완곡 표현의 개념에 대한 논의로는 이용주(1959), 노대규(1975), 김광해(1993), 박종호(1998), 이종능(2003), 김미라(2006), 윤희주(2007), 김홍석(2008), 성미선(2009), 김미형(2000), 홍성호(2000), 권길호(2011), 전지연(?013) 등이 있으며, 중국어 완곡 표현의 개념에 대한 논의로는 陳望道(1985), 熊金豐(1991), 常敬宇(1995), 田九勝(2001), 李军华(2004), 陈原(2004), 姚劍平(2005), 绍军航(2008), 马丽(2019) 등이 있다.

이들 논의에서 주장하는 완곡 표현의 생성은 모두 금기어와 관계가 있다. 즉, 완곡어를 통해 금기된 말들을 대신해 우회적으로 완곡하게 원활한 의사소통이 이루어질 수 있다는 것이다. 한국에서는 처음 완곡어법이란 개념에서 연구가 시작된 후 완곡어와 완곡 표현이란 명칭을 사용해 왔다. 반면 중국에서는 처음 수사학 측면에서 일반적으로 委婉语, 婉曲法, 婉言法 등의 명칭을 사용한 후 개념화되었다고 할 수 있다. 이 책에서 완곡어에 관한 연구는 담화 차원에서 진행할 예정이기 때문에 '완곡 표현'이라는 용어를 사용하고자 한다.

완곡 표현에 대한 개념은 학자마다 다르다. 어휘 범주나 문장 범주에서만 범위를 설정하여 정의를 한 학자가 있는 반면, 어휘 범주와 문장 범주를 같이 고려해서 정의를 한 학자도 있다. 그러나 완곡 표현은 일정한 언어 환경에서 발화자의 의도에 따라 발생하는 언어 현상이기 때문에 언어 상황을 고려하지 않고 정의하는 것은 개념상 정확성이 떨어질 수밖에 없다. 이에 이 책에서는 어휘 범주와 문장 범주보다 담화 범주에서 정의를 내리고 논의하고자 한다. 즉 완곡 표현은 특정한 언어 환경이나 담화 상황 맥락에서 화자 자신이나 청자, 제3자에게 부정적이고 소극적인 심리반응을 줄 수 있는 말들 대신 우회적으로 쓰이는 표현들, 또는 인간관계를 원활하게 유지하기 위하여 직접적인 표현 대신 듣기에 더 부드럽고 점잖은 표현들이라고 정의하고자 한다.

2.1.2. 완곡 표현의 특징

완곡 표현은 언어 표현 중의 하나로서 독특한 특징을 가지고 있다. 이에 본 절에서는 앞에서 언급한 완곡 표현에 대한 개념에 따라 완곡 표현의 특징에 대해 살펴보고자 한다.

2.1.2.1. 완곡성

완곡 표현은 우리의 언어생활에 깊이 새겨져서 하루 동안 완곡어를 한 번도 사용하지 않는 사람은 거의 없을 정도로 언어 표현 중에서 아주 중요한 역할을 하고 있다. 우리가 이처럼 완곡 표현을 자주 사용하고 즐기는 이유는 사회, 문화, 종교, 심리, 감정 등의 원인으로 직접 표현을 사용하지 않고 남에게 불쾌감을 주는 언어를 대신할 수 있기 때문이다. 즉, 완곡 표현의 가장 기본적인 특징은 완곡성을 갖고 있다는 것이다. 완곡성을 갖고 있는지는 완곡 표현과 다른 표현이 구별되는 가장 기본적인 특징이다.

2.1.2.2. 간접성

완곡 표현은 직접 표현 대신 본래의 뜻을 가진 다른 표현으로 대용할 수 있는 언어 현상이라는 간접성을 가지고 있다. 그러나 완곡 표현은 같은 간접성을 가지고 있는 간접 표현과는 범위가 다르다.

구현정(2000)은 간접 표현이란 의도하는 수행 행위를 직접적인 표현을 피하고 그것과 관련된 다른 표현으로 돌려서 말함으로써 목적하는 수행 행위를 간접적으로 나타내는 대화 행위라고 하였다. 그러나 문금현(2002)에 따르면 간접 표현은 직접 말하지 않기 때문에 그것이 원래의 표현 의도를 제대로 전달하지 못할 수도 있다는 점에서 경제적인 표현법이라고는 할 수 없다. 하지만 직접적으로 표현할 때 상대방에게 상처가 되는 말을 간접적으로 표현함으로써 갈등을 일으키는 요소를 피할 수 있다. 즉, 간접 표현은 직접 표현보다 더 정중하고 예의 바르게 느껴지고 말할 때 재미도 줄 수 있다. 이에 따라 문금현(2002)에서는 간접 표현 중의 하나로 완곡 표현을 들고 있다.

그러나 간접 표현과 완곡 표현이 모두 간접성을 갖고 있다 하더라도 포함 관계는 아니다.

  (1) 그는 하늘나라로 갔다.
  (2) ㄱ. 같이 영화를 보러 갈래?
    ㄴ. 나는 숙제를 해야 돼.
  (3) ㄱ. 창문을 닫아 주세요.

ㄴ. 창문 좀 닫아 주세요.

(1)의 직접 표현은 '그는 죽었다.'라는 뜻이지만 청자나 제3자에게 '죽다'라는 소극적인 심리 반응을 피하기 위하여 화자가 의도적으로 '하늘나라로 갔다.'라고 표현한 것이다. 이것은 완곡 표현의 개념과 일치할 뿐만 아니라, 직접 말하지 않고 그것과 관련된 다른 표현으로 돌려서 말하는 간접 표현의 개념과도 일치한다. 이에 따르면 예문 (1)은 완곡 표현이자 간접 표현이 된다.

반면 (2ㄱ)은 (2ㄴ)에게 영화를 보러 가자고 요청하지만 (2ㄴ)은 직접적인 대답을 하지 않고 간접적으로 숙제가 많다고 대답을 한다. 이를 통해 (2ㄴ)은 숙제 때문에 영화를 보러 같이 못 간다고 한 것이다. 이는 직접 표현인 '나는 못 간다.'와 같은 목적으로 사용되지만, 청자나 제3자에게 소극적인 심리 반응을 줄 수 없기 때문에 완곡 표현으로 볼 수 없고 간접 표현으로 보아야 한다.

(3ㄱ)에서 지소사 '좀'을 사용한 '창문 좀 닫아 주세요.'는 청자의 소극적인 심리 반응을 완화할 수 있다는 의도로 보면 '창문을 닫아 주세요.'라는 내용에 대한 완곡 표현이라고 할 수 있으나 간접 표현으로 볼 수는 없다.

따라서 완곡성을 갖고 있는 완곡 표현과 간접 표현은 서로 중복되는 부분은 있지만 서로 포함하는 관계는 아니라고 할 수 있다.

2.1.2.3. 공손성

완곡 표현은 내용에 대한 부담을 상대방을 배려하여 바꾸어 표현한다는 점에서 공손 표현의 일부로 볼 수 있다. 즉, 완곡 표현은 공손성을 가지고 있다. 그러나 공손 표현이 곧 완곡 표현이라고 말할 수는 없다.(곽단양, 2006)

다음 예문을 보자.

(4) 할아버지께서 작년에 돌아가셨다.
(5) 교수님, 같이 가십시다.
(6) ㄱ. 창문을 닫아 줘.
　　ㄴ. 어, 추워.

(4)는 존경해야 할 대상에게 '돌아가시다'를 사용한 '죽다'의 공손 표현으로 인식될 뿐만 아니라, 동시에 '죽음'에 대해 직접 표현을 회피한 완곡 표현이라고도 할 수 있다. 반면 (5)는 높임법의 종결어미를 사용한 공손 표현이라고 할 수 있으나 완곡 표현이라고 할 수는 없다. (6ㄴ)은 '창문을 닫아 줘.'라는 내용의 완곡 표현이지만 공손 표현이라고 할 수는 없다.

이와 같이 완곡 표현과 공손 표현은 모두 직접 표현을 부드럽게 에둘러 표현하고, 교양, 예의, 겸손 등을 나타내기 때문에 의미상으로는 일부 중복된다고 할 수 있다. 하지만 의미상 완전히 같은 것은 아니다.(한신, 2019)

2.1.2.4. 가변성

완곡 표현은 시대 변화나 사회 발전에 따라 계속 변화하는 특성을 갖고 있다. 원래 완곡성을 갖고 있던 완곡 표현이 시간의 흐름에 따라 완곡성이 떨어져 완곡하는 어감이 없어지게 되면 완곡 표현이라고 할 수 없다. 예를 들면 중국어에서 '大便', '小便'은 원래 '똥을 누다', '오줌을 누다'의 완곡한 표현이지만, 지금의 사람들은 이러한 표현에 대해 완곡성이 떨어진다고 생각하여 요즘에는 '方便', '大号', '小号', '去洗手间', '去卫生间'이라는 완곡 표현을 많이 사용한다.

반면 과학기술의 발전에 따라 사람들이 자연에 대해 더 깊이 인식하게 되면서 원래는 무섭고 기피해야 하는 신이나 사물들을 기피할 필요가 없어지면서 완곡 표현의 완곡성이 떨어져 완곡 표현으로 보지 않는 경우도 있다.

반대로 사람들은 미에 대한 기준이나 사회 풍조가 점점 변함에 따라 원래 기피할 필요가 없는 대상을 완곡하게 표현하는 경우도 생길 수도 있다.(束定芳·徐金元, 1995)

2.1.2.5. 지역성

완곡 표현은 풍속과 습관의 영향을 많이 받기 때문에 국가나 지역에 따라 사용하는 완곡 표현도 다를 수 있다. 지리적으로 가깝고 정치, 경제, 문화, 사회 등 여러 가지 영역에서 밀접한 한국과 중국에서도 완곡 표현의 사용에 분명히 차이점을 가질 것이다.

국가마다 사용하는 완곡 표현이 다르다는 것은 분명하다. 그러나 같은 나라라고 하더라도 지역이 다르면 사용하는 완곡 표현도 다를 수 있다. 특히 중국에는 56개의 소속 민족이 존재하기 때문에 각 지역마다 풍속, 습관, 문화의 차이가 크다. 또한 언어가 지역마다 다르기 때문에 각 지역의 특징을 반영하는 완곡 표현이 존재한다. 예를 들면 '空'의 광동어 발음은 '凶'과 같기 때문에 '空房(빈집)'은 '凶房(흉가)'라는 불길한 표현을 피하기 위하여 완곡하게 '吉房(행운의 집)'이란 표현을 대신 사용한다.

2.1.2.6. 의존성

완곡 표현은 언어를 사용하는 환경에 의존하는 특성을 가지고 있다. 구체적인 언어 환경을 이탈하면 완곡 표현의 완곡성이 떨어질 수 있기 때문에 완곡 표현도 직접 표현이 될 수 있다. 즉, 완곡성이 높을수록 의존성이 더 강해진다. 다음 예문을 보자.

(7) 어이, 추워.
　　-창문을 좀 닫아 줘.

(8) ㄱ. 초콜릿 먹을래?

　　ㄴ. 먹고 싶지 않는데./못 먹어.

　　　-나는 지금 다이어트 중이야.[1]

　(7)의 '어이, 추워.'라는 표현은 이 하나의 문장만 놓고 보면 직접 표현이면서 자기가 춥다는 평서문이다. 그러나 구체적인 담화 상황에서 살펴보면 화자가 너무 춥다는 느낌을 가져 상대방에게 직접 '창문 좀 닫아 줘.'라고 하는 표현이 된다. 즉, 요구하는 것보다 좀 더 완곡하게 우회적인 완곡 표현으로 '어이, 추워.'를 사용한 것이다.

　(8)의 '나는 지금 다이어트 중이야.'라는 표현은 단순히 직접적인 표현이고 평서문이다. 그러나 구체적인 담화 상황에서 보면 '초콜릿 먹을래.'라는 질문에 대한 대답인 '먹고 싶지 않는데./못 먹어.'를 쓰는 직접 표현보다 더 부드러울 뿐만 아니라 듣는 이에게 부담을 덜 준다. 이에 따라 '나는 지금 다이어트 중이야.'라는 문장은 이 담화 상화에서 완곡 표현이 된다.

2.1.2.7. 모호성

　완곡 표현은 모호성을 특징으로 갖는다. 모호성은 의사소통에 있어서 상대방의 소극적인 심리 반응을 피할 수 있다. 즉, 상대방에게 불쾌감을 주거나 듣기에 불편하거나 충격을 주지 않기 위해서 모호한 언어를 이용하여 원활한 의사소통을 시도한다. 대부분의 완곡 표현은 언어의 모호성이라는 특징을 이용한다. 이러한 모호성은 특정한 언어 환경에서 이루어진다. 특정한 언어 환경을 벗어나면 모호한 언어 표현을 이해하기가 어렵고 사용자의 의도를 이해하지 못할 수 있기 때문이다. 이럴 경우에는 완곡성도 떨어지게 된다.

1　곽단양(2006: 29)의 예문을 참조함.

그러나 완곡 표현의 모호성은 언어생활에서 적극적인 역할을 할 수 있지만 외국인 학습자에게 이해하기가 어려운 부분일 수밖에 없다.

한·중 완곡 표현의 대부분은 모호성을 갖고 있다. 한·중 완곡 표현은 같게 쓰이는 것도 있고 다르게 쓰이는 것도 있다. 예를 들면 중국어에서 '有了(있다)'는 '怀孕(임신)'을 대용하고, '来事儿了/来大姨妈了(불현한 날이 왔다.)'는 '여성의 생리'를 대용하며, '那里(那个)'는 '생식기관'을 대용하고, '大的'는 '대변'을 대용한다. 한국어에서 '몸을 풀다.'는 '애를 낳다.'라는 뜻을 대신한다. 그리고 '그날(那天)'은 '생리날'을 대용하고, '쉬 하리 간다./쉬쉬'는 '소변 보러 간다.'를 대용한다.(全真儿, 2017)

2.2. 완곡 표현의 유형 분류

'완곡 표현'은 '완곡어'라는 용어로 한국과 중국의 언어학자들에게 이른 시기부터 연구되었으며, 주로 어휘론 차원에서 언급되었다. 이후 20세기에 들어 담화에 대하여 논한 여러 학자들은 구절이나 문장 등으로 표현된 완곡 표현에 대해 언급했는데, 완곡성을 띠는 관용구, 완곡하게 표현하는 대화의 방식 등에 대한 언급이 그것이다. 이는 어휘 측면에서의 완곡어만을 사용해서는 완곡의 목적을 달성할 수 없기 때문에 완곡성을 띠는 더 큰 단위인 상황 맥락에서 문장을 사용하여 완곡의 목적을 달성하기 때문이다. 즉, 완곡 표현은 언어 사용의 실제 상황 맥락을 고려해서 완곡성을 갖고 있는지 없는지를 종합적인 판단을 통해 실현하는 것이다.(姚妍君, 2014)

완곡 표현은 분류 기준에 따라 그 유형이 다양하다. 또한 완곡 표현의 구성 방식이나 생성 과정, 생성 요인 등 어떤 특성을 고려하느냐에 따라 유형의 분류도 달라진다.

2.2.1. 한국에서의 완곡 표현의 유형 분류

한국어 완곡 표현 유형 분류로 김광해(1993)는 부정적인 연상을 삭감하기 위해 사용되는 일련의 어휘소를 완곡어로 설정한 후, 완곡어를 신체 명칭, 성행위, 배설 행위, 죽음, 질병, 형벌 등으로 분류하고 불행한 상황과 관련되는 경우 발생하는 것으로 설정했다.

문금현(1999)은 완곡성을 갖는 관용 표현을 제시하면서, 그 유형을 (1) 두려움이나 공포의 대상이 되는 것을 돌려서 표현한 것 (2) 직접 말하기 어려운 일에 대한 표현을 비유적으로 표현한 것 (3) 상대에게 불쾌감을 주는 내용을 돌려서 표현한 경우 (4) 추하고 더러운 것을 돌려서 표현한 경우로 나누었다.

사용 영역이나 주제로 분류한 학자로는 용요요(2010), 완소단(2011), 김욱(2011), 마풍빈(2012), 진흔흔(2016), 종언선(2019) 등이 있다.

용요요(2010)는 사망에 관련된 완곡 표현, 성행위·배설 및 질병에 관련된 완곡 표현, 직업 및 직무에 관련된 완곡 표현, 기타 영역에서의 완곡 표현으로 분류하여 한·중 완곡 표현을 대비하였다.

완소단(2011)은 죽음, 질병, 성, 배설, 신체, 직업, 사상, 기타 관련 완곡 표현으로 분류하여 한·중 완곡 표현을 대조하였다.

김욱(2011)은 죽음, 질병과 신체장애, 직업, 호칭, 경제, 성과 신체 부위, 개인 특징, 배설, 기타로 분류하였다.

마풍빈(2012)은 일상 공간 영역과 인터넷 공간 영역으로 나누었다. 그리고 일상 공간 영역은 다시 일상 영역과 사회 영역으로 나누고, 인터넷 공간 영역은 비속어와 인격 비하, 성기와 성 행위, 사회적 민감 주제 등 세 부분으로 분류하였다.

진흔흔(2016)은 한국어와 중국어의 완곡 표현에 대해서 죽음, 질병, 직업, 성 및 임신, 배설 등 5가지 유형으로 크게 나누어 쓰임을 분석하였다.

종언선(2019)은 완곡어의 주제에 따라 죽음, 성, 생리적 현상, 직업, 질병과 신체적 결함, 범죄 행위로 분류하여 한·중 완곡어 대조 연구를 하였다.

완곡 목적으로 분류한 학자로는 췌이 펑 훼이(2009), 채춘옥(2014) 등이 있다.

췌이 펑 훼이(2009)는 금기 피함, 저속 피함, 숨김 위장의 표현, 예의와 존경 표현으로 나누어 살피고 있다. 세부적으로는 (1) 금기 피함을 다시 외경의 대상, 죽음, 질병, (2) 저속 피함을 다시 성, 배설, (3) 예의와 존경을 다시 신체, 개인 평가, 직업, 범죄나 불량 행위, 사상으로 하위분류하였다.

채춘옥(2014)은 길상을 위한 완곡 표현, 우아한 표현을 위한 완곡 표현, 사회적 배려를 위한 완곡 표현, 전략적 완곡 표현 등 완곡 표현의 목적별로 네 가지 유형 분류하였다.

사회적인 요인을 고려해서 분류한 연구는 석진주(2011), 배성영(2012), 姚姸君(2014)이 있다.

석진주(2011), 배성영(2012)은 금기어에 의한 완곡 표현, 문화적 요인에 의한 완곡 표현, 사회적 차별에 대한 완곡 표현, 부정적 상황에 대한 완곡 표현으로 구분하였다.

姚姸君(2014)은 금기적 요인에 의한 완곡 표현, 사회적 요인에 의한 완곡 표현, 문화적 요인에 의한 완곡 표현 등 세 가지 유형으로 분류하였다. 그 하위 분류로 다시 (1) 금기적 요인-죽음, 질병, 배설, 성 (2) 사회적 요인-직업, 장애, 개인평가, 부정적 상황, 경제 (3) 문화적 요인-호칭, 성차별으로 분류하였다.

위의 분류 외에 김미형(2000), 곽단양(2006), 권길호(2015) 등이 있다.

김미형(2000)에 따르면 완곡 표현은 어휘 범주와 문장 범주로 나뉜다. 어휘 범주는 다시 금기어를 대신하는 전통적인 완곡어, 일상에서 굳어진 일상용어로 사용하는 완곡어, 표현 의도를 읽을 수 있는 현대의 완곡어로 나누고,

문장 범주를 청자 중심, 화자 중심, 제3자 중심으로 나누었다.

곽단양(2006)은 어휘, 문장, 담화로 분류하여 한·중 완곡 표현에 대해 대조하였다. 어휘 차원에서는 다시 금기·혐오·거리낌으로 기피되는 어휘, 자극적인 말이 대체되는 어휘, 세속적 관념을 피하는 어휘, 비속함을 피하여 대체되는 어휘, 체면을 위해 대체되는 어휘, 형상적 비유로 대체되는 어휘로 분류하였다. 문장 차원에서는 피동의 표현 방식, 의문의 표현 방식, 부정의 표현 방식, 추측의 표현 방식, 희망·청원의 표현 방식, 다른 사실을 들어 비겨 표현하는 방식, '지소사' 표현 방식, 모호하게 하는 표현 방식, 이유를 들어 표현하는 방식으로 하위분류하였다. 담화 차원에서는 생활 담화 분야, 광고 표현 분야, 정치 외교 분야, 경제 무역 분야, 사회·도덕·교육 분야로 다시 분류하였다.

권길호(2015)는 대상 중심 완곡 표현과 과정 중심 완곡 표현으로 구분한 후, 그 하위 분류로 다시 형식적 특성과 의미적 특성으로 구분하였다.

<표 1> 한국에서의 완곡 표현의 유형 분류

한국어 완곡 표현의 유형 분류	
김광해(1993)	성행위, 죽음, 질병, 배설 행위, 형벌, 신체 명칭
문금현(1999)	(1) 두려움이나 공포의 대상이 되는 것을 돌려서 표현한 것 (2) 직접 말하기 어려운 일에 대한 표현을 비유적으로 표현한 것 (3) 상대에게 불쾌감을 주는 내용을 돌려서 표현한 경우 (4) 추하고 더러운 것을 돌려서 표현한 경우
김미형(2000)	(1) 어휘 범주: 전통적인 것, 일상적인 것 (2) 문장 범주: 청자 중심, 화자 중심, 제3자 중심
곽단양(2006)	(1) 어휘-금기, 혐오, 거리낌으로 기피되는 어휘, 자극적인 말이 대체되는 어휘, 세속적 관념을 피하는 어휘, 비속함을 피하여 대체되는 어휘, 체면을 위해 대체되는 어휘, 형상적 비유로 대체되는 어휘

	(2) 문장 차원-피동의 표현 방식, 의문의 표현 방식, 부정의 표현 방식, 추측의 표현 방식, 희망·청원의 표현 방식, 다른 사실을 들어 비겨 표현하는 방식, '지소사' 표현 방식, 모호하게 하는 표현 방식, 이유를 들어 표현하는 방식 (3) 담화 차원-생활 담화 분야, 광고 표현 분야, 정치 외교 분야, 경제 무역 분야, 사회·도덕·교육 분야
췌이 펑 훼이(2009)	(1) 금기 피함-외경의 대상, 죽음, 질병 (2) 저속 피함-성, 배설 (3) 예의와 존경-신체, 개인 평가, 직업, 범죄나 불량 행위, 사상
용요요(2010)	(1) 사망에 관련된 완곡 표현 (2) 성행위·배설 및 질병에 관련된 완곡 표현 (3) 직업 및 직무에 관련된 완곡 표현 (4) 기타 영역에서의 완곡 표현
완소단(2011)	죽음, 질병, 성, 배설, 신체, 직업, 사상, 기타에 관련 완곡 표현
석진주(2011)	(1) 금기어에 의한 완곡 표현 (2) 문화적인 요인에 의한 완곡 표현 (3) 사회적 차별에 대한 완곡 표현 (4) 부정적 상황에 대한 완곡 표현
김욱(2011)	죽음, 질병과 신체장애, 직업, 호칭, 경제, 성과 신체 부위, 개인 특징, 배설, 기타
배성영(2012)	(1) 금기어에 의한 완곡 표현 (2) 문화적 요인에 의한 완곡 표현 (3) 사회적 차별에 대한 완곡 표현 (4) 부정적 상황에 대한 환곡 표현
마풍빈(2012)	(1) 일상 공간 영역 (2) 인터넷 공간 영역 일상 공간 영역: 일상 영역, 사회 영역 인터넷 공간 영역: 다시 비속어와 인격 비하, 성기와 성행위, 사회적 민감 주제
채춘옥(2014)	(1) 길상을 위한 완곡 표현 (2) 우아한 표현을 위한 완곡 표현 (3) 사회적 배려를 위한 완곡 표현 (4) 전략적 완곡 표현

姚姸君(2014)	(1) 금기적 요인-죽음, 질병, 배설, 성 (2) 사회적 요인-직업, 장애, 개인평가, 부정적 상황, 경제 (3) 문화적 요인-호칭, 성차별
권길호(2015)	(1) 대상 중심 완곡 표현 (2) 과정 중심 완곡 표현
진흔흔(2016)	죽음, 질병, 직업, 성과 임신, 배설
종언선(2019)	죽음, 성, 생리적 현상, 직업, 질병과 신체적 결함, 범죄 행위

2.2.2. 중국에서의 완곡 표현의 유형 분류

중국 학자들의 완곡 표현 유형에 대한 분류를 보면 束定芳·徐金元(1995)은 '狹義委婉語'(협의 완곡어)와 '廣義委婉語'(광의 완곡어)로 나누었다. 협의 완곡어는 '委婉詞語'(완곡 어휘)가 보통 '約定俗成'(약정속성)되어 일정한 범위에서 많은 사람들이 쓰고 있는 일반화된 단어나 구를 가리킨다. 광의 완곡어는 언어 체계 속에서 '語音'(음성), '語法'(문법), '話語'(대화) 등의 방식을 통하여 임시적으로 구성되어 완곡 표현의 기능을 갖는 것이며, '臨時性'(임시성), '個別性'(개별성)의 특징을 가진다.

绍军航(2002)에서는 사회언어기능과 어용심리의 측면에서 이타(利他), 중간 위치에 처하는 범리(泛利), 이기(利己)로 분류하였다. 이타(利他) 완곡어는 상대방이나 관계가 좋은 사람 또는 조직의 이익을 위하여 체면을 유지하기 위한 것이다. 이기(利己) 완곡어는 자기의 체면이나 이익을 유지하기 위한 것이고, 이기(利己) 완곡어와 이타(利他) 완곡어는 선의 양단에 있고, 중간 부분이 바로 범리(泛利) 완곡어가 있다.

李軍華(2010)는 '固定委婉語'(고정 완곡어)와 '臨時委婉語'(임시 완곡어)로 나누었다. 고정 완곡어는 고정된 형식을 사람들이 표준 형식으로 간주하고 언어 집단에서 관례 규범으로 지키고 있는 것들이다. 이에는 고정 형식(일반화된 언어부호로서 특정된 언어 형식을 갖춤), 전형적인 언어 환경(특정된 사회

문화 전통, 교제 장소, 배경), 특정한 사건과 대상(사물, 현상), 비교적 명확한 지칭 대상(직설적인 언어와 비슷하여 유추가 필요 없음)이 있다.

완곡어의 사용 영역에 따라 분류한 대표적인 학자로는 南桂仙(2006), 田英(2011), 赵美恩(2011) 등이 있다.

南桂仙(2006)에서는 완곡하는 대상과 내용에 따라 죽음과 질병 등 생리현상에 관련된 완곡어, 예절 상의 나이·외모·장애 등 개인 특징에 관련된 완곡어, 직업·성·배설·사상 표현 등에 관련된 완곡 표현 등으로 구분하였다.

田英(2011)에서는 죽음에 관련된 완곡어, 직업에 관련된 완곡어, 신체 부위나 성 및 배설 등과 관련된 완곡어로 분류하였다.

赵美恩(2011)에서는 죽음에 관련된 완곡어, 성병 및 생리적 결함에 관련된 완곡어, 분비 및 배설에 관련된 완곡어, 직업에 관련된 완곡어로 분류하였다.

어휘와 문장으로 분류한 학자로는 翟录(2006), 李善熙(2012), 张娜(2016) 등이 있다.

翟录(2006)에서는 어휘 차원에서 언어 금기에 관련된 완곡어, 예절과 존중 원칙에 맞는 완곡어, 위장 목적에 관련된 완곡어로 구분하고, 문장 차원에서 서술, 의문, 청유, 명령 등으로 구분하여 한·중 완곡 표현을 대비하였다.

李善熙(2012)는 어휘 차원에서 죽음, 질병, 신체장애, 성, 임신, 배설, 직업 등으로 구분하고, 문장 차원에서 청유, 지시 명령, 권유, 거절, 충고와 참모, 자기 의견 표현, 비평 등으로 구분하여 한·중 완곡 표현을 대비하였다.

张娜(2016)는 어휘 차원에서 언어 금기에 관한 완곡 표현, 예의 및 존중에 관한 완곡 표현, 위장(掩饰, 伪装)에 관한 완곡 표현으로 분류하고, 문장 차원에서 서술, 의문문, 명령문으로 구분하여 한·중 완곡 표현을 대비하였다.

<표 2> 중국에서의 완곡 표현의 유형 분류

중국에서의 완곡 표현의 유형 분류	
束定芳·徐金元 (1995)	(1) 狹義委婉語(협의 완곡어) (2) 廣義委婉語(광의 완곡어)
绍军航(2002)	(1) 이타(利他) (2) 중간 위치에 처하는 범리(泛利) (3) 이기(利己)
南桂仙(2006)	(1) 죽음과 질병 등 생리 현상에 관련된 완곡어 (2) 예절상의 나이·외모·장애 등 개인 특징에 관련된 완곡어 (3) 직업·성·배설·사상 표현 등에 관련된 완곡어
翟录(2006)	(1) 어휘 차원-언어 금기에 관련된 완곡어, 예절과 존중원칙에 맞는 완곡어, 위장 목적에 관련된 완곡어 (2) 문장 차원-서술, 의문, 청유, 명령
李軍華(2010)	(1) 固定委婉語(고정 완곡어) (2) 臨時委婉語(임시 완곡어)
田英(2011)	(1) 죽음에 관련된 완곡어 (2) 직업에 관련된 완곡어 (3) 신체 부위나 성 및 배설 등 관련된 완곡어
赵美恩(2011)	(1) 죽음에 관련된 완곡어 (2) 성병 및 생리적 결함에 관련된 완곡어 (3) 분비 및 배설에 관련된 완곡어 (4) 직업에 관련된 완곡어
李善熙(2012)	(1) 어휘 차원: 죽음, 질병, 신체 장애, 성, 임신, 배설, 직업 (2) 문장 차원: 청유, 지시 명령, 권유, 거절, 충고와 참모, 자기 의견 표현, 비평
张娜(2016)	(1) 어휘 차원: 언어 금기에 관한 완곡 표현, 예의 및 존중에 관한 완곡 표현, 위장(掩饰, 伪装)에 관한 완곡 표현 (2) 문장 차원: 서술과, 의문문, 명령문

이상으로 두 나라에서의 완곡 표현 유형의 분류를 살펴보면, 학자마다

분류 기준이 다름으로써 조금씩 차이가 난다. 대부분 학자들은 완곡 표현의 사용 영역이나 주제에 따라 분류하였다. 구체적으로 보면 성행위, 죽음, 질병, 배설 행위, 형벌, 신체 명칭, 직업, 정치, 군사, 외교, 사회, 교육 등 주제별로 나누었다. 그리고 일상 공간 영역과 인터넷 공간 영역으로 분류한 학자도 있다. 완곡 표현을 사용자의 심리 의도의 영향을 크게 받는 표현이라서 완곡 표현의 사용자 의도나 심리에 따른 분류는 주로 금기 피함, 저속 피함, 예의와 존경, 피휘, 위장, 우아, 길상, 사회적 배려 등으로 볼 수 있다. 완곡 표현을 어휘, 문장, 담화 범주로 분류하는 학자도 적지 않다. 어휘 차원에서의 분류는 대체적으로 신체, 배설, 질병, 정치, 군사, 외교, 사회, 성, 직업, 교육 등의 큰 분류로 나누었고, 문장 차원에서의 분류는 피동, 추측, 희망, 청원, 다른 사실을 들어 비교 표현하는 방식, 지소사, 모호 표현, 이유, 서술, 의문, 청유, 명령, 거절, 충고와 참모, 자기의견 표현, 비평 등으로 분류하였다. 담화 차원에서의 분류는 주로 생활 담화 분야, 광고 표현 분야, 정치 외교 분야, 경제 무역 분야, 사회·도덕·교육 분야로 나누었다.

기존의 논문에서의 유형 분류는 주로 어휘와 문장 차원에서만 치중하고 있고, 담화 차원과 관련된 분석과 설명이 부족하다. 특히 담화 상황에 따른 완곡 표현 분류는 거의 없는 상태이다. 이에 이 책은 담화 차원에서 담화 요인을 고려한 완곡 표현의 유형 분류에 대한 기준을 제시해 보고자 한다.

2.3. 담화 중심 완곡 표현

2.3.1. 담화의 개념

완곡 표현에 대한 유형 분류는 대부분 어휘, 문장, 수사법, 인지언어학적인 등 측면에서 진행되었다. 이 절에서는 위의 학자들의 유형 분류와 달리, 담화 중심으로 완곡 표현의 유형 분류에 대해 분석하고자 한다. 먼저 담화의 개념부터 살펴보도록 하겠다. 담화에 대한 사전적인 정의를 보면 『표준국어대사전』에는 '둘 이상의 문장이 연속되어 이루어지는 말의 단위'로 설명하고 있어, 담화가 가장 원형적인 속성을 지닌 개념적 정의임을 알 수 있다. 『국어용어사전』에서는 '일정한 목적을 달성하기 위해 사용된 구어적 언어 형식'으로 정의하여, 담화는 발화자가 대화를 통해 전달하려는 일정한 목적이 들어 있음을 알 수 있다.

담화에 대한 관심이 점차 증대함에 따라 담화에 대한 정의도 학자마다 다양하다. Tannen(1989)은 담화를 어떠한 맥락에서도, 어떠한 형태로도 나타날 수 있는 문장 이상의 언어로 언어 그 자체로 보고 있다.(송경숙, 2003)

Schiffrin(1994)은 담화를 두 가지의 관점에서 설명한다. 형식주의(formalism) 관점에서는 담화를 문장 이상으로 구성되어 있고 일관성 있는 언어 단위(a unit of coherent language consisting of more than one sentence)로 정의한다. 기능주의(functionalism) 관점에서는 담화를 사용 중인 언어(language in use)로 특징짓는다.

Celce-Murcia & Olshtain(2000)는 형식주의 관점과 기능주의 관점을 결합하여 형태와 의미의 내적 관계를 기술하는 구어 또는 문어의 예시라는 정의하였다. 더 나아가 담화가 일어나는 맥락과 대화 참여자(즉 모든 적절한 상황적, 사회적, 문화적 요소들)를 고려했을 때 그 외부적인 기능이나 목적이 무엇인지 결정될 수 있다고 보았다.

한국에서 담화의 정의도 주로 형식주의 관점과 기능주의 관점에서 이루어지고 있다. 이용주(1993)는 발신자가 적절한 언어 형식을 만들어서 자신의 심리 내용, 즉 자신이 선택한 의미를 음성이나 문자로 표현(실체화)하는 행위라고 정의하였다.

김광해 외(1999)는 화자와 청자를 포함하여 화맥 속에서 수행되는 발화나 발화의 연쇄체로 정의하였다.

전영욱(2009)은 문장이나 절보다 상위의 단위(구조), 언어 사용 및 사용된 언어, 발화의 연쇄 등을 담고 있는 개념으로, 실제 상황(맥락)에서 사용된 발화의 연쇄라고 정의하였다.

담화의 정의에 관해 종합적으로 보면, 구조주의적 관점에서는 담화를 문장 이상의 개념으로 보고, 기능주의적 관점에서는 담화를 언어 사용의 문제로 파악한다. 이 책에서는 위와 같이 Celce-Murcia & Olshtain(2000)의 담화 정의를 따라서 담화를 한 문장 이상의 단위로만 보지 않고 구어나 문어에서 나타나는 언어 사용(language in use)의 개념으로 받아들이기로 한다. 즉 담화는 '구체적인 맥락에서 구어 또는 문어로 실현된 의사소통 행위'로 정의하여 구조주의 입장과 기능주의 입장을 포섭하는 관점을 취하고자 한다. 그리고 화용론적 관점도 같이 고려해서 언어가 사용되는 상황에서 언어가 어떤 의미로 쓰이는가에 대해서도 분석하고자 한다.

2.3.2. 담화 상황 맥락의 구성 요소

언어는 일상생활에서 서로의 감정을 전달하는 데에 도움이 된다. 우리가 언어를 배우는 가장 근본적인 목적은 의사소통 능력을 기르는 것이다. 완곡 표현은 언어 표현 중의 하나로서 오랜 세월에 걸쳐 형성되고 축적되어 온 것이다. 일상생활에서 아무런 문제없이 사용하는 말이 있는 반면 사용이 극히 제한되거나 금기되는 말들도 존재하기 때문에 원활한 의사소통을 위해서는 상황에 맞는 적절한 완곡 표현의 사용이 필요하다.

선행 연구에서 살펴보았듯이 완곡 표현에 대한 연구는 여러 측면에서 활발하게 진행되고 있다. 완곡 표현은 언어의 사용 환경에 많이 의존하기 때문에 원활한 소통을 위해 화용론적 성격을 띤다. 이에 따라 언어 사용상 사회적·문화적 맥락이 많이 작용하기 때문에 담화 상황에 대한 이해가 부족할 경우, 예를 들어 문화 환경이 다르거나 그 표현의 생성 양상을 잘 이해하지 못할 경우에 의사소통에 장애를 일으키는 경우가 많다. 따라서 완곡 표현의 의미는 담화 상황 맥락에 따라 해석되어야 한다. 즉, 화자의 발화 의도에 따라 해석되어야 하는데, 이는 구체적인 상황 맥락에 의해 확인된다. 다음 예문을 보자.

(9) ㄱ. 어디 가? 또 배가 아파?
    ㄴ. 응, 잠깐 뒤를 보고 올게.
(10) ㄱ. 철수는 오늘 왜 이렇게 피곤해 보이지?
    ㄴ. 철수는 어제 밤일을 많이 한 것 같은데.
(11) ㄱ. 철수는 병원에 간다고?
    ㄴ. 응. 고래를 잡으려고 간대.[2]

위의 각 예문에서 ㄴ은 구성 요소의 의미만으로 해석하면 '뒤를 (돌아)보-', '밤에 하는 일을 하-', '바다에 사는 고래를 잡-'이다. 그러나 이 표현들은 기피해야 하는 환경에서 완곡 표현으로 사용되기도 한다. 이때의 의미는 '똥을 누-', '섹스를 하-', '포경 수술을 하-' 등의 의미로 해석이 가능하다. 반면 언어의 사용 환경을 벗어나면 완곡 표현인지 아닌지 판단하기가 어려울 수밖에 없다. 따라서 완곡 표현에 대한 연구는 담화 화용상의 차원에서 이루어져야 한다.(권길호, 2015)

완곡 표현을 담화 차원에서 분류하기 위해서는 담화의 구성 요소를 먼저 파악해야 한다. 담화 상황 맥락의 구성 요소들을 연구한 대표적인 학자로는

---

2   예문 (9)~(11)은 권길호(2015: 18)의 예문을 참조함.

Malinowski(1923), Firth(1957), Hymes(1972), Hallliday(1989), Holmes(1992), Nunan(1993), Biber(1994), 이주섭(2001), 한하림·양재승(2014), 염정연(2018) 등이 있다.

Malinowski(1923)는 Trobriand 섬의 언어를 영어로 번역하는 과정에서, 언어는 인간 활동과는 뗄 수 없는 관계가 있다는 것을 발견하고 이런 현상을 체계적으로 설명하기 위해 담화 상황 맥락이 중요하다고 설명하고 있다.

Firth(1957)는 논의를 발전시켜 사회적 맥락에서 언어를 분석하기 위해 일반적인 세 가지 구성 요소를 제안하였다. 구성 요소는 참여자와 관련된 특성, 이와 관련된 대응물, 언어적 행동의 효과이다. 참여자의 특성은 언어적 행동과 비언어적 행동을 포함하며 나이나 성별과 같은 개인적인 특징도 포함한다. 관련된 대응물은 발화에 포함된 물체 혹은 사건을 의미하고, 언어적 행동의 효과는 발화 자체가 미치는 영향을 말한다.

Hymes(1972)와 Haliday(1989)는 보다 체계적이고 종합적인 이론으로 발전시켰다. Hymes(1972)는 민족과 언어, 문화의 상관관계가 담화 분석을 하는 데 중요하다고 본 대표적인 연구이다. 그는 발화의 구성 요소를 배경(Setting), 대화 참여자(Participants), 목적(Ends), 행위연속(Act sequence), 어조(Keys), 매개(Instrumentalities), 규범(Norms), 장르(Genre)로 분류하였다. 이들 구성 요소의 철자를 이용하여 SPEAKING 모델을 제시하였다. 배경은 시간과 장소를 포함한 물리적 조건들을 의미하며, 참여자는 화자 혹은 발신자와 청자 혹은 수신자 등을 의미한다. 목적은 목표(purpose), 결과(outcomes)와 목적(goal)을 포함한다. 행위연속은 메시지의 형태와 내용, 어조는 대화의 논조(tone)를 말한다. 매개는 채널과 같은 전달 경로와 방언이나 표준어와 같은 언어 자체의 형태를 포함한다. 규범은 상호교류에 있어 규범으로 의미를 해석하는 근거가 되며, 장르는 발화 사건과 유형 등이 포함된다. 그는 이러한 구성 요소가 어떠한 언어에도 적용되지만 언어의 보편성에 주목하기보다는 개별

언어와 언어 공동체가 어떠한 인종적·문화적 배경에 따라 다양하게 작용하는지에 주목하였다. 이 모델은 담화의 구성 요소를 명료하게 제시하였기 때문에 널리 사용되었지만 각 구성 성분이 미치는 영향에 대해 설명하지 못하고 분류도 완전하지 않기 때문에 비판을 받았다.

Halliday(1989)는 언어 연구에 사회학적인 요소를 도입하여 보다 체계적이고 기능적인 이론을 정립시켰다. 언어와 사회의 상호작용을 연구하면서 상황에 따라 나타나는 일반적인 원칙을 알아보기 위해 사용역이라는 개념을 발전시켰다. 그는 사용역을 통해 언어의 많은 부분을 예측할 수 있다고 하였는데 사용역을 통한 예측은 참여자(tenor), 내용(field), 양식(mode)에 의해 결정이 된다고 보았다. 즉 누가, 무엇에 대해, 어떠한 방식으로 이야기하는 것이 상황 맥락에 영향을 준다고 하였다. Holmes(1992)는 참여자(who), 장면(where), 화제(what), 기능(function)으로 구분하였고, Nunan(1993)은 화제, 목적, 장면, 참여자들의 관계, 메시지의 형식으로 분류하였다.(이주섭, 2001)

Biber(1994)는 기존의 연구를 발전시켜 상황 맥락의 구성 요소를 7개의 상위범주와 하위요소로 구분하였다. '참여자들의 의사소통적 특성(Communicative characteristics of Participants, 송신자와 수신자 간의 관계(Relation between addresser and addressee), 배경(Setting), 채널(Channel), 텍스트와 참여자들의 관계(Relation of participants to the text), 목적, 의도 및 목표(Purpose, Intents and Goals), 주제 및 화제(Topic/subject)'의 범주 안에 하위 구성 요소를 두어 보다 구체적으로 설명하였다는 점에서 의의가 있다.(이시은, 2017)

이주섭(2001)은 담화 상황 맥락의 구성 요소들은 표현적으로는 별개로 존재하지만 그 기저에는 잠재된 규칙이 있고 이 규칙들이 상호작용하면서 의사소통이 전개된다고 주장하였다. 그리고 위계적 관점과 병렬적 관점에서 제시한 상황 맥락의 구성 요소들을 종합적으로 정리하여 크게 참여자 변인, 환경 변인, 내용 변인, 유형 변인 네 가지로 나누었다. 참여자 변인은 다시 참여자의 자아개념 및 대인지각성향, 역할, 친밀도, 사회적 지위(직업, 연령, 권력 등), 참여자들 사이에 내재한 규칙을 하위요소로 구분하였다. 환경 변인에서 시간적, 공간적 장면, 주어진 환경에 내재한 규칙으로 분류하였고 내용 변인에서 화제, 목적, 메시지 생산과 해석에 내재한 규칙으로 구분하였다. 마지막 유형 변인은 일방적인 말하기, 토의, 토론, 인터뷰, 대화 의사소통 유형에 내재한 규칙으로 하위요소로 분류하였다.

한하림·양재승(2014)은 TOPIK 듣기 담화의 상황 맥락 양상을 파악하려고 하였다. 담화 상황 맥락 분석의 틀을 보면 담화 유형, 참여자 관계, 담화 영역, 담화 목적 및 기능, 담화 소재, 채널로 분석 기준으로 삼고 분석하였다.

염정연(2018)은 담화 및 맥락의 개념과 '구' 계열 종결어미의 특성을 살펴보고 담화 상황 맥락의 구성 요소를 담화 유형, 담화 참여자, 담화 배경, 담화 기능의 4가지로 분류하였다.

이상에서 살펴본 바와 같이, 담화 상황 맥락의 구성 요소 및 분석은 연구자에 따라 조금씩 차이가 있으나 체계적으로 유사한 항목들을 중심으로 이루어져 있음을 알 수 있다. 특히 담화 참여자는 모든 연구자들이 가장 핵심적인 요소로 다루고 있으며 여기에는 담화 참여자 요인을 먼저 고려해야 한다. 그 다음에 담화 기능 역시 중요한 요소로 다루어지고 있는데 이는 주로 구체적인 발화 상황에 따라 기능을 수행한다. 완곡 표현은 담화 상황에 대해 의존도가 높은 표현이라서 담화 기능 요인도 함께 고려해야 하는 요소로 설정하였다. 마지막에 완곡 표현은 발화자의 의도에 따라 실현되기 때문에 담화 목적 요인도 함께 고려해 보고자 한다. 이에 구체적인 설명 내용은 다음 절에서 자세히 다루도록 한다.

2.3.3. 담화 중심 완곡 표현의 유형 분류

위의 담화 상황 맥락 구성 요소를 보면 학자마다 의견이 다양하다. 그리고 각 구성 요소들은 보다 더 많은 하위요소들이 존재할 수 있을 것이다. 예컨대, 참여자 요인에 있어서도 참여자들 사이의 性, 가치관이나 세계관, 지식수준 등이 포함될 수 있다. 또한 이런 요소들도 더 많은 하위요소로 세분할 수 있을 것이다. 이 책은 각 담화 상황 맥락을 구성하는 하위요소들을 일일이 규명하는 데 목적이 있는 게 아니므로, 담화 구성 하위요소에 대한 세부적인 내용들을 다루지 않기로 한다. 그보다 담화 상황 맥락을 구성하는 다양한 요소들을 정리하여 완곡 표현을 담화 차원에서 분류하고자 한다. 이에 이 책에서는 완곡 표현을 크게 담화 참여자 요인, 담화 기능 요인, 담화 목적 요인으로 나누어 연구할 것이다.

담화 참여자 요인은 김미형(2000)의 완곡 표현 유형 분류를 근거로 하되 더 보완하여, 담화 상황에서의 참여자인 청자를 배려하는 '청자 중심의 완곡 표현', 화자를 왜소하게 함으로써 청자의 화행 부담을 줄이는 '화자 중심의 완곡 표현', 화자와 청자 외의 제3자를 배려하는 '제3자 중심의 완곡 표현'으로 나누어 살펴볼 것이다.

그리고 담화 기능 요인은 국립국어원에서 가장 최근에 발표한 <국제 통용 한국어 표준 교육과정 적용 연구>(2017)의 담화 기능 분류 체계를 참조하여, 완곡 표현의 특징에 따라 재정리하고자 한다. 즉 담화 기능 요인은 '정보 요청하기와 정보 전달하기', '설득하기와 권고하기', '태도 표현하기', '감정 표현하기', '사교적 활동하기'로 나누었다.

마지막으로 담화 목적 요인은, 기존 연구들이 대부분 피휘 목적, 예의 및 존중 목적, 숨김 및 위장 목적으로 분류하였다. 그러나 피휘하는 목적이 있는 동시에 예의 및 존중하는 목적도 동시에 존재할 수 있다. 예를 들면 배설은 사람에게 더럽고 불쾌한 느낌을 줄 수 있어서 보통 직접 말하는 것보다 완곡 표현을 통해 기피하는 효과를 가질 수 있다. 그리고 성에 관한 표현은 사람들이 직접 말하는 것보다 우회하여 완곡하게 표현하는 사람은 좀 더 예의 있게 생각하고 완곡 표현을 통해 청자의 체면을 유지할 수 있을 뿐만 아니라 더 우아한 자세를 보여 줄 수도 있다. 화자는 남자 성기에 대한 표현을 피휘해야 한다는 생각에서 완곡 표현을 통해 예의 및 존중 목적도 같이 달성한다. 그래서 담화 목적 요인의 분류는 '피휘 목적', '피휘와 예의 및 존중 공동 목적', '예의 및 존중 목적', '숨김 및 위장 목적'으로 나누었다.

<표 3> 담화 중심 완곡 표현의 유형 분류

요인	하위 분류
참여자 요인	청자 중심의 완곡 표현
	화자 중심의 완곡 표현
	제3자 중심의 완곡 표현
기능 요인	정보 요청하기와 정보 전달하기
	설득하기와 권고하기
	태도 표현하기
	감정 표현하기
	사교적 활동하기
목적 요인	피휘 목적
	피휘와 예의 및 존중 공동 목적
	예의 및 존중 목적
	숨김 및 위장 목적

제3장
담화 중심 한·중 완곡 표현의 사용 양상

3.1. 담화 참여자 요인

　담화 기능의 분류에서 먼저 살펴볼 요소는 바로 담화 참여자이다. 담화 참여자는 담화 상황에서 빠질 수 없는 요소라 할 수 있다. 담화 참여자가 없다면 담화 자체가 성립할 수 없기 때문인데, 이와 관련된 요소들은 담화를 생산하고 수용하는 담화의 주체를 비롯하여 주체 간의 관계 즉, 담화 참여자 간의 지위, 친밀도, 성별, 역할 등 주체의 특성과 관련된 요소들이 모두 포함될 수 있다.(정지선, 2007)
　그러나 완곡 표현은 담화 기능의 하위분류의 영향을 다소 받지만 가장 중요한 것은 발화자의 의도라고 할 수 있다. 예를 들면 사회적 지위가 높은 사람이라도 발화자가 완곡하게 말하려는 의도가 있다면 사회적 지위가 낮은 사람에게도 완곡 표현을 쓸 수 있는 것이다. 이에 이 책에서는 김미형(2000)의 완곡 표현 분류를 참조하여 담화 상황에서의 참여자를 청자를 배려하는 청자 중심의 완곡 표현, 화자를 왜소하게 함으로써 청자의 화행 부담을 줄이는 화자 중심의 완곡 표현, 화자와 청자 외의 제삼자를 배려하는 완곡 표현으로 나누어 살펴볼 것이다.

이에 각 경우에 대해 한·중 완곡 표현의 사용 양상을 살펴보면서 어떤 상황에서 어떤 방식들을 쓰고 있는지 살펴보기로 한다.

3.1.1. 청자 중심

청자 중심의 완곡 표현은 청자를 배려하는 목적으로 쓰는 것이다. 완곡 표현을 쓰는 것은 청자의 행위에 대해 완곡 표현을 쓰는 것이 되고, 따라서 청자의 화행 부담을 줄여 주는 효과를 얻게 된다. 김미형(2000)에서는 화자가 청자에게 부탁을 할 때, 금지를 하거나 명령을 할 때, 안 좋은 일에 대하여 질문을 할 때, 상대방의 잘못이나 실수를 지적할 때, 문제가 되는 것을 청자의 행위와 관련되는 것으로 분류하였다. 본고에서는 김미형(2000)의 분류를 좀 더 보완하여 다시 화자가 청자에게 부탁을 할 때, 금지를 하거나 명령을 할 때, 안 좋은 일에 대하여 대화할 때, 상대방의 잘못이나 실수를 지적할 때, 상대방에게 제안을 할 때, 상대방에게 희망이나 청원을 할 때, 상대방에게 평가할 때, 부끄러워하는 일에 대하여 대화할 때로 나누어 예문을 통해 살펴보겠다.[3]

① 화자가 청자에게 부탁을 할 때

　　(12) ㄱ. 미안하지만 돈이 있으면 빌려 줄래?
　　　　　 (돈이 있으면 빌려 줘.)

---

[3] 본 연구에서 괄호 안에 있는 예문은 직설 표현이고 괄호 없는 예문은 완곡 표현이다.

不好意思, 您借我点钱好不好?

(有钱的话借我)

ㄴ. 죄송한데, 시간이 있으면 저 좀 도와주시면 감사하겠습니다.

(시간이 있으면 나 좀 도와줘.)

对不起, 有时间的话能帮下我吗?

(有时间就帮我)

ㄷ. 저기, 혹시 시간 좀 있니?

(시간 내 줘.)⁴

抽点时间给我, 行不行?

(抽时间给我)

ㄹ. 이걸 알려 주셨으면 좋겠어요.

(이걸 알려 주세요.)

劳驾, 这件事希望您能告诉我吗?

(把这件事告诉我)

ㅁ. 저, 창문 좀 닫아 주시겠어요?

(창문 닫아 주세요.)

不好意思, 您能帮我把窗子关一下可以不可以?

(把窗子关上)

예문에서 괄호 없는 표현은 완곡 표현으로, 훨씬 더 부드럽고 듣는 상대방에게 부담을 덜 준다. 반면에 괄호 속의 표현은 직설 표현이다. 상대방에게 부탁할 때 한국과 중국에서는 명령문을 많이 사용한다. 한국어에서는 '-아/어/여 주다'를 많이 사용하는데, 중국어에서는 '请, 给, 帮' 등 표현을 사용하여

---

4   예문 (12ㄱ~ㄷ)은 김미형(2000: 46)의 예문을 참조함.

상대방에게 부탁한다. 또한 한국어에서는 '좀(一点儿), 조금(稍微), 잠깐(一会儿, 片刻), 약간(稍微, 少许), 잠시(暂时)' 등 지소사의 첨가를 통해 상대방에게 느낄 부담을 줄여 준다. 중국어에서는 동사의 중첩인 '好不好, 行不行, 可以不可以' 등을 활용하여 의문의 말투를 지니는 문장으로 전환하여 상대방에게 압박감이 강한 명령문을 부드러운 완곡 표현으로 만든다. 이 외에 한국어에서는 문장 뒷부분에 '-(으)면 좋겠어요, -(으)면 감사하겠습니다, -ㄹ래요, -시겠어요.' 등 관용형을 많이 사용한다. 중국어에서는 문장 앞에 '劳驾, 拜托, 请问, 不好意思,麻烦一下' 등의 표현을 많이 사용하고 한국어에서 '실례지만, 죄송한데, 저기, 미안하지만' 등 표현을 많이 사용하는 것을 알 수 있다.

② 금지를 하거나 명령을 할 때

    (13) ㄱ. 여기서 담배를 안 피우시는 게 어떨까요?
        (여기서 담배를 피우지 마세요.)
        您别在这里吸烟好不好？
        (不许在这吸烟.)
      ㄴ. 그렇게 하면 안 될 것 같아요.
        (그렇게 하면 안 돼요.)
        那样做可能不行吧。
        (那样做不行.)
      ㄷ. 그 일을 하기 싫으면 그만 해도 돼요.
        (그 일을 하기 싫으면 그만 해요.)
        那件事不想做的话，不做也可以的。
        (那件事不想做别做了。)
      ㄹ. 집에 가지 않겠니?

(집에 가라.)

你回家吧, 好不好？

(回家。)

　　예문에서 보듯이 한국어에서는 금지나 명령을 할 때 보통 '-지 마세요', '-그만…세요/해요', '…하면 안 돼요.' 등 관용형을 많이 사용하고, 중국어에서는 '別', '甭', '不' 등 부정사를 많이 사용한다. 그리고 직접적으로 금지를 하는 직접 표현보다 상대방의 의견을 구하거나 완곡하게 권유하는 방식으로 간접적인 금지의 의미를 전달한다. 또한 중국어에서는 보통 '-好不好？/行不行/-好吗？/-可以不可以？' 등 표현을 통해 완곡의 목적을 실현한다. 한국어에서는 보통 '-는 것은 어떨까요?/-는 것은 어때요?/' 등 표현을 사용하여 상대방의 심리상의 거부감을 덜 준다. 이 외에 희망 표현, 추측 표현, 부정 표현 등을 통해 상대방에게 심리적 부담감이나 거부감을 줄여 준다.

③ 안 좋은 일에 대하여 대화할 때

(14) ㄱ. 오늘 표정이 무거워 보이네.
　　　　(오늘 시험 떨어졌어?)
　　　　今天表情看起来有点沉重呀。
　　　　(今天考试没过？)

ㄴ. 우리 미경이가 왜 기분이 안 좋을까?
　　　(왜 학교에서 무슨 일이 있었니? 누가 때렸어?)
　　　美静,为什么心情不大好呢？
　　　(在学校发生什么事情了吗？谁打你了？)

ㄷ. 너 기분이 별로인 것 같다?

(무슨 나쁜 일이 있니?)⁵

你心情好像不太好呀？

(有什么不好的事吗？)

　　상대방이 안 좋은 일이 있는 것 같아 알고 싶을 때에는 궁금한 것에 대한 직접 질문보다는 (14ㄱ, ㄴ, ㄷ)과 같이 말하여 관심을 은근하게 표현하거나 추측하는 형식으로 표현하는 것이 말을 부드럽게 하는 것이 된다.

　　예문 (14ㄱ)에서는 '시험에 떨어졌다'는 상황에 대해 확인할 때 완곡하게 다른 상황으로 대신해서 얼굴 표정의 변화를 통해 완곡하게 발화자의 의도를 전달한다. 중국어에서 기분이 안 좋을 때의 표정을 표현할 때는 '重'라는 용어를 쓰지 않고 '沉重'으로 표현한다. 예문 (14ㄴ, ㄷ)에서도 상대방의 기분에 대한 물음을 통해 완곡하게 발화자의 발화 의도를 실현한다. 그리고 예문 (14ㄷ)에서도 추측 표현을 첨가하면 상대방이 듣기가 부드럽고 거부감도 줄일 수 있다. 중국어에서도 상대방의 기분에 대해 묻고 싶을 때 보통 '心情怎么样(기분이 어때?)', '心情好不好(기분이 안 좋을까?)', '心情不太好吗(기분이 안 좋아?)', '不开心吗(안 기뻐?)' 등 표현을 통해 완곡의 목적을 실현한다.

④ 상대방의 잘못이나 실수를 지적할 때

　　(15) ㄱ. 급한 일이 있나 보네요. 시간을 잘 지키는 분이셨는데⋯
　　　　　 (왜 지각했어요?)
　　　　　 看起来有什么急事呀, 本来是很守时的⋯
　　　　　 (怎么迟到了？)

5　예문 (14ㄴ~ㄷ)은 김미형(2000: 47)의 예문을 참조함.

ㄴ. 저기 아직 돈을 돌려주지 않았어요. 잊으셨나요?

不好意思，借我的钱还没有还，是不是忘了呢？

(빌린 돈을 왜 안 줘?)

(借的钱为什么还不还？)

ㄷ. 제가 어제 말씀드렸는데, 미처 신경 못 쓰셨나 보네요.

(제가 어제 말씀을 드렸잖아요.)⁶

我昨天跟您说了，可能您没太在意。

(我昨天不是跟您说了吗？)

ㄹ. 세민아, 너 어제 선생님의 말을 잘 못 들은 것 같은데.

(세민아, 너 어제 선생님의 말을 귀 밖으로 들었지?)

世民，你昨天是不是对老师的话没仔细听？

(世民，你昨天是不是把老师的话当耳旁风⁷了?)

위의 예는 상대방의 잘못이나 실수를 지적할 때 상대방을 배려하는 완곡 표현이다. 상대방의 잘못이나 약점을 직접적으로 지적하는 것보다 위로와 격려하는 말을 쓰는 것이 화자가 더 잘 받아들일 수 있다. 예문 (15ㄱ, ㄴ)은 약속을 못 지키는 상황에서 완곡 표현을 이용하여 말을 부드럽게 하는 것이다. 예문 (15ㄱ)의 '-나 보다.'는 중국어에서는 '看起来好像, 看起来也许, 看起来可能' 등 표현이 많이 사용되고, 이를 통해 주관적인 강한 감정을 줄이고 서로 기분을 상하지 않게 한다. 예문 (15ㄴ)에서의 완곡 표현은 경어법을 사용하는 경우인데, 중국어에는 경어법이 없기 때문에 '是不是忘了'라는 표

---

6   예문 (15ㄴ~ㄷ)은 곽단양(2006: 31)의 예문을 참조함.
7   출처: 曹雪芹 『紅樓夢』 第二十一回: '凭人怎么劝, 都是耳旁風。(아무리 권해도 다 귓전으로 듣다)'

현을 쓴다. 그러나 이는 한국어 표현 '잊으셔나요'보다 어감이 더 강하고 완곡한 정도가 좀 약하다. 예문 (15ㄷ)은 상대방의 실수를 지적하는 상황이며, '신경 못 쓰다'라는 표현은 중국어에서는 '没太在意', '没太注意'라는 표현이 대응된다. 예문 (15ㄹ)은 강한 어감을 주는 관용어 '귓전으로 듣다' 대신 좀 더 쉽게 받아들일 수 있는 추측 표현을 써서 완곡의 목적을 달성하고 있다. 이에 대응하는 중국어 표현에서도 '当耳旁风' 대신 '可能/也许/大概没仔细听'를 사용한다.

⑤ 상대방에게 제안을 할 때

(16) ㄱ. 주말에 등산하러 갈래요?/주말에 등산하러 안 갈래요?
주말에 등산하러 갈까요?/주말에 등산하러 가는 게 어떨까요?/ 어때요?
(주말에 등산하러 갑시다.)
周末想去爬山吗？/周末不想去爬山吗？
周末去爬山怎么样？/好不好？/行不行？/可不可以？
(周末去爬山吧。)

ㄴ. 그렇게 하면 더 좋을 것 같아./같은데.
(그렇게 하자.)
那样做似乎更好啊！
(就那样做吧。)

ㄷ. 지금 출발하면 괜찮을까요?/지금 출발하면 좋을 것 같아요./지금 출발하실까요?/지금 출발하실래요?
(지금 출발합시다.)
现在出发可以吗？/现在出发比较好吧。/现在出发怎么样？/想要现在出发吗？现在出发吧。)

ㄹ. 이렇게 하면 어떨까?

(그렇게 하지 말고 이렇게 해.)

这么做怎么样？

(别那样做了，这样做吧。)

제안은 보통 상대방에게 자기의 의견을 내놓을 때 쓰는 표현이다. 상대방에게 제안을 할 때에는 청자의 체면을 손상시키는 경우가 많다. 따라서 상대방에게 제안할 때에는 직접 표현보다 완곡 표현을 통해 자기의 생각이나 희망을 표현하여 서로의 기분을 상하지 않게 하는 것이 좋다. 위의 예문에서 보듯이 제안을 할 때 한국어에서는 주로 '어때요?', '어떨까요?', '괜찮을까요?', '-ㄹ래요?' 혹은 부정식 의문 '-안 할래?', '-안 할까?', 그리고 추측 어미 '-면 -ㄹ것 같아요.' 등을 사용한다. 중국어에서는 '吧'를 많이 사용하는데, 좀 더 완곡하게 표현하면 '吧' 대신 '怎么样？' '好不好？' '行不行?' 등의 표현을 많이 사용한다. 이들의 차이는 '-吧'를 사용해도 상대방에게 큰 부담을 주는 표현이 아니지만 상대방의 의견을 묻는 '好不好？/可不可以？/行不行/怎么样?'보다 약간 강한 어기일 뿐이다. 그러나 한국어의 '-합시다.'란 표현은 상대방이 자기보다 높은 직위 있는 사람에게 쓸 경우 상대방이 불쾌한 느낌을 받을 수 있다.

⑥ 상대방을 평가할 때

(17) ㄱ. 너 얼굴이 보통 얼굴이지만 성격이 좋잖아.

(너 얼굴이 못생긴 얼굴이지만 성격이 좋잖아.)

您长相虽然普通，但是性格好呀！

(你长相难看，但是性格好呀！)

ㄴ. 요즘 생활이 괜찮아 보이네, 얼굴이 퍽 복스럽네.[8]

　　요즘 생활이 괜찮아 보이네, 얼굴이 통통해졌어.)

　　最近生活不错嘛，都发福了。

　　(最近生活不错，都胖了。)

ㄷ. 나이가 드신 게 나쁜 일이 아니예요.

　　(늙는 게 나쁜 일이 아니예요.)

　　上了年纪不一定是坏事。

　　(老了不一定是坏事。)

ㄹ. 고모님이 많은 재산에도 불구하고 손이 작으셨다.

　　(고모님이 많은 재산에도 불구하고 인색하셨다.)

　　姑母有那么多财产还是个铁公鸡。

　　(姑母有那么多财产还那么小气。)

　동양에서는 예의를 숭상하고 의사소통할 때 상대방의 입장, 신분 그리고 감정 등을 고려하여 적절한 완곡 표현을 쓴다. 특히 상대방의 나이, 생김새, 신체, 인격 등 민감한 화제에 대해 평가를 할 때에는 상대방에게 자극적이고 불쾌한 느낌을 줄 수 있는 표현을 회피하고 그와 대응된 완곡 표현으로 대체하여 사용하는 것이 좋은 선택이다. 위의 예문에서 보듯이 상대방을 평가할 때 한국어에서는 생김새에 관한 표현인 '보통 얼굴-못 생긴 얼굴', '통통하다-복스럽다', 나이에 관한 표현인 '늙다-나이가 드시다', 성격에 관한 표현인 '인색하다-손이 작다.' 등처럼 쓰고, 중국어에서는 직업에 대한 표현인 '长相普通-长相难看', 생김새에 대한 표현인 '胖-发福', 나이에 대한 표현인 '老了-

---

8　NAVER 『중국어사전』을 참조함.

上年纪了', 성격에 대한 표현인 '吝啬·铁公鸡' 등의 표현을 쓴다. '손이 작다'라는 관용어는 중국어에서 직접 대응하는 표현이 없고 '구두쇠'라는 관용표현인 '铁公鸡'를 대신 쓴다. 이는 한·중 양국 완곡 표현의 차이 중 하나이다.

⑦ 부끄러워하는 일에 대하여 대화할 때

(18) ㄱ. 그럼 네가 고개 숙인 남자가 되잖아.[9]
　　　(그럼 네가 성관계 시 빨리 사정한 사람이 되잖아.)
　　　这么说, 你那方面抬不起头了/不行了/快枪手。
　　　(这么说你早泄了.)
　　ㄴ. 폭행을 당하고 지갑까지 뺏기다.[10]
　　　(성폭행을 당하고 지갑까지 뺏기다.)
　　　遭受到了侵害得报警呀。
　　　(遭受了性侵害/性暴力得报警呀。)
　　ㄷ. 화장실에 잠깐 갈게./잠깐 실례하겠습니다.
　　　(똥 누러 갈게./소변 보러 갈게.)
　　　我去趟洗手间。/失陪一下。
　　　(去拉屎/我去撒尿。)
　　ㄹ. 죄송, 오늘 불편한 날 왔어./그거 왔어.
　　　(죄송, 오늘 생리날이었어.)
　　　对不起, 今天来好事了。/今天大姨妈来了/今天来那个了。
　　　(对不起, 今天来例假了。)

9　　권길호(2015: 26)의 예문을 참조함.
10　NAVER 『중국어사전』을 참조함.

완곡 표현은 미화적인 기능이 있다. 사람들은 성적인 단어를 포함한 단어나 배설 등의 생리적 현상이나 사생활과 관련이 있는 단어를 직접 말하지 않고 좀 더 은유적이고 모호한 완곡 표현을 많이 사용한다. 위의 예문을 보면 (18ㄱ, ㄴ)은 성에 관련된 표현으로, 한국어에서는 빨리 사정한 남자를 완곡하게 '고개 숙인 남자'라고 하고, 중국어에서는 '方面不行'이라는 모호한 표현이나 '快枪手'이라는 사정 속도가 빠르다는 뜻으로 은유적 표현을 쓴다. 그리고 '폭행'이란 말을 쓰는 것은 성 관련 용어인 '성폭행'보다 듣는 사람에게 불쾌감을 줄일 수 있기 때문이다. 예문 (18ㄴ, ㄹ)은 배설할 때의 표현으로, 한국어에서는 보통 '화장실에 간다./잠깐 실례하겠습니다.'를 쓰고, 중국에서는 '-去卫生间/-失陪一下'처럼 직접 표현을 대신해서 쓴다. 생리 현상을 얘기할 때에도 한국어에서는 '불편한 날이 왔다.', '그거 왔다.'라고 하고, 중국어에서는 '来好事了(좋은 일이 왔다.)/大姨妈来了(이모가 왔다)', '那个来了(그거 왔다)'처럼 사용한다. 이처럼 언어 사용상의 차이가 있는 것을 확인할 수 있다.

3.1.2. 화자 중심

화자 중심의 완곡 표현은 화자의 행위에 대해 완곡 표현을 쓰는 것으로, 이를 통해 청자의 화행 부담을 줄여주는 효과가 있다. 김미형(2000)에서는 이를 ①화자가 자신의 주장이나 진술을 할 때, ②상대방에게 거절을 할 때, ③상대방에게 혜택을 주게 될 때, ④상대방의 행위로 화자가 혜택을 입게 될 때로 분류하였다.

① 화자가 자신의 주장이나 진술을 할 때

(19) ㄱ. 글쎄요. 참기가 좀 힘들어지네요./힘들 것 같아요.

(저는 더 이상 못 참겠어요.)

是呀, 确实可能不容易忍。

(我已经忍无可忍了。)

ㄴ. 어떻게 반성문으로 안 될까요?

(반성문 쓸게요.)

那么写个检讨还不行吗？

(我写个检讨吧。)

ㄷ. 냉면 어떨까요?/ 냉면 같은 거 어떨까요?[11]

(저는 냉면 먹을래요.)

冷面怎么样？/好不好?/行不行？

(我想吃冷面。)

    화자는 자신의 주장을 하거나 진술을 할 때, 단호하거나 강한 표현보다는 완곡 표현을 사용하는 경향이 있다. 위 예에서 보듯이 괄호 속 표현보다는 완곡 표현을 쓸 경우 훨씬 더 부드러운 어감을 지닌다. (19ㄱ)과 같은 극단적인 감정 표현보다는 자신의 심정적인 변화에 대한 진술로 대신하거나, (19ㄴ)과 같이 따지듯이 하는 말 대신 물음 형식으로 의사 전달을 한다든가, (19ㄷ)처럼 자신의 생각을 고정된 것으로 진술하기보다는 상대방의 의사를 타진하는 식으로 표현하는 것은 모두 완곡 표현에 해당한다.(김미형, 2000) 예문 (19ㄱ)을 보면 중국어에서 '힘들다'의 원래 말은 '累'인데, 대신 '难以…'를 사용하면 참을 수 없다는 직설적인 표현보다 정도가 약화되고 완곡한 어감을 준다. 예문 (19ㄴ)에서, 한국어 '안 될까요'는 상대방의 의견을 듣고 싶다는 뜻을 전달할 수 있지만, 중국어에서는 '안 될까요?'를 뜻하는 '不行吗？/不可

---

11   예문 (19ㄱ~ㄷ)은 김미형(2000: 51)의 예문을 참조함.

以吗？'가 아주 강하게 반박하는 어감을 준다. 따라서 (19ㄴ, ㄷ)처럼 상대방의 의견을 듣고 싶다는 '好不好', '行不行', '可不可以' 등 표현을 쓰는 것은 더 자연스럽고 완곡하다.

② 상대방에게 거절을 할 때

(20) ㄱ. 순재: 쏘리! 쏘리! 내가 잘못했어. 돌아와. 줄리엔.
　　　　　对不起, 对不起, 我错了, 回来吧, 朱莉恩。
　　　줄리엔: 오, 나 택시 탔어요.
　　　　　(안/못 가요./가기 싫어요.)
　　　　　额, 我已经坐上出租车了。
　　　　　(不去了。)
　　　순재: 그래도 돌아와. 내가 다 잘못했어. 줄리엔. 돌아와. 돌아와서 참치 먹고 가.
　　　줄리엔: 미안해요. 나 지금 좀 피곤해요. 그냥 집으로 갈게요.
　　　　　　　　　　　　　　　　　　　　　(지붕 뚫고 하이킥)

ㄴ. 미영: (판매원에게) 이거 포장도 되죠?
　　　　 这个可以给包装一下吗？
　　 직원: 특가 상품이라 곤란한데요.
　　　　 (포장 안 돼요.)
　　　　　　　　　　　　　　　　　　　(두 번째 프러포즈)
　　　　 因为是特价商品, 所以可能没法给您包装了。
　　　　　　　　　　　　　　　　　　　(不能给包装。)

ㄷ. 민수: 오늘 저녁을 같이 먹자.
　　　　 今天晚饭一起吃吧。

제3장 담화 중심 한·중 완곡 표현의 사용 양상　67

수경: 미안, 전 오늘 숙제를 해야 하는데 좀…

(같이 못 먹어.)

对不起, 我今天得做作业, 所以…

(不能一起吃了。)

거절 표현은 일반적으로 상대방의 제안이나 요청, 부탁, 요구, 제안 따위를 받아들이지 않는 상황에서 쓰는 표현이다. '거절도 예술'이란 말처럼 상대방의 요청을 거절할 때에는 완곡한 거절 표현을 쓰는 것이 상대방에게 불쾌감을 덜 줄 수 있고 상대방의 체면도 지켜줄 수 있다. 위의 예문에서 보듯이 상대의 요청에 대하여 한국어와 중국어에서는 똑같이 '미안(对不起, 不好意思, 劳驾)'이라는 말을 먼저 하고 뒤에 거부하는 이유를 제시함으로써 완곡한 표현을 사용하고 있다. 이러한 표현 방식의 특징은 당장 거절의 말을 사용하지 않고 상황을 설명하면서 말끝을 흐림으로써 청자에게 미안함이나 거절의 뜻을 전달하는 것이다.(倪一凡, 2015)

③ 상대방에게 혜택을 주게 될 때

(21) ㄱ. 이 정도는 아무것도 아니에요. 그냥 제 마음이에요.

(그냥 받으세요.)

这不算什么, 只是我的一点心意。

(收下吧。)

ㄴ. 한 이십만 원만 낼게. 별 도움이 안 될 거야.

(이십삼 원만 낼게. 도움이 될 거야.)

大概帮你交了20万, 也帮不上什么别的忙。

(帮你交了20万, 有点用吧。)

ㄷ. 영이 씨 기분 풀렸으면 해서, 온 시내를 다 뒤져서 구한 거예요.
(영이 씨 기분 좋아지게 하려고 온 시내를 다 뒤져서 구한 거야.)
(为了让你开心, 找遍了整个市里。)

ㄹ. 식사라도 한번 대접해야 하는데, 시간 좀 내 주세요.[12]
(식사 한번 같이 해요. 시간 좀 내 주세요.)
至少该让我请你一次, 抽个时间吧。
(找个时间, 一起吃个饭吧。)

화자가 상대방에게 무엇인가 혜택을 주게 될 때에는 상대방이 혜택을 받고 미안해하지 않게 하려는 배려로 완곡 표현을 쓰는 경우가 있다. 위의 예문 (21ㄱ)의 '不算什么, 只是一点心意'는 상대방에게 무슨 물건이나 돈을 주려고 한 말로, 상대방의 부담을 줄이도록 하려는 의도에서 사용한 표현이다. 중국어에서 대신 '一点心意'만 주로 쓰이지만 한국어에서 '조그마한 성의, 조금 표시한 것에 불과, 약간이나마 제 성의' 등 표현을 주로 쓰일 수 있다. (21ㄴ)도 '이십만 원'이라 딱 집어 말하지 않고 '한 이십만 원(大概二十万)'이라는 모호한 표현을 하거나 '별 도움이 안 될 거야(也帮不上什么忙)'라고 한 것은 상대방을 배려한 표현이다. 이때 쓰인 '한'은 '대략'의 뜻을 지니는 관형사로 지시를 명확하게 하지 않는다는 점에서 완곡 표현의 한 요소가 될 수가 있다. 중국어에서 '한'이라는 표현을 쓰지 않고 '大概, 大约, 大体'등 표현을 주로 사용한다. (21ㄷ)의 '풀리게 하려고'는 시킴의 뜻을 내포하고 있으므로, '풀렸으면 하고'라는 희망의 표현으로 말하는 것이 더 완곡한 표현이 된다. 중국어에서는 '希望'라는 표현을 쓰면 문장이 어색하기 때문에 '为了让(-게 하다)'라는 표현만 쓸 수 있어 완곡한 효과를 나타내지 못한다. 그래서 이 상황에서는

---

12 예문 (21ㄴ~ㄹ)은 곽단양(2006: 32)의 예문을 참조함.

한국어에서 완곡 표현이 있지만 중국어에서는 완곡 표현이 없다. (21ㄹ)은 식사를 사주려는 화자에게 청자가 부담을 덜 느끼게끔 배려한 표현이다. (21ㄹ)의 상황에서 한국어와 중국어에서의 완곡 표현의 쓰임은 별 차이가 없다.

④ 상대방의 행위로 화자가 혜택을 입게 될 때

    (22) ㄱ. 조금씩은 양보운전을 해 주시는 것이 좀 더 빨리 가는 지름길이 된다는 거 다들 아시지요?
        (조금씩은 양보운전을 하는 것이 좀 더 빨리 가는 지름길이 된다는 것 다들 아시지요?)
        大家都知道吧, 开车适当给彼此让行也许是通行更快的一种捷径。
        (大家都知道吧, 开车适当让行也许是通行更快的一种捷径。)
    ㄴ. 빠른 시일 내에 전화 주시기 바랍니다.
        (빠른 시일 내에 전화 주세요.)
        希望您尽快给我打电话。
        (尽快给我打电话吧)
    ㄷ. 궁금하신 분이 계시면, 상담해 주시기 바랍니다.[13]
        (궁금하신 분이 계시면, 상담해 주세요.)
        有任何疑问, 希望进行咨询。
        (有任何疑问的话, 再进行咨询吧)

    상대방이 화자 자신에게 혜택을 주는 일에 대해서도 완곡 표현을 쓴다.

---

13   예문 (22ㄱ~ㄷ)은 김미형(2000: 53)의 예문을 참조함.

보조동사 '주다(给)'를 붙이는 수혜 표현을 함으로써 상대방이 하는 일이 화자에게 혜택을 준다는 어감을 지니게 하는데, 이런 표현도 듣기 좋게 하는 완곡 표현에 해당한다. 예문 (22ㄱ)을 보면 한국어에서 '양보 운전을 주시는 것'은 '양보 운전을 하는 것'보다 완곡한 느낌을 줄 수 있지만 중국어에서 '给'를 쓰면 문장 의미 변화가 거의 없고 완곡한 효과를 가질 수 없다. 예문 (22ㄴ, ㄷ)은 '주+기 바랍니다(希望给)'를 함께 사용하여 혜택을 준다는 어감을 가지고 중국어와 한국어에서 다 완곡한 어감을 가지게 된다.

3.1.3. 제3자 중심

제3자 중심의 완곡 표현은 제3자의 행위, 상태 등과 관련되고 제3자에 대해 배려하는 목적으로 쓰는 것이다. 이 책에서 담화 중심의 완곡 표현에 대한 연구 범위를 구어와 문어를 다 포함하여 살펴볼 것이다.

이에 본 절에서 제3자 중심의 완곡 표현을 ①구체적인 담화 상황에서 제3자에 대한 언급을 완곡하게 하는 경우, ②문어에서 제3자에 대한 언급을 완곡하게 하는 경우로 구분하여 살펴보도록 하겠다.

① 구체적인 담화 상황에서 제3자에 대한 언급을 완곡하게 하는 경우

(23) ㄱ. 그자는 바다귀신이 된 지 옛날이다.[14]
(그자는 물에 빠져 죽은 지 오래 되었다.)
他很早就和龙王作伴去了。
(他已经淹死很久了。)

---

14   곽단양(2006: 26)의 예문을 참조함.

ㄴ. 그는 범죄 조직에서 손을 씻고 새 생활을 시작했어.[15]

  (그는 나쁜 일을 그만두고 새 생활을 시작했어.)

  他与犯罪组织断绝关系，开始了新的生活。

  (他决定不干坏事，要步入征途。)

ㄷ. 그는 교통사고를 낸 뒤 뺑소니를 치다가 콩밥을 먹었어.

  (그는 교통사고를 낸 뒤 뺑소니를 치다가 감옥에 들어갔어.)

  他因肇事逃逸而吃了牢饭。

  (他因肇事逃逸而进了监狱。)

ㄹ. 저 사람이 특이하게 생겼다.

  (저 사람이 못생겼다.)

  长的跟开玩笑似的。/长的太有才了。/长的有点着急。/长的很有安全感。/长的太抽象。

  (那个人长得太丑了。)

　제3자에 대한 언급을 완곡하게 하는 경우는 실제 담화 상황에서 적지 않다. 제3자 중심의 완곡 표현은 제3자에 대해 언급할 때 청자에게 압박감이나 불쾌감을 느끼지 않게 하며 이를 통해 화행 부담을 줄여 주는 효과가 있다. 위의 한·중 완곡 표현을 보면 동일한 것도 있지만 다른 표현도 있다. 위의 예문 (23ㄱ)에서 '물에 빠져 죽은 사람'이라는 말 대신 '바다 귀신'이라는 표현은 한국어에서는 완곡한 의미를 지니지만, 중국어에서의 '淹死鬼'는 완곡 표현이 아니다. 그 대신 '용왕(龍王)과 짝이 된다'라는 말을 자주 쓴다. 예문 (23ㄴ)은 한국어에서는 '나쁜 일을 그만 둔다'의 완곡 표현으로 '손을 씻다'를 쓰지만, 중국어에서는 좀 더 구체화된 '金盆에서 손을 씻다'라는 표

15　신경숙(2012)의 『한중사전』을 참조함.

현을 쓴다. 예문 (23ㄹ)의 '콩밥을 먹다'는 '감옥에 간다'라는 표현을 써서 완곡한 뜻을 나타낸다. 이는 한국에서 지금과 달리 옛날에는 쌀이 비쌌고, 오로지 쌀로만 밥을 짓는 것이 힘들었기 때문이다. 많은 사람들에게 밥을 줘야 하는 감옥에서는 유일하게 콩밥이 먹을 수 있는 음식이었다. 그런 이유로 '콩밥'에 '감옥'이 관련되어 '콩밥을 먹다'라는 말이 '감옥살이를 하다'라는 뜻으로 사용되기도 한 것이다. 그러나 중국어에서는 한국과 문화적 차이로 인해 콩밥을 감옥과 연상할 수 없는 개념이기 때문에 그냥 '감옥밥(牢饭)'이라는 말을 쓰는 것이다. 예문 (23ㅁ)은 사람의 외모에 대한 표현으로, '못생기다/추하게 생기다(长的难看/长的太丑了)'라는 표현이 사람을 평가할 때 너무 직설적이고 불쾌감을 줄 수 있어서 대신 '특이하게 생겼다'라는 완곡 표현을 쓴 것이다. 중국어에서는 한국과 달리 보통 '长的跟开玩笑似的(농담같이 생기다).', '长的太有才了(재주있게 생기다).', '长的有点着急(초조하게 생기다).', '长的很有安全感(안전감이 있게 생기다).', '长的太抽象(추상적으로 생기다)' 등의 표현을 많이 쓴다.

② 문어에서 제3자에 대한 언급을 완곡하게 하는 경우

(24) ㄱ. 아버지는 혼수 상태셨습니다. 아버지는 그렇게 하룻밤을 지새우고 우리 곁은 떠나 <u>하늘나라로 가셨습니다</u>. 저는 잊을 수 없습니다. "걱정하지 말고 집에 가."라는 아버지의 말씀을. 자신은 죽어가면서, 자식을 걱정하는 우리 아버지. 참 멍청하신 분, 참 바보 같으신 분, 우리를 위해 반평생을 희생하신 분, 저는 그를 아버지라 부릅니다. (국립국어원 『언어자료나눔터』 자료)
ㄴ. 거액 기부금을 요청하는 일에 관계되어 있는 사람들은 누구나 섬세하고, 예의바르고 사려 깊어야 한다. 매너, 대화 및 행동 등이 기부자와

같은 수준이어야 한다. 따라서 예상 기부자를 처음으로 개발하는 임무는 예상 기부자의 동년배에게 맡기는 것이 가장 좋다. 사용하는 단어조차도 신중하게 선택해야 한다. 부유한 사람들은 대부분 '부자'라고 호칭되는 것을 싫어한다. 이들은 '재산이 많은 사람' 또는 '우리 대학의 특별한 친구' 등으로 호칭되기를 좋아한다. 매우 돈이 많고 또한 보수적인 사람들 중에는 돈에 대해 이야기하는 것을 싫어하여 돈이라는 말 대신에 '우리 신탁기금'이나 '우리 남편의 금융자산' 등의 완곡한 표현을 사용한다. 따라서 기부자의 뜻을 배려하는 차원에서 기부권유자의 언어와 태도를 바꿀 필요가 있다.(고려대학교 대외협력처 『대학의 기금조성 방안』)

ㄷ. 시각장애인을 위한 인공 눈을 연구하는 포르투갈의 도벨 연구소는 뇌의 시신경에 유기물질로 만든 특수 전극을 이식한 후 초소형 비디오카메라 및 이미지 처리용 컴퓨터와 연결했다.(동아일보)

ㄹ. 최근 한국을 방문한 적이 있는 미야자와 총리는 이어 "우리는 형언할 수 없는 고통을 겪은 사람들에게 마음속 깊은 사과와 반성을 한다."고 밝혔다. 미야자와 총리가 완곡한 표현으로 '정신대'라고 알려진 한국 여성들의 성적 노예화에 대해 의회에서 사과를 한 것은 이번이 처음이다.(조선일보)

ㅁ. 과학기술이 사회에 영향을 끼치기는 하지만 더 본질적으로는 과학기술의 설계 과정, 선택 과정, 체계화 과정, 개량 과정 전반에 걸친 사회의 여러 요소가 과학기술의 발전을 결정한다고 본다. 과학 기술은 사회적으로 형성되는 것이라고 보는 입장이다.(조형 『논술의 정석』)

(25) ㄱ. 中国首富又易位, 退居二线(2선으로 물러나다)的他竟比前首富马化腾还高一百亿身价。(腾讯网, 2020年 10月 28日)

ㄴ. 因可能成为下一位被炒鱿鱼(해고당하다)的高官？中情局女局长紧急会

晤麦康 奈尔。(腾讯网, 2020年 11月 11日)

ㄷ. 晋中一路政员收红包(빨간 봉투)后8900元罚款变300元。(界面新闻, 2020年 8月12日)

ㄹ. 央视女主持人因为太丰满(풍만하다)被多次警告, 如今嫁给富商, 生活十分低调。(新浪网, 2020年 6月 15日)

ㅁ. '多次进宫' 不知悔改 '重操旧业' 再进高墙(높은 담)。(四川新闻网, 2020年 11月 14日)

위의 예문에서 보듯이, 문어에서도 제3자에 대한 완곡 표현을 쓰는 경우가 적지 않다. 예문 (24)은 한국어에서의 완곡 표현이다. (24ㄱ)에서 '하늘나라로 가셨다'는 '죽다'를 대신한 완곡 표현이다. 중국어에서도 '死了(죽다)'에 대한 완곡 표현이 '歸天了(하늘나라로 가셨다)'이다. 예문 (24ㄴ)에서는 배려하는 차원에서 직접 '부자'라는 호칭보다 '재산이 많은 사람'이나 '우리 대학의 특별한 친구' 등 완곡 표현을 쓰고 있다. 중국어에서도 '富翁(부자)' 대신 '資産雄厚(재산이 많은 사람)'나 '我們學校特別的朋友(우리 대학의 특별한 친구)'라는 완곡 표현이 있다. 또한 '돈'이라는 말 대신에 '신탁기금'이나 '금융자산' 등의 완곡한 표현을 사용하고 있는데, 중국어에서도 역시 같은 표현을 쓰고 있다. (24ㄷ)에서는 '장님' 대신 '시각장애인'을 쓰고 있는데, 중국어에서도 '瞎子(장님)' 대신 '有視覺障碍的人/盲人(시각장애인)'이라는 완곡 표현이 있다. (24ㄹ)에서는 '위안부(慰安婦)'보다 '정신대(挺身隊)'라는 완곡한 용어를 통해 완곡 효과를 나타내는데, 중국어에서도 같은 표현을 쓴다. 이 외에 (24ㅁ)에서처럼 서술어로 '-한다고 본다, -라 할 수 있다, -라 생각한다, -가 아닌가 한다, -는 듯하다, -듯 싶다' 등의 표현을 사용하여 완곡한 효과를 나타낸다. 반면 '-하지 않을 수 없다, -임에 틀림없다, -임을 밝혀 둔다, -해야 한다, -임이 분명하다' 등은 강한 단정으로, 완곡 효과를 주지 못한다.

예문 (25)는 중국어에서의 완곡 표현이다. (25ㄱ)에서 제시한 표현은 '실업'에 대한 완곡 표현이다. 한국어에서는 '은퇴'와 '은퇴자'밖에는 다른 표현이 없는 반면에 중국어에서는 다양한 표현들이 존재하는 것을 볼 수 있다. '실업'에 대하여 '下岗(초소를 떠나다), 退居二线(2선으로 물러나다), 卷铺盖(이불짐을 싸 가지고 떠나라)'라는 표현이 있다. (25ㄴ)에서는 '炒鱿鱼(오징어를 볶다)'는 주로 '해고를 당하다'라는 뜻을 나타낸다. (25ㄷ)의 '봉투'는 한국어에서 '뇌물'을 표현하는 말이다. 중국어에서도 '봉투'라는 단어를 사용하지만 앞에 '빨간'을 붙여서 '빨간 봉투'로 '뇌물'을 표현하는 것이다. (25ㄹ)의 '丰满(풍만하다)'는 '뚱뚱하다'를 우회적으로 표현하는 말이다. 한국어에서 '복스럽다'라는 표현을 통해 상대방의 외모에 대해 평가를 할 때 완곡하게 표현한다. (25ㅁ)을 보면 감옥 건물의 특징인 '높은 담'과 '高墙'은 두 언어에서 공통으로 '감옥'을 대신하는 표현이다. 그리고 한국어에서 '큰집'이라는 표현도 존재한다. 하지만 '감옥에 들어가다'에 대해 두 언어에서 조금 차이가 있다.

3.2. 담화 기능 요인

'기능'은 '언어의 기능(Functions of language)', '언어 기능(Language functions)' 또는 '의사소통적 기능(Communicative functions)'이라고도 불리며, 언어 교육의 초점이 문장 단위에서 발화 단위로 옮겨짐에 따라 '화행(Speech acts)' 또는 '담화 기능(Discourse function)'으로까지 확대되어 사용되고 있다.(김자윤, 2019:21)

이 절에서는 담화 기능에 따른 분류를 통하여 한·중 완곡 표현의 사용 양상을 살펴보고자 한다. 2000년대에 이르러 한국어교육에서는 기능에 대한 담화 차원의 연구가 활발하게 진행되고 있다. 이에 중국에서도 한국어에 맞는 담화 기능 체계를 분류하기 위한 연구가 이루어지고 있다. 그러나 본래 담화 기능은 맥락 의존적이기 때문에 개인이 해석하는 바에 따라 그 분류가 달라진다. 특히 한국어교육에는 공인된 분류 체계가 존재하지 않기 때문에 국외 학자들의 이론과 영어과 교육 과정을 참조하여 담화 기능을 재분류하는데, 이 과정에서 학자마다 다른 연구 결과가 도출되었다. 이에 이 책에서는 국립국어원에서 가장 최근에 발표한 국제 통용 한국어 표준 교육과정 적용 연구(2017)의 담화 기능 분류 체계를 참조하여 한·중 완곡 표현의 사용 양상에 대해 분석하고자 한다.

완곡 표현의 구성 방식에 대한 분류는 학자마다 나르다. 그러나 완곡 표현의 구성 방식에 대한 연구를 보면 주로 크게 음성·문자 측면, 어휘적 측면, 문법적 측면, 수사법적 측면으로 구성되어 있다. 이 책에는 담화 차원에서 연구하기 때문에 언어 환경에 의존도가 높은 문법적 측면과 수사법적 측면으로 연구하려고 한다. 이 두 측면에서의 하위분류를 종합적으로 보면 주로 지소사 방식, 추측 방식, 사견 표현 방식, 희망·청원 방식, 의문 방식, 피동 방식, 부정 방식, 모호 표현 방식, 다른 사실을 들어 비켜하는 방식, 이유를 들어 표현하는 방식, 비유 방식 등이 있다. 이런 완곡 표현의 구성 방식들 중에서 지소사 방식, 추측 방식, 사견 표현 방식, 희망·청원 방식, 의문 방식, 부정 방식은 실제 언어 사용 환경에 의존도가 낮기에 이 책에서는 배제하고자 한다. 또한 피동 표현은 한국어에서도 몇 가지 상황에서만 완곡한 효과를 나타낼 수 있다. 그러나 중국어에서는 모든 상황에서 완곡한 의미를 나타내지 않기 때문에 이 또한 이 책에서는 배제하고자 한다. 이에 이 책에서는 언어 사용 환경에 의존도가 높은 모호한 표현 방식, 다른 사실을 들어 비켜 표현하는 방식, 이유를 들어 표현하는 방식, 비유 방식으로 분류하여 담화 상황에서 어떻게 쓰는지에 대해 연구하고자 한다.

<표 4> <국제 통용 한국어 표준 교육과정 적용 연구>의 기능 분류

범주	항목
정보 요청하기와 정보 전달하기	설명하기, 진술하기, 보고하기, 묘사하기, 서술하기, 기술하기, 확인하기, 비교하기, 대조하기, 수정하기, 질문하고 답하기
설득하기와 권고하기	제안하기, 권유하기, 요청하기, 경고하기, 충고하기/충고구하기, 조언하기/조언구하기, 허락하기/허락구하기, 명령하기, 금지하기, 주의주기/주의하기, 지시하기
태도 표현하기	동의하기, 반대하기, 부인하기, 추측하기, 문제 제기하기, 의도 표현하기, 바람·희망·기대 표현하기, 가능/불가능 표현하기, 능력 표현하기, 의무 표현하기, 사과 표현하기, 거절 표현하기
감정 표현하기	만족/불만족 표현하기, 걱정 표현하기, 고민 표현하기, 위로 표현하기, 불평·불만 표현하기, 후회 표현하기, 안도 표현하기, 놀람 표현하기, 선호 표현하기, 희노애락 표현하기, 심정 표현하기
사교적 활동하기	인사하기, 소개하기, 감사하기, 축하하기, 칭찬하기, 환영하기, 호칭하기

<표 4>는 국립국어원에서 개발한 '한국어교육 표준 모형'으로 지금까지 총 4차례에 걸쳐 수정된 결과물이다. 이는 정보 요청하기와 정보 전달하기, 설득하기와 권고하기, 태도 표현하기, 감정 표현하기, 사교적 활동하기 총 5가지 대범주로 담화 기능을 분류하였고 그에 따라 52개의 기능을 세부 항목으로 구성하였다. 이 책에서 위의 기준에 따라 담화 기능 차원에서 한·중 완곡 표현의 사용 양상에 대해 분석하고자 한다.

3.2.1. 정보 요청하기와 정보 전달하기

'정보 요청하기와 정보 전달하기'에는 기술하기, 진술하기, 서술하기, 묘사하기가 포함되어 있다. 여기서 '敍述'은 '사건이나 생각 따위를 차례대로 말하거나 적음'을, '陳述'은 '일이나 상황에 대하여 자세하게 이야기함. 또는 그런 이야기'를, '記述'은 '대상이나 과정의 내용과 특징을 있는 그대로 열거하거나 기록하여 서술함. 또는 그런 기록'을, '描寫'는 '어떤 대상이나 사물, 현상 따위를 언어로 서술하거나 그림을 그려서 표현하다'를 뜻한다.(『표준국어대사전』). 이에 따르면 서술은 묘사, 그리고 기술과 공통점이 있지만, 기술은 '어떤 것을 기록한다'는 의미인 반면, '서술'은 '차례대로 적음'을 의미한다. '記'는 '적는다', '敍'는 '차례'라는 의미가 있다. 완곡 표현의 사용은 구체적인 언어 사용 상황과 깊은 관련성이 있기 때문에 본 연구에서는 담화 기능인 '기술하기, 진술하기, 서술하기, 묘사하기' 중에서 '진술하기' 항목만을 채택할 것이다. 진술하기와 설명하기는 관련성이 있다고 판단하여 역시 '진술하기' 항목으로 설정한다.

① 진술하기

1) 모호한 표현 방식

(26) ㄱ. 지금 이 사태를 파악하기가 어렵습니다.

(지금 이 사태를 파악하지 못한다.)

现在这个事态很难把握。

(现在这个事态已经无法把握。)

ㄴ. 아마 정부가 금연 운동에 발벗고 나서려고 하는 것 같아요.

(정부는 금연 캠페인에 협조할 것이다.)

政府也许会积极进行禁烟运动。

(政府会协助进行禁烟运动。)

예문 (26ㄱ)을 보면 한국어에서 '어렵다'라는 모호한 단어로 사태를 묘사하여 완곡하게 표현하였다. 중국어에서는 '难以', '很难' 등의 표현을 통해 원래 어떤 일을 하기가 어렵다는 뜻이지만 발화자의 의도는 하지 못한다는 직접적인 표현을 대신 완곡하게 자기의 생각이나 의사를 전달한다. 예문 (26ㄴ)은 '-것 같다'를 이용하여 단정을 피하고 상대방을 배려하는 느낌을 줄 수 있다. 중국어에서도 우회적이고 모호한 단어나 구절을 사용하거나 단정을 피하는 추측 표현을 통해 완곡한 효과를 나타낸다. 그리고 '也许', '大概', '可能', '或许' 등 우회적이고 모호한 단어나 구절을 사용하거나 단정을 피하는 추측 표현을 통해 완곡한 효과를 나타낸다. 한국어에서 추측 표현인 '-ㄴ/는/-ㄹ 것 같다'는 문장 결말에서 쓰이지만 중국어에서 '也许', '大概', '可能', '或许' 등 어휘는 정도부사로서, 동사나 형용사 앞에 주로 쓰인다.

2) 다른 사실을 들어 비켜 표현하는 방식

(27) ㄱ. 죄송합니다. 할 수 있는 건 다 했습니다만./최선을 다 했습니다.
(죄송합니다. 환자가 죽었습니다.)
对不起, 我们已经尽力了。
(对不起, 患者已经死了。)
ㄴ. 이미 발등에 불이 떨어졌으니 어떻게 할지 얼른 결정해.
(지금은 상황이 매우 긴급하니 어떻게 할지 얼론 결정해.)
现在可真是火烧眉毛了, 不管怎样快做决定吧。

(现在情况非常紧急，快做决定吧。)

예문 (27ㄱ)은 환자가 돌아가셨다는 것을 자신의 상태를 들어 설명하는 것으로, 환자의 죽음을 회피하여 최대한 완곡하고 부드럽게 표현한 것이다. 중국어에서는 보통 '尽力了, 该做的我们都做了'라는 표현을 통해 환자 가족에게 최대한 배려하는 목적으로 환자의 심각한 상황을 전달한다. 예문 (27ㄴ)에서는 속담을 이용하여 지금의 상황을 묘사하고 직설적인 서술을 피하여 더욱 완곡하게 표현한 것이다. 중국어에서는 '발등에 불이 떨어지다'는 표현을 안 쓰고 '火烧眉毛了(불이 눈썹까지 태우다)'라는 표현을 통해 사태가 긴급하다는 상황을 완곡하게 표현한다.

3) 이유를 들어 표현하는 방식

(28) ㄱ. 가족들의 심정을 충분히 고려해서 내린 결정인데요.
    (가족들의 의견이 동일하지 않다.)
    这也是我们充分考虑了家属的心情才下的结论。
    (家属的意见我们不同意。)
  ㄴ. 우리는 광범위하게 민의를 수렴하고 장시간의 토론을 거쳐 이 법안을 통과시켰다.
    (동성결혼 합법 법안이 최종적으로 통과되었다.)
    我们广泛听取民意，坚持长时间的讨论，才通过了这项法案。
    (同性婚姻合法法案最终获得通过。)

예문 (28ㄱ, ㄴ)은 모두 결정을 내리는 언어 환경에서 쓰는 완곡 표현이다. '법안이 통과되었다'라고 표현하는 것보다 앞에 다른 사실 '심정을 충분히 고려하였다.' '민의수렴' 등의 표현을 첨가하여 인과관계를 더 뚜렷하게 나타내고 사건의 시작과 결과를 설명함으로써 더 객관적으로 표현하여 완곡하게 표현한 것이다. 중국어에서 예문 (28ㄱ)처럼 상대방의 의견에 동의하지 않을 때 완곡하게 거절해야 하는 상황에서 직설적인 표현인 '不同意'로 거절하는 것보다 먼저 이유를 들어서 상대방이 더 쉽게 받아들일 수 있는 완곡한 방식으로 의도를 전달하는 것이 더 바람직하다고 생각한다. 예문 (28ㄴ)을 보면 중국어에서 '听取民意(민의수렴)', '长时间的讨论(장기간 토론)'이라는 설명 방식을 통해 법안이 통과한 사실을 완곡하게 나타낸다.

4) 비유 방식

(29) ㄱ. 그 자는 바다 귀신이 된 지 옛날이다.
　　　　(그 자는 물에 빠져 죽은 지 오래되었다.)
　　　　他与龙王作伴已经很久了。
　　　　(那人淹死已经很久了。)
　　ㄴ. 분명 방금까지 여기 있었던 게 사라지다니 귀신이 곡할 노릇이다.
　　　　(분명 방금까지 여기 있었던 게 왜 없어졌는지 이상하네.)
　　　　刚才明明就在这里的，怎么不见了呢，真是活见鬼了！
　　　　(刚才明明就在这里的，怎么不见了呢，真是奇怪了！)

예문 (29ㄱ)에서는 '바다귀신이 됐다'는 표현으로 '익사'를 완곡하게 표현한다. 이는 비유의 수법을 응용한 것으로, 말하고자 하는 내용을 직접 말하지 않고 이 내용과 밀접한 관계가 있는 다른 사물로 대체하여 같은 뜻을 완곡하게 나타낸 것이다. 중국어에서는 '물에 빠져죽다'라는 말을 '바다귀신이 된다'는 표현 대신 '与龙王作伴(용왕과 짝이 된다)'라는 완곡한 비유 방식으로 나타낸다.

예문 (29ㄴ)에서는 '귀신이 곡할 노릇이다'라는 속담으로 '이상한 일'을 완곡하게 표현한다. 이 속담의 뜻은 귀신의 울음소리를 듣는다는 것인데, 사실 귀신의 울음소리는 없고 들을 수 없지만 귀신이 울음소리를 들었다는 표현으로 일은 매우 이상하다는 뜻을 상대방에 알려줄 수 있다. 중국어에서는 '到了听见鬼哭的地步(귀신이 곡할 노릇이다)'라고 하는 표현이 없지만, '真是见鬼了(귀신을 만나다)', '真是奇怪了(정말 이상하다)', '真是神奇啊(진짜 신기하네요.)', '这么神奇？(이렇게 신기하네요?)' 등 표현을 자주 이용한다.

② **보고하기**

보고하기는 일에 관한 내용이나 결과를 말이나 글로 알리는 상황이다. 이런 상황에서도 완곡 표현을 쓸 수 있다.

1) 모호한 표현 방식

(30) ㄱ. 서쪽지방의 영도자들은 지금 꼼짝도 안 하고 있습니다.
(서쪽지방의 영도자들은 우리의 의견을 듣지도 않습니다.)
西部地方的领导者们现在纹丝不动。
(西部地方的领导者们压根不听我们的意见。)

ㄴ. 상대방은 윗몸을 우리 쪽으로 기울였다.
(상대방은 우리 회사에 관심이 있다.)
对方目光转向了我们。
(对方对我们的公司很感兴趣。)

예문 (30ㄱ)에서는 자신의 의견을 듣지 않는다는 난감한 표현을 직접적으로 말 하는 것 보다 영도자들의 태도를 나타내는 '끄떡도 안 한다'는 표현을 사용하여 에둘러서 표현하였다. 중국어에서 의견을 청취하지 않는 표현으로는 '左耳朵进, 右耳朵出(한쪽 귀로 듣고 한쪽 귀로 흘리다)', '充耳不闻(귀를 막고 듣지 않다)' 등이 있다. 예문 (30ㄴ)에서는 회사에 관심이 있다는 표현을 직접적으로 표현하면 자신을 과시하는 느낌이 들어 겸손한 태도를 나타내기 힘들다. 그래서 상대방의 형태인 '윗몸을 기울인다'라는 사교 동작으로 관심이 있다는 것을 에둘러서 표현한다. 중국어에서 비슷한 표현으로는 '头朝向了我们(머리가 우리를 향하다)', '目光朝向了我们(눈길이 우리를 향하다)' 등의 표현이 있다. 중국인들은 상대방의 회사나 업무에 관심이 있을 때 차를 마시면서 상의하기 좋아한다.

2) 다른 사실을 들어 비켜하는 방식

(31) ㄱ. 전번 전쟁에서 우리가 지원하는 나라가 백기를 들었습니다.
(전번 전쟁에서 우리가 지원하는 나라가 투항하였습니다.)
上次战争我们支援的国家举了白旗。
(上次战争我们支援的国家投降了。)
ㄴ. 여러 번 고문 끝에 그녀는 끝내 손을 뻗었다.
(여러 번 고문 끝에 그녀는 끝내 말문을 뱉고 말았다.)
在经过数次拷问之后她最后还是伸手求饶了。
(在经过数次拷问之后她终于招供。)

예문 (31ㄱ)에서 지원 국가가 투항하여 자신의 선택의 실수를 알려주고 있기 때문에 투항을 의미하는 '백기를 들다'라는 표현을 사용하여 자신의 실책을 완곡하고 에둘러서 알려준다. 중국어에서 전쟁의 실패를 '丢盔弃甲',

'溃不成军', '一败涂地', '落荒而逃' 등 완곡 표현을 사용하여 실패의 모습을 묘사한다. 예문 (31ㄴ)에서는 고문 끝에 상대방이 겨우 사실을 말하게 되었음을 알려주며 상대방의 체면을 고려하여 '손을 뻗었다'라는 표현을 사용하였다. 중국어에서 비슷한 어휘로는 '点头了', '伸手求饶' 등이 있으며, 다 외부적인 신체 묘사를 통하여 에둘러서 표현한다.

3) 이유를 들어 표현하는 방식

(32) ㄱ. 회의를 안 열면 여러분들이 사태를 모르는 상황에서 작업하다간 큰일이 날 것 같아 이렇게 불러 모았습니다.
(회의를 할 겁니다.)
如果不開會的話可能大家就會在不了解局势的情况下工作, 这样可能会出大事。所以才将大家召集在一起。
(要开会。)

ㄴ. 지금 이 상황은 상급자에게 보고해야 할 단계가 아닌가 싶을 정도로 심각합니다.
(이 상황은 보고해야 할 정도로 심각합니다.)
现在这个状况比较严重了, 也许该向上级汇报。
(这个状况严重到需要报告的程度。)

예문 (32ㄱ, ㄴ)은 사건의 결과를 더 강조하고 인과관계를 더 뚜렷하게 표현하기 위하여 구절을 더 상세하게 설명할 수 있는 '회의를 안 열면 큰일난다.', '상급자에게 보고해야 할 단계가 아닌가 싶다.' 등의 이유를 첨가한 표현이다. 이유를 들어 표현하는 방식은 객관적 요소를 첨가하여 듣는 이가 이성적으로 판단할 수 있게 함으로써 말하는 이의 마음을 쉽게 받아들일 수 있게 한다.

중국어에서도 예문 (32ㄱ)처럼 다른 사람들에게 어떤 상황을 통고할 때는 직접 표현하는 방식 '要开会'라고 하는 것보다 이유를 들어 표현하는 방식은 객관적 요소를 첨가하여 듣는 이가 이성적으로 판단할 수 있게 함으로써 말하는 이의 마음을 쉽게 받아들일 수 있게 한다. 예문 (32ㄴ) 상황도 중국어에서 '状况很严重(상황은 매우 심각하다.)'라고 하는 표현을 이용하여 상부에 보고해야 하는 이유를 설명하는 방식으로 완곡하게 표현한다.

4) 비유 방식

(33) ㄱ. 절반 끊어진 검(劍)만 돌아왔습니다.
　　　　(장군님께서 희생되셨습니다.)
　　　　只有断剑回来了。
　　　　(将军牺牲了。)
　　ㄴ. 지금 부인의 상황은 어떠한가?
　　　　무소식이 희소식이니 걱정하지 마세요.
　　　　(아직 소식이 없다.)
　　　　现在夫人怎么样了？
　　　　现在没有消息就是好消息，别担心了。
　　　　(现在还没有消息。)

위의 예문은 비유의 수법을 써서 완곡하게 보고한다. 예문 (33ㄱ)에서는 끊어 진 검으로 장군의 희생을 상징하며 '검만 돌아왔다'는 것으로 장군의 희생을 완곡하면서도 에둘러서 표현한다. 이 상황에 중국어에서도 같은 표현을 쓰고 있으니, 예문 (33ㄱ)이 그것이다. 예문 (33ㄴ)에서 부인에 대한 보고를 하면서 '무소식이 희소식'이라는 표현을 썼다. '아직 소식이 없다'는 것을 알리는 동시에 상대방을 안심시키는 역할도 한다. 부인이 별일 없기를 바라는 속내도 엿보인다. '没有消息就是好消息'는 중국어 표현이다. '무소식이 희소식이다.'는 표현을 중국어로 직접 번역하면 '没有消息就是喜消息'이고, 이 속담을 중국어에서는 '喜(희)'자를 쓰지 않아 중국어에서는 '没有消息就是好消息(무소식이 희소식이다.)'라는 표현은 '还不知道(아직 모르다.)', '还不清楚(아직 잘 모르겠다.)' 등 의미도 포함한다.

③ **확인하기**

1) 모호한 표현 방식

  (34) ㄱ. 범인의 행방을 추적 중이다./확인 중이다.
    (범인의 행방이 확인 안 된다.)
    正在追踪(确认)犯人的踪迹/去向/下落。
    (还确认不了犯人的行踪。)
   ㄴ. 내 주가는 지금 어떤 상황이야?
    (내 주가는 올랐어?)
    我的股票现在是什么情况呢？
    (我的股票上涨了吗？)

예문 (34ㄱ)의 한국어 표현을 보면 '추적 중/확인 중'이라는 실제 상황에 대해 모호하게 표현하는 방식으로, 본의를 완곡하고 에둘러서 표현한 것이다. '범인의 행방'이라는 표현은 중국어에서는 '犯人的踪迹, 去向, 下落' 등 표현이 주로 쓰인다.

예문 (34ㄴ)은 '주가가 올랐느냐?'라는 직설적인 표현을 대체한 것이다. 예문 (34ㄴ)에서 '是什么情况呢？(어떤 상황이냐?)'는 '怎么样了？咋样儿了？(어떻게 됐어?)'로 바꾸어 쓸 수도 있는데, 이들은 모호한 의문의 표현으로 어떤 일에 대해 명확하고 완곡하게 확인하는 뜻이 있다.

2) 다른 사실을 들어 비켜 표현하는 방식

    (35) ㄱ. 오늘 시험 다 끝났지? 기분이 별로 안 좋아 보이네.
         (오늘 시험 잘 못 봤지?)
         今天心情不大好呀！
         (今天没考好吧？)
      ㄴ. 요즘 남자 친구랑 잘 지내고 있지? 요 며칠 왜 기운이 없니?
         (어쩐지 너 남자 친구랑 헤어졌구나.)
         你这两天怎么有气无力的？
         (怪不得, 你和男朋友分手了呀。)

예문 (35ㄱ, ㄴ)에서 말하는 이는 지적하려고 하는 사물과 완전히 다른 사물을 예로 들어, 비난적인 감정과 타인이 불쾌해 하는 표현을 피하고자 하는 완곡 표현이다.
예문 (35ㄱ)에서 '시험 못 본 결과'를 '기분이 안 좋은 것'으로 질문하여 시험 성적을 물어보는 것을 회피하고 있다. 한국어에서는 '기분이 별로 안 좋아 보인다.'는 표현은 완곡 표현인데, 중국어에서도 '안 좋다'는 표현은 '不太', '不大', '不是很' 등의 표현을 자주 이용한다. 예문 (35ㄴ)에서는 '남자 친구와 헤어져 기분이 안 좋은 것'을 완곡하게 표현한 것이다. '기운이 없다'는 것을 통해 '남자 친구와 헤어졌다.'라는 자신의 판단을 완곡하게 알려준다. 중국어에서도 한국어와 동일하게 표현된다.

3) 이유를 들어 표현하는 방식

    (36) ㄱ. 이 약은 절대 마음대로 먹으면 안 되니까 설명서를 잘 살펴봐.
        (설명서를 자세히 확인해 봐.)
        这个药可不能随便吃，好好看看说明书。
        (仔细确认一下说明书。)
      ㄴ. 이 서류는 우리 회사의 운명과 관계됨으로 반드시 자세하게 검토해야 한다.
        (이 서류는 꼼꼼히 확인해야 한다.)
        这份文件关系到我们公司的命运，必须仔细检查。
        (一定要仔细确认好这份文件。)

예문 (36ㄱ)에서는 설명서를 잘 살펴봐야 하는 이유를 들어 믿음성을 제고하고 듣는 이가 쉽게 받아들일 수 있게 한다. 중국어에서는 '잘 살펴 보다'라는 표현은 '仔细看看(자세히 읽다)', '认真读读(열심히 읽다)', '好好读一下(잘 읽다)' 등의 표현을 자주 쓴다. 예문 (36ㄴ)에서 서류를 자세히 확인하는 이유는 이 문서가 우리 회사의 운명에 관계되기 때문이며, 이유를 설명해서 상대방이 서류를 더욱 꼼꼼하게 확인하게 역할을 수행하게 한다. 그리고 이 예문은 한국어와 중국어에서 서로 일치하며 특별한 차이가 없다.

4) 비유 방식

    (37) ㄱ. 그는 정말 모진 고문에도 입을 열지 않았어?

　　　　(그는 확실히 비밀을 굳게 지키고 누설하지 않았니?)
　　　　他真的在面对严刑拷打时, 也没有开口吗？
　　　　(他确实保守住了秘密, 没有泄露吗？)
　　ㄴ. 쟤 정말 조각처럼 아래에서 두 시간이나 기다리는 거야?
　　　　(쟤 정말 아래에서 두 시간이나 기다리는 거야?)
　　　　他真的像一尊雕像一样在下面等了俩小时吗？
　　　　(他真的在下面等了俩小时吗？)

　예문 (37ㄱ)에서 상대방이 비밀을 누설하지 않았는지 여부를 확인할 때 '입을 열지 않았어?'로 바꿔 표현한다. 반대로 입을 벌리는 동작은 비밀을 누설하는 것을 뜻한다. 중국어에서 '입을 열다'는 '走漏风声(바람소리가 새다)'로 표현한다. 예문 (37ㄴ)은 상대방이 오랫동안 가지 않고 기다리는 끈질김과 인내성을 표현하고 있다. 조각처럼 움직이지 않음에 비유하여 그의 끈질김을 나타내는 동시에, 말 하는 사람의 상대방에 대한 부담스러움을 에둘러서 표현하고 있다. 중국어에서도 다른 사물로 한 사람의 끈질김을 보여주는 데에 '雷打不动', '坚如磐石' 등으로 표현한다.

④ 비교하기/대조하기
　일상생활에서는 둘 또는 그 이상의 사물이나 현상을 견주어 서로 간의 유사점과 차이점을 비교하는 일이 종종 있다. 이런 방법을 이용하여 직접적인 표현을 피하고 듣기 좋은 완곡 표현을 나타낼 수 있다.

　1) 모호한 표현 방식

　　(38) ㄱ. 다른 음식은 다 괜찮을 것 같아요.

(이 요리는 매우 맛없다.)

我觉得其他菜可能都还不错。

(这个菜太难吃了。)

ㄴ. 다른 가게에 비해 이 까페는 환경과 서비스가 괜찮은 것 같은데…

(이 까페는 평판이 좋지 않다.)

和别家的比，我觉得这家咖啡厅的环境和服务可能都挺不错的。

(这家咖啡厅的评价不高。)

우리는 일상생활에서 두 물건에 대해 비교할 때, 흔히 자기의 주관적인 의견으로 표현한다. 자기의 의견을 상대방이 쉽게 받아들이는 것도 언어의 예술이다. 위의 예문 (38ㄱ, ㄴ)에서 '-것 같다'라는 추측의 뜻을 가진 표현을 사용하여 자기의 강한 주관적인 태도를 약화시키고 보다 더 부드럽게 자기의 뜻을 전달한다. 위의 두 예문 같은 상황에 중국에서도 '可能', '大概', '也许' 등 모호한 효과를 가질 수 있는 추측 표현을 통해 완곡한 효과를 나타낸다.

2) 다른 사실을 들어 비켜 표현하는 방식

(39) ㄱ. 이 남자는 성격은 괜찮고.

(이 남자는 돈도 없고 못 생기고.)

这个男人的性格还算可以。

(这个男的既没钱长的也不好看。)

ㄴ. 이 두 사람은 비록 똑같이 생겼지만…

(이 두 사람의 성격은 완전히 다르다.)

这两个人虽然长得一模一样…

(这两个人的性格完全不同。)

위 예문은 화자가 말하고자 하는 뜻과 반대되는 다른 사실들을 열거하여 대조적으로 나타내고, 본의도 직접적으로 설명하는 것을 회피하여 다른 사람이 받아들이기 더 쉬워 완곡하게 표현한 것이다. 예문 (39ㄱ)은 남성의 단점을 얘기하는 대신 기타 장점을 얘기하여 단점을 완곡하게 지적한 것이다. 중국어에서도 '괜찮다'라는 표현으로 '还不错/还可以(웬만하다)', '还好/还行/差不离儿(어지간하다)' 등이 자주 사용된다. 예문 (39ㄴ)은 두 사람의 생김새를 비교하고 앞뒤 뜻을 전환해 주는 '-지만'을 사용하여, 성격의 다름을 나타낸 것이다. 의미상의 변화로 완곡한 효과를 실현하기 때문에 한·중 완곡 표현에 대한 사용은 큰 차이가 없다고 본다.

3) 이유를 들어 표현하는 방식

(40) ㄱ. 저는 따지는 사람은 별로인데요.
　　　　(당신 같은 사람을 싫어해요.)
　　　　我不太喜欢计较的人。
　　　　(我不喜欢你这样的人。)
　　ㄴ. 그는 나와의 사고방식에서 뚜렷하게 대조되었다.
　　　　(우리 두 사람의 의견은 완전히 다르다.)
　　　　他跟我在思考方式上形成了鲜明对比。
　　　　(我们俩的意见完全不同。)

위 예문은 화자가 표현하고자 하는 사건의 이유를 말함으로써 본뜻을 완곡하게 표현한 것이다. 예문 (40ㄱ)은 '나는 따지는 사람이 별로라고 생각한다.'라는 것을 알림으로써, '너도 시시콜콜 따지니까 너 같은 사람은 싫다.'를 표현한 것이다. 여기서 '따지는 사람'은 중국어에서 '算计的人', '计较的人',

'较真的人' 등 표현을 쓴다. 예문 (40ㄴ)은 사고방식이 다르다는 것을 표현함으로써 의견이 다르다는 것을 에둘러 표현한 것이다. 한국어에서 '대조되었다'라는 피동 표현을 썼지만, 중국어에서는 '形成对比(대조를 이루다)'와 같은 능동문을 쓰는 것이 더 자연스럽다.

4) 비유 방식

(41) ㄱ. 우리 두 사람의 학습 성과는 하나는 수박이고 하나는 깨다.
(우리 두 사람의 학습 성과는 한 사람이 매우 많고 한 사람은 매우 적다.)
我们俩的学习成果一个是西瓜，一个是芝麻。
(我们俩的学习成果，一个人非常多，一个人很少。)
ㄴ. 지금 보니, 그는 이전에 정말 하룻강아지 범 무서운 줄 몰랐다.
(지금 보니, 그는 이전에 대담하고 용감했지만 경험이 부족했다.)
现在看来，他以前还真是初生牛犊不怕虎啊。
(现在看来，他以前虽然大胆勇敢但缺少经验。)

예문 (41ㄱ)은 두 사람의 학습 성과를 '수박'과 '깨'에 비유하여, 한 사람은 성적이 좋고 다른 한 사람은 성적이 이상적이지 못하다는 것을 완곡하게 표현한 것이다. 동시에 선명한 대조를 이루었다. 중국어에서 예문 (41ㄱ)과 같은 표현은 잘 안 쓴다. 대신 '수박'과 '깨'로 비유할 때에는 '捡了芝麻, 丢了西瓜(참깨는 줍고 수박은 잃는다.)'라는 표현이 있다. 이는 한국어에는 없는 속담이므로, '得不偿失(얻은 것보다 잃은 것이 더 많다)', '因小失大(작은 일로 말미암아 큰일을 그르치다)'라는 뜻을 표현한다. 예문 (41ㄴ)에서는 이전의 그를 '하룻강아지'로 비유하여, 속담으로 이전과 지금을 대비하여 강조하였다. 이 속담 자체의 의미는 '용감하지만 경험이 부족하다'는 것이다. 딱딱한 진술문 대신에 속담을 써서 사람의 앞뒤 변화를 설명하고 있다. 한국어에서는 '강아지'로 비유하지만, 중국어에서는 '소'로 비유하여 '初生牛犊不怕虎(하룻소가 범 무서운 줄 모른다)'라는 표현이 흔히 사용된다.

⑤ **수정하기**

담화 상황 중 보고나 문건 등에서 잘못된 점을 수정하게 할 때 완곡 표현을 쓰는 경우가 있다. 이는 완곡 표현을 사용함으로써 청자에게 좀 더 부드러운 어감을 줄 수 있고 수정해야 할 의견을 더 잘 받아들이게 할 수 있다.

1) 모호한 표현 방식

(42) ㄱ. 지금도 큰 문제가 없지만 좀 더 완벽하고 싶으시면…
 (수정 좀 더 하세요.)
 现在也没什么大问题, 但是要是还想更完美点的话…
 (再改改吧。)
 ㄴ. 이 논문을 이 정도면 잘 쓰신 것 같지만…
 (이 논문을 수정해야 한다.)
 论文写到这个程度算是不错了, 但…
 (论文还需要修改。)

모호한 표현은 사건의 실제를 다 말하지 않고 일부만 언급하거나 다른 사실을 빌려 간접적으로 표현하는 방식이다. 예문 (42ㄱ)은 전체적인 작업 평가를 하고 생략함으로써 수정해야 한다는 뜻을 완곡하게 전달하였다. 중국어에서 이런 상황일 때는 '更完美点(좀 더 완벽하다)', '更好点(좀 더 좋다)',

'更完美无瑕(완벽하고 결점이 없다)' 등의 표현을 주로 이용한다. 예문 (42ㄴ)에서도 마찬가지로 논문을 계속 수정해야 한다는 것을 완곡하게 표현하였다. 중국어에서의 모호한 표현의 사용은 한국어와 의미상 동일하다.

(2) 다른 사실을 들어 비켜하는 방식

> (43) ㄱ. 선생님께서 이쪽 부분 그릴 때 음영을 각별히 주의하라고 강조했어.
> (이쪽 음영 부분 다시 고쳐.)
> 老师特别强调过画这部分的阴影要特别注意。
> (这部分阴影重新修改下。)
> ㄴ. 오르고 또 오르면 못 오르는 뫼가 없다고 시조에서 그렇게 말했으니 너도 쉽게 포기하지 말고 끝까지 해 봐.
> (쉽게 포기하는 버릇을 고쳐.)
> 世上无难事, 只怕有心人。 你也不要轻易放弃做到底。
> (改掉轻易放弃的习惯。)

예문 (43ㄱ)에서 선생님의 말을 인용하여 상대방의 그림의 부족을 지적하여 수정 요구를 완곡하게 전달해준다. 예문 (43ㄴ)에서는 정철의 시조를 인용하여 끝까지 포기하지 않고 노력하면 언젠가는 그 끝이 보인다는 뜻으로 상대방의 쉽게 포기하는 것을 비판하고 그것을 고치라는 자신의 건의를 완곡하게 표현한다. 정철의 시조와 비슷하게 중국어에서도 '世上无难事, 只怕有心人(세상에서 마음만 먹으면 못할 일이 없다)', '精诚所至, 金石为开(지성이면 금석도 갈라진다)' 등의 표현이 있다.

3) 이유를 들어 표현하는 방식

    (44) ㄱ. 책에서 보던 것과 다르기 때문에 수정이 필요하다.
           (수정이 필요하다.)
           因为和书上看到的不一样, 所以需要修改。
           (需要修改。)
      ㄴ. 내일 회의가 매우 중요하니, 네가 좀 더 자세히 수정해라.
           (네가 좀 더 자세히 수정해라.)
           因为明天的会议很重要, 你再修改一下。
           (你再修改一下。)

  예문 (44ㄱ)에서는 수정이 필요한 원인, 즉 '책에서 보던 것과 다르기 때문에'를 제시하여, 완곡하게 다시 수정해야 된다는 것을 전달한다. 이런 표현은 동시에 청자에게 다음 사건의 진행 필요성을 알게 함으로써 부담을 줄이는 효과를 나타낼 수도 있다. 예문 (44ㄴ)에서도 내일 회의의 중요성을 강조하여 다시 수정(修改, 改动)하라는 뜻을 완곡하게 전하고 있다. 이 상황에서 한국어와 중국어에서 사용하는 표현은 별 차이가 없다고 본다.

4) 비유 방식

    (45) ㄱ. 네가 그렇게 하는 건 두말 할 것 없이 사족을 가하는 것이다.
           (이것은 불필요한 것이니 삭제해라.)
           你这么做无疑是画蛇添足。
           (这是多余的, 删掉吧。)
      ㄴ. 만약 이곳을 붉은색으로 고친다면 이 그림은 금상첨화이다.

(이곳을 붉은색으로 바꾼다.)

如果把这里改成红色，那这幅画就是锦上添花了。

(把这里改成红色。)

　예문 (45ㄱ)에서는 '이 일'을 '그림의 여분의 한 획'에 비유하고 있다. 만약 당신이 그렇게 했다면, 이것은 뱀에게 네 개의 발을 그려 주는 것과 같고, 완전히 불필요하다는 것을 상대방에게 알려준 것이다. 이렇게 말하면 상대방이 화자의 의도를 빠르고 정확하게 알 수 있다. 중국어에서는 '画蛇添足(뱀을 그리고 발을 더하다)', '多此一举(부질없는 짓을 하다.)' 등 표현을 이용하여 '남에게 수정시키다'는 뜻을 완곡하게 전달할 수 있다. 그리고 '无疑'과 같은 표현인 '肯定', '就是', '必然' 등 확신을 나타내는 부사를 다른 사실 앞에서 이용해서 그 사실을 더욱 강조하며 상대방은 화자의 본뜻을 더 깊이 이해할 수 있다. 예문 (45ㄴ)에서는 '이곳을 붉은색으로 바꾼다.'라고 쓰지 않고 '만약 이곳을 붉은색으로 고친다면 이 그림은 금상첨화이다.'라고 하였다. 칭찬의 방식으로 다른 사람에게 어떻게 하면 더 좋고, 다른 사람도 겸허하게 받아들이고 고칠 수 있는지를 잘 알려준다. 중국어에서 이런 상황에서 흔히 '精益求精(훌륭한데도 더 훌륭하게 하려한다.)', '如虎添翼(날개(를) 달다)', '画龙点睛(용을 그리고 눈동자를 찍어 넣다)' 등 사자성어 표현을 사용하여 이미 훌륭하지만 더 나은 것을 추구한다는 뜻으로 쓰인다.

⑥ 질문하고 답하기

담화 기능 중 질문하고 답하기는 일상 대화 상황에서 흔히 사용된다.

1) 이유를 들어 표현하는 방식

(46) ㄱ. 너무 추워서 그러는데 창문 닫아 주시겠어요?

(창문 닫아 주시겠어요?)

지금 좀 더우니까 잠시 후에 닫을게요.

(나는 잠시 후에 문을 닫을 것이다.)

太冷了, 请关一下窗户好吗?

(请关一下窗户好吗?)

现在有点热, 过一会儿关。

(我一会儿就关。)

ㄴ. 오늘 저녁 동창회 모임에 같이 갑니까?

(같이 갑니까?)

오늘 좀 바빠서 제가 좀 늦게 갈 거예요.

(너 혼자 가라.)

今晚有同学聚会一起去吗?

(一起去吗？)

今天有点忙我自己晚点过去。

(你自己去吧。)

예문 (46ㄱ)은 '너무 추워서 그러는데 창문을 좀 닫아도 되겠니? 그리고 너무 더우니까 조금 있다가 창문을 닫자.'처럼 쌍방이 모두 이유를 제시하여, 상대방에게 자신의 진심을 알게 하는 문장이다. 이는 대화를 완화시켜 갈등과 충돌을 줄여 주는 효과가 있다. 중국어에서 '可以…吗？, 请…好吗？' 등 완곡하고 겸손한 표현을 통해 완곡하게 질문한다. 예문 (46ㄴ)도 먼저 이유를 설명한 후 질문을 하고 있다. 이는 상대방에게 생각할 시간과 거절의 여지를 주는 효과가 있다. 이 상황에서 한국어와 중국어에서 사용하는 표현은 별 차이가 없다고 본다.

5) 비유 방식

(47) 걱정거리가 해결되었는데 오늘부터 두 다리 쭉 뻗고 잘 수 있을까요?
(걱정거리 다 해결됐는데 오늘부터 걱정 안 해도 되지?)
에이구, 네가 이렇게 걱정할 줄 몰랐어. 너에겐 식은 죽 먹기잖아.
(에이구, 네가 이렇게 걱정할 줄 몰랐어. 너에겐 너무 간단하잖아.)
烦心事虽然都解决了，但能从今天开始两腿伸直舒舒服服地睡觉吗？
(烦心事都解决了，今天开始不用担心了吧？)
哎呀，真没想到你会这么担心，对你来说简直是小菜一碟。
(哎呀，真没想到你会这么担心，这对你来说相当简单。)

위의 예문 (47)를 보면 '내가 한 일을 더 이상 걱정하지 않아도 되겠느냐?'는 것이 질문의 본뜻이었다. 은유화한 후 '두 다리를 쭉 뻗고 잘 수 있을까?'라는 의문문으로 바꾸었다. 질문자는 자신의 걱정과 의문을 일련의 동작으로 전달해 대화를 생동감 있게, 또 상당히 완곡하게 만들었다. 중국어에서는 '두 다리 쭉 뻗다(两腿伸直)'라는 표현은 없지만, '万事大吉(만사가 대길하다)', '放心睡大觉(안심하고 푹 자다)', '松口氣(한숨 돌리다)' 등 표현으로 생동감을 나타나면서 모든 일이 이미 끝났으니 이상 걱정할 필요 없다는 뜻을 완곡하게 표현할 수 있다. 예문(47)에서 질문에 대한 응답자도 자신의 태도를 은유적인 수법으로 완곡하게 표현하였다. 응답자는 '이런 작업은 매우 간단하기 때문에 너무 걱정하지 않아도 된다'라는 생각을 전달하고 있다. '식은 죽 먹기'라는 표현은, '일이 너무 쉽고 어렵지 않아 간단하다'는 뜻이다. 자신의 본의를 표현하면서 상대방을 완곡하게 칭찬했다. 중국어에서 '小菜一碟'이라는 표현은 한국어에서 '식은 죽 먹기'와 같은 뜻으로 쓴다. 그리고 '易如反掌(손바닥을 뒤집는 것처럼 쉽다)', '得心应手(손에 잡히다)', '手到擒来(손을 쓰면 곧 잡힌다)', '小事一桩(대수롭지 않은 일이다)' 등의 여러 가지 관용 표현도 사용된다.

3.2.2. 설득하기와 권고하기

① **제안하기/권유하기**

제안은 상대방에게 자기의 의견을 내 놓을 때 쓰는 표현이다. 이때에는 청자의 체면을 손상시키는 경우가 많다. 그래서 상대방에게 제안할 때에는 직접 표현보다 완곡 표현을 통해 자기의 생각이나 희망을 표현하여 서로의 기분을 상하지 않게 해야 한다.

권유는 어떤 일 따위를 상대방에게 하도록 권할 때 쓰는 표현이다. 상대방에게 어떤 일을 하도록 하기 때문에 대화할 때 상대방의 입장이나 생각을 고려하지 않으면 강제적인 어감을 줄 수 있다.

1) 모호한 표현 방식

(48) ㄱ. 날씨가 너무 더워요. 수영을 할 수 있었으면 좋겠어요.
(우리 수영하러 가자.)
天气好热呀, 要是能游泳就好了。
(我们去游泳吧。)
ㄴ. 너 요즘 별로 안 좋아 보여.
(저녁에 일찍 쉬어라.)

你最近看起来不太好。

(晚上早点休息。)

예문 (48ㄱ)에서는 '날씨가 덥다'는 전제를 말함으로써 자신의 희망이나 제안을 모호하게 하여 보다 완곡하게 표현했다. 한국어에서는 희망을 나타내는 표현인 '-면 좋겠다'가 완곡한 효과를 가질 수 있고, 중국어에서도 같은 표현인 '游泳会不会好一点？(수영하면 좀 낫지 않을까요?)', '我想去游泳(저는 수영하러 가고 싶어요.)' 등이 있다. 이를 통해 제안하는 상황에서 모호하게 만들어 완곡하게 상대방에게 제안할 수 있다. 예문 (48ㄴ)에서도 '저녁에 일찍 쉬어라'라는 말을 하는 대신 상대방의 실제 건강을 지적하여 본의를 모호하게 했다. 중국어에서도 마찬가지로 다른 사물이나 관련된 현상을 비켜 모호하게 하여 표현하기도 한다. 중국어에서 (48ㄴ)과 같은 상황에 대해 보통 '脸色不太好(안색이 별로 좋지 않다)', '身体不舒服(몸이 불편하다)', '不在状态(부재중이다)' 등의 표현을 이용하여 화자의 걱정을 전달할 수 있고 숨겨진 권유를 더욱 드러내게 할 수 있다.

2) 다른 사실을 들어 비켜 하는 방식

(49) ㄱ. 너 경제를 계속 배우고 있지? 근데 요즘 경제가 그다지 좋지 않아 보여.
(너는 경제를 배우지 마라.)
最近经济行业不大景气。
(你不要学经济了。)

ㄴ. 최근 몇 년 동안 폐암에 걸린 사람들이 갈수록 많아지고 있다.
(담배 좀 적게 피워라.)

近年来患肺癌的人越来越多了。

(你少吸点烟。)

예문 (49ㄱ)에서는 '경제'라는 객관적 사실에 비켜 믿음성과 진실성을 제고하여 청자가 쉽게 받아들일 수 있게 하였다. 중국어에서는 '경제가 좋지 않다'는 의미를 전달할 수 있는 표현이 많은데, 보통 '发展前景不好(발전 전망이 좋지 않다)', '发展现状不乐观(발전현황이 낙관적이지 않다)', '经济发展低迷(경제발전이 부진하다)'라는 표현을 통해 구체적이고 완곡하게 제안하려는 본뜻을 표현할 수 있다.

예문 (49ㄴ)에서도 '폐암에 걸린 사람이 늘어나고 있다'는 사실을 '빌려 담배를 그만 피우라'는 뜻을 완곡하게 전달한다. 중국어에서도 마찬가지로 관련된 객관적 사실을 논증하여 설득하는 경우가 많다. 예문 (49ㄴ)과 같은 경우에 중국어에서 '你少抽两根吧(담배 적게 피워라)', '你少抽点(조금만 피워)', '你别抽了(너 피우지 마라)' 등 직설적인 표현보다 담배와 관련된 '폐암(肺癌)'이라는 사실을 빌려 더 친근감이 있게 전달한다.

3) 이유를 들어 표현하는 방식

    (50) ㄱ. 날씨가 추우니 옷을 많이 입으세요.
          (옷을 많이 입으세요.)
          天气冷, 多穿点衣服吧。
          (多穿点衣服。)
      ㄴ. 보다 나은 생활을 하기 위해서 많이 노력합시다.
          (많이 노력합시다.)
          为了过上好的生活多努力吧。

(多努力吧。)

　예문 (50ㄱ)에서는 그냥 옷을 많이 입어야 하는 이유를 말함으로써 문장의 인과관계를 강조하여 쉽게 받아들일 수 있게 하였다. 중국어에서 '降温(온도를 내렸다)', '氣溫下降(기온이 내렸다)' 등 표현을 통해 '날씨가 춥다'라는 뜻을 상대방에게 완곡하게 제시한다. 그리고 중국어에서의 '穿暖和点(옷을 따뜻하게 입어라)', '多穿点儿(옷을 좀 더 껴입어라)'이라는 표현은 한국어 표현보다 더 친근하여 상대방이 화자의 제안을 받아들이기가 더 쉽다고 본다.

　예문 (50ㄴ)도 노력해야 하는 이유를 지적하고 있다. 이유를 지적하는 것은 문장의 앞뒤 연계가 뚜렷해지기 때문에 믿음성을 증가시킨다. 중국어에서 '나은 생활'이라는 표현은 '美好的未来(아름다운 미래)', '更好的生活(더 나은 삶)' 등 표현으로 대용할 수 있다. 그리고 '为了' 등 원인을 나타내는 어휘들이 많이 사용된다.

4) 비유 방식

  (51) ㄱ. '꿩 대신 닭'라는 말이 있지 않습니까?
        (마땅한 것이 없으면 비슷한 것으로 대체하자.)
        不是有退而求其次这个说法吗？
        (没有合适的，就用相似的来代替。)
  ㄴ. 범에게 물려가도 정신만 차리면 산다는 말이 있잖아요.
        (곤경에 처하더라도 당황하지 않는 한 뚫고 나갈 수 있는 방법이 있다.)
        俗话说，车到山前必有路，只要打起精神就能活下来。
        (即使身处困境，只要不慌不忙，就有办法闯出去。)

상대방에게 제안할 때는 비유법을 통해 완곡하게 표현할 수 있다. 예문 (51ㄱ)에서 '꿩 대신 닭'이라는 표현은 '적절한 것이 없으면 비슷한 것으로 대체한다'는 것이다. 상대방이 속담을 듣고 곰곰이 생각해 볼 때, 직접 표현보다 더 큰 효과를 발휘한다. 장황한 큰 이치를 짧은 네 글자로 대신하고 있다. '꿩 대신 닭'라는 한국어 표현은 중국어에서 '退而求其次(물러가서 둘째를 구하다)'가 대응된다.

예문 (51ㄴ)에서 '범에게 물려가도 정신만 차리면 산다'라는 속담을 통해 상대방에 대해 제안한다. 이런 은유적 수법은 화자의 제안과 상대방이 이 제의를 받아들일 때 어색하지 않게 된다. 중국어에서는 한국어처럼 '범에게 물려가도 정신만 차리면 산다(即使被老虎咬了, 只要打起精神就能活下来)'라는 표현은 쓰지 않고 다른 속담을 이용한다. 예를 들면 '世上无难事, 只要肯攀登(세상에 어려운 일이 없으니, 오르기만 하면 된다)', '车到山前必有路, 船到桥头自然直(수레가 산 앞에 이르면 길이 있는 법이다)' 등 표현이 있다. 그리고 한국어의 '-라는 말이 있잖아요'라는 표현은 문장 끝에서 쓰이지만, 중국어에서 '俗话说得好(-라고 한 속담이 적절하다)', '有句俗话(-라는 속담이 있다)', '古人说(-라는 옛말이 있다)' 등 표현들은 주로 문장 앞에 사용된다.

② **요청하기**

요청은 필요한 어떤 일이나 행동을 청할 때 쓰는 표현이다. 상대방에게 어떤 일을 요청할 때 큰 부담을 주지 않고 잘 받아들일 수 있게 하기 위해 쓰는 것이다.

1) 모호한 표현 방식

　　(52) ㄱ. 오늘 시간 있으시다면서요.

(도와주세요.)

听说你今天有时间。

(帮帮我吧。)

ㄴ. 나는 네가 부르는 노래를 정말 좋아한다.

(노래 좀 가르쳐 주세요.)

我好喜欢你唱的歌啊。

(你教我唱歌吧。)

  예문 (52ㄱ)에서는 '도와 달라'는 표현 대신 그 사람의 다른 사실을 이야기함으로써 자신의 청구를 모호하게 하면서 완곡하게 전달한다. 중국어에서는 '不忙(바쁘지 않다)', '不是很忙(그리 바쁘지 않다)' 등 표현을 통해 전제 조건을 먼저 제시하면 상대방이 불쾌감을 느끼지 않고 자신의 요청을 더 쉽게 받아들일 수 있다. 예문 (52ㄴ)에서도 '노래를 가르쳐 달라'는 말 대신 다른 사실을 열거함으로써 자신의 주장을 완곡하게 전달한다. 중국어에서도 다른 사실을 빌려 표현하는 방식으로 자신의 청구를 완곡하게 표현한다. 중국어에서는 다른 사람이 노래를 잘 한다거나 부르는 노래가 좋다고 칭찬할 때 '你唱的好好听啊(노래 잘 하네)', '你唱的歌真好听(네가 부르는 노래는 정말 듣기 좋다)' 등 표현을 씀으로써 상대방을 칭찬하면서 상대방이 자신에게 노래를 가르치고 싶다는 생각이 들게 한다.

2) 다른 사실을 들어 비켜하는 방식

(53) ㄱ. 신세를 져도 되겠어요?

(좀 도와줄래요?)

你能给我个面子吗？

(你能帮我个忙吗？)
ㄴ. 내가 당신의 시간을 좀 써도 되겠어요?
(저를 좀 도와주시겠습니까?)
我可以占用你一点时间吗？
(你可以帮帮我吗？)

예문 (53ㄱ)에서는 '도와줘요'라고 하는 표현 대신 관용표현을 사용하여 더 완곡하게 자신의 요구를 제기하였다. 이 상황에서 '신세를 지다'라는 표현은 중국어에서 '给个面子', '欠个人情', '麻烦了' 등이 대응된다. 예문 (53ㄴ)에서도 직접 도와 달라고 말하지 않고 다른 표현을 사용하여 완곡하며 겸손하게 표현하였다. 중국어에서도 다른 사실이나 화법으로 겸손하면서 에둘러서 표현하기도 한다. 중국어에서는 주어가 '저'일 때 '借用(차용하다)'라는 동사를 쓰고 주어가 '상대방'일 때 '抽出/腾出(시간을 내다)'이라는 동사를 쓴다. 이런 표현은 상대방에게 간절하고 완곡하게 부탁과 요청을 할 때 사용된다.

위의 예문을 보면 한국어에서 다른 사람의 도움을 요청할 때 '좀', '한번' 등 지소사를 자주 쓰는데, 중국어에서도 '或许(혹시)'라는 부사를 문장 앞에 이용하고 '稍微'이라는 표현을 문장 중간에 이용한다.

3) 이유를 들어 표현하는 방식

(54) ㄱ. 너는 수학을 잘하니까 나를 가르쳐 줄 수 있지?
(나에게 수학을 가르쳐 줄 수 있습니까?)
你数学好可以教教我吗？
(可以教我数学吗？)
ㄴ. 너 도서관에 갈 때 내 책을 빌려다 줄 수 있니?

(책 좀 빌려다 주세요.)

你去图书馆的时候可以帮我借本书吗?

(帮我借本书吧。)

예문 (54ㄱ)에서는 수학을 잘한다는 이유를 제시하여 상대방을 칭찬하면서 자신의 부탁이나 요청을 보다 부드럽게 들리게 하였다. 중국어에서는 '成绩好(성적이 좋다)', '很优秀(훌륭하다)', '很擅长(능하다)', '精通(정통하다)' 등의 표현을 자주 이용한다. 그리고 '가르치다'는 동사에 대응하는 중국어는 '教', '教授' 등인데, 중국어에서는 자연스럽게 '教教'라는 표현을 써서 더욱 완곡하게 요청을 전달할 수 있다. 예문 (54ㄴ)에서는 직접 '책을 빌려 달라'는 명령보다 상대방이 '도서관에 간다'는 전제를 강조하여 자신의 의도를 더욱 쉽게 받아들이게 하였다. 중국어에서도 한국어에서와 같이 이유를 강조하여 표현하는 방식을 사용한다. 중국어에서 '正好你去图书馆', '可不可以顺便/顺道帮我借本书？(마침 도서관에 가는 길에/김에 책을 좀 빌려다 주시겠어요?)', '能不能帮我带本书吗？(책을 가져올 수 있겠어요?)' 등 표현을 주로 사용한다. 이런 표현들은 상대방이 불쾌감을 느끼게 하지 않고 더 편하게 들릴 수 있는 효과가 있다.

③ 경고하기

경고는 조심하거나 삼가도록 미리 주의를 주는 것이다. 경고하기 언어 환경에서는 의문, 부정, 추측, 희망, 모호한 표현 등의 방식으로 완곡하게 표현한다.

1) 모호한 표현 방식

(55) ㄱ. 네가 이렇게 컴퓨터 게임을 많이 하면 시험에 낙제할 것 같은데.
(네가 이렇게 컴퓨터를 하면 시험에 불합격이야.)
你这样玩电脑，考试好像会不及格的。
(你这样玩电脑，考试不会及格的。)
ㄴ. 음주운전은 안 될 것 같아.
(음주운전은 법을 어기는 것이다.)
酒驾好像是不可以的。
(酒驾是犯法的。)

모호한 표현 방식은 확정된 경고를 불확실하게 만들어 어조를 완곡하게 하는 것이다. 예문 (55ㄱ)은 '시험에 낙제할 거 같은데.'라는 모호한 표현을 통해 어조를 희미하게 하고 태도를 누그러뜨린다. 한국어에서의 '시험을 망치다', '시험을 못 보다' 등의 표현은 중국어 '过不了', '挂科(시험에 통과하지 못하다)' 등이 대응하며 이을 통해 경고의 의미가 더 강해지는 동시에 상대방도 더 잘 받아들일 수 있게 되어 완곡한 목적을 달성하게 된다. 예문 (55ㄴ)을 보면 한국어에서는 '어떤 일을 할 수 없다'는 것을 표현할 때 '안 되다'라는 강한 어감을 줄 수 있는 표현을 쓰는 것보다 뒤에 추측 표현 '-ㄹ 것 같다'를 첨가한다. 이런 표현은 강하고 주관적인 압박감을 줄일 수 있고 완곡한 효과를 나타낼 수 있다. 중국어에서도 마찬가지로 '也许不可以(할 수 없을 것 같다)', '可能是不对的(옳지 않을 것 같다)', '也许是禁止的(금지될 것 같다)' 등 표현을 통해 완곡하게 의사를 전달한다.

2) 다른 사실을 들어 비켜하는 방식

(56) ㄱ. 잘못하면 옆집처럼 돈만 투자하고 아무 것도 못 가지게 돼.
(너 잘못하면 빚을 질 수 있어.)
搞不好会和隔壁一样光投钱, 然后什么都得不到。
(搞不好你会欠一屁股债。)

ㄴ. 임신한 임신부들은 그 누구도 음식을 중시 안 하는 사람이 없다.
(먹는 것을 안 가리면 태아에게 해를 줄 수 있다.)
怀孕的孕妇中没有一个是不注重饮食的。
(不忌口的话会对胎儿有害。)

예문 (56ㄱ)에서는 상대방으로 하여금 투자하는 생각을 접게 하기 위하여 경고를 하는데, 직접 경고하면 무례할 것 같아서 다른 사실을 들어 완곡하게 표현한다. 중국어에서 '아무 것도 못 가지게 되다(什么都得不到)'라는 표현은 '一无所获(아무런 수확도 없다)', '两手空空(빈손을 털다)' 등의 표현으로 대용되어 더 생동감이 있고 완곡한 경고를 상대방에게 보여준다.

예문 (56ㄴ)에서도 다른 임신부들의 음식을 중시하는 사실을 들어 상대방도 음식을 중시하라는 자신의 주장을 완곡하게 전달한다. 위의 예문 같은 상황에 한국어와 중국어에서 사용하는 표현이 별 차이가 없다고 본다. 이 상황에 '음식을 중시하다'라는 표현은 중국어로 '重视(중시하다)', '对…上心(-에 신경을 쓰다/관심을 가지다)', '把…放在心上(-ㄹ/를 마음에 두다)', '讲究(염두에 두다)', '用心(마음을 쓰다)' 등 표현을 주로 사용한다.

3) 이유를 들어 표현하는 방식

(57) ㄱ. 처음 직장생활을 한 루키는 이런 일을 하기 어려울 것이다.
(얘 능력이 강하지 않으니까 얘를 시키면 실패하기 마련이다.)
刚接触职场生活的新人难以胜任这种工作。
(他能力不强, 让他去的话必定会失败。)

ㄴ. 그 전에 누구도 성공한 적이 없는데 혼자서는 더 어려울 것이다.
(너 혼자서 하면 기필코 실패할 것이다.)
那之前无人成功过, 一个人只会更难。
(你一个人的话一定会失败。)

예문 (57ㄱ)에서 상대방을 시키지 말자는 주장을 표현하기 위하여 그 이유를 설명함으로써 능력 부족 대신 경험이 부족하다는 표현으로 완곡하고 에둘러서 표현하였다. 중국어에서 보통 '无法胜任(감당할 수 없다)', '难以胜任(감당하기 어렵다)' 등의 표현을 흔히 사용한다.

예문 (57ㄴ)에서 상대방의 실패 사실을 콕 찍어서 말하는 것보다 그 전제조건으로 '그 누구도 성공한 적이 없다'는 이유를 들어 완곡하게 자신의 주장을 표현하였다. 중국어에서는 '누구도 성공한 적이 없다'는 말 대신에, 흔히 '史无前例(역사상 전례가 없다)', '前所未有(미증유)', '见所未见(지금까지 본 적이 없다)' 등의 표현을 사용한다.

4) 비유 방식

(58) ㄱ. 돌다리도 두드려 보고 건너라.
(너는 일을 조심해서 해라.)

小心驶得万年船。

(你行事小心些。)

ㄴ. 너 낮말은 새가 듣고 밤말은 쥐가 듣는다는 말을 들어 본 적이 없어?

(너는 여기서 이 일들에 대해 말하지 마.)

你难道没听说过隔墙有耳吗？

(你不要在这里说这些事。)

생생한 속담으로 경고를 표현하면, 화자의 말은 직접적인 경고보다 더 효과적이다. 예문 (58ㄱ)에서 '돌다리도 두드려 보고 건너라'는 표현의 뜻은 '모든 것을 조심하라'이다. 속담을 사용하면 상대가 무엇을 해야 하는지를 직접 말하지 않고도 간접적, 우회적으로 정보를 전달할 수 있다. 중국어에서는 '돌다리도 두드려 보고 건너라'라는 표현은 없고, 대신 '小心使得万年船(조심하면 배를 오랫동안 몰 수 있다)라는 비슷한 표현이 있다.

예문 (58ㄴ)에서는 '낮말은 새가 듣고 밤말은 쥐가 듣는다'라는 속담을 이용하여 상대방에게 '여기서 이런 말 하지 마라'고 경고하였다. 말하는 사람은 다른 사람이 들으면 좋지 않은 결과를 초래할 수 있다고 생각하기 때문에 상대방에게 경고한다. 비유적인 완곡한 방식을 사용한 후 경고의 함의가 줄어들어 상대방이 더 쉽게 받아들일 수 있다. 중국어에는 '낮말은 새가 듣고 밤말은 쥐가 듣는다'라는 속담은 없고, 대신 '隔墙有耳(벽에 귀가 있다)', '没有不透风的墙(바람이 통하지 않는 벽이란 없다)' 등 표현을 주로 사용한다. 이런 속담들의 뜻은 언제나 말조심하고 아무도 없는 곳에서도 조심해야 하는 것이며, 이런 표현들을 이용하면 화자의 경고하려는 본 뜻을 완곡하게 나타낼 수 있다.

④ 충고하기

충고는 남의 결함이나 잘못을 진심으로 타이르는 것이다. 충고의 완곡한 표현은 의문, 부정, 추측, 희망, 다른 사실을 들어 하는 표현하거나, 지소사, 모호 표현 등의 방식으로 실현된다.

1) 모호한 표현 방식

    (59) ㄱ. 너는 지금 그녀를 놓아 주는 것이 좋을 것 같다.
          (너는 지금 그녀를 놓아 줘야 해.)
          你现在放她走好像好一点
          (你现在该放她走了。)
      ㄴ. 너는 일을 성사시키려면 너무 급하게 하지 않는 것은 더 좋을 것 같다.
          (너는 일을 성사시키려면 너무 급하게 하지 마라.)
          你别太急于求成的话会更好一点。
          (你不要太急于求成。)

예문 (59ㄱ)에서 화자가 '좋을 것 같다'는 표현을 사용하여 '그녀를 놓아 줘'라는 자신의 진실한 생각을 완곡하게 표현하였다. '-것 같다'는 본래 추측의 의미를 나타내며 화자의 주장의 확신 정도를 낮추는 표현인데, 이를 통하여 완곡하면서 모호하게 전달하고자 하는 목적도 도달할 수 있다. 예문 (59ㄴ)에서도 '좋을 것 같다'는 표현을 사용하여 같은 목적에 도달한다. 한국어에서 비슷하게 사용하는 표현은 '좋을 것이다' 등이 있으며, 중국어에서는 '我觉得', '我认为', '也许', '大概', '可能' 등 자신의 추측을 나타내는 표현이 있다.

2) 다른 사실을 들어 비켜하는 방식

(60) ㄱ. 옆 집 혜진이도 너처럼 공부 안 하다가 나중에 대학도 못가고 자기가 싫어하는 삶을 살게 되었어.
(공부를 안 하면 네가 싫어하는 삶을 살게 될 거야.)
隔壁家慧珍也是和你一样不学习, 最后连个大学都没上, 过上了连自己都讨厌的生活。
(不学习的话就得过连你自己都会讨厌的生活。)

ㄴ. 몇 천 년 동안의 역사를 살펴보면 노력 안하고 성공하는 사람이 없어.
(너처럼 노력 안 하면 성공 못해.)
纵观几千年历史, 没有一个人是不努力就能成功的。
(像你这样不努力的人是不可能成功的。)

예문 (60ㄱ)에서는 혜진의 사실을 들어 공부를 안 하면 비참한 인생을 살게 된다는 사실을 알려주면서 공부를 하게 하며, 자신의 충고를 완곡하게 전달한다. 한국어에서 '처럼'이라는 조사는 중국어에서 '像…一样', '和…一样(-하고 똑같다)' 등 표현이 대응된다. 예문 (60ㄴ)에서는 역사 사실을 빌려 노력하여야만 한다는 도리를 알려주면서 상대방의 노력 안 하는 점을 지적하여 완곡하게 충고한다. 중국어에서 '没有任何一个人的成功是手到擒来(손을 쓰면 곧 잡힌다)', '唾手可得(손쉽게 얻어지는 것이다)', '易如反掌(손바닥을 뒤집는 것처럼 쉽다)', '轻而易举(가벼워서 들기 쉽다)' 등 표현은 '노력 안 하면 성공하지 못한다'라는 뜻을 나타내며, 문장을 더욱 생동감 있게 만들기도 하고, 화자의 경고를 심오하게 표현하기도 한다.

3) 이유를 들어 표현하는 방식

(61) ㄱ. 부모님들은 다 자식이 잘 되라고 하는 말이다.
(부모님들의 조언을 들어.)
父母都是为了子女好才说这些话。
(好好听父母的话。)

ㄴ. 너처럼 경험이 적은 친구는 남들보다 출발이 늦기 때문에 선생님을 따라 배워라.
(선생님을 많이 따라 배워라.)
像你这种经验比较少的人比别人起步晚, 所以跟着老师好好学。
(跟着老师好好学。)

예문 (61ㄱ)에서는 아이인 상대방에게 부모님의 조언을 듣게 하기 위하여 직접 말을 하지 않고 부모님들이 잔소리를 하는 원인을 지적하여 아이들의 부모님의 마음을 이해하게 하여 더욱 쉽게 받아드리게 한다. 예문 (61ㄴ)에서는 선생님을 많이 따라 배우라는 명령문을 사용하는 대신 그렇게 해야 할 이유를 지적하여 설득력을 제고한다. 중국어에서는 상대방에게 충고를 할 때 보통 '忠言逆耳利于行(좋은 충언은 듣기 거슬린다)', '不听老人言, 吃亏在眼前(늙은이의 말을 듣지 않으면 눈앞에서 손해를 본다.)' 등의 관용 표현을 사용한다. 이 상황에서 한국어와 중국어에서 사용하는 표현은 큰 차이가 없다고 본다.

4) 비유 방식

(62) ㄱ. 당신 실수하지 말고 일 좀 신경 써서 하세요, 그렇지 않으면 모가지가 날아갈 겁니다.

(당신 실수하지 말고 일 좀 신경 써서 하세요, 그렇지 않으면 해고될 겁니다.)

你做事认真点, 别出错, 小心丢了饭碗。

(你做事认真点, 别出错, 不然会被开除的。)

ㄴ. 당신의 이런 방식은 자승자박한 것과 다름이 없으니 나중에 후회할 겁니다.

(당신의 이런 방식은 완전히 틀렸어요. 나중에 후회할 겁니다.)

你这种做法无异于作茧自缚, 将来你会后悔的。

(你这种做法是非常不对的, 将来你会后悔的。)

예문 (62ㄱ)에서 상대방에게 '일 잘 하라'라고 충고하고, 그렇게 하지 않으면 '해고당한다'는 의미가 될 수 있다는 점을 일러준다. 이것은 말하는 사람의 본래의 뜻으로, 직접 표현으로 하면 상대방이 듣기 거북할 것이다. 하지만 비유의 완곡한 방식을 적용한 뒤 '모가지가 날아간다"라는 표현이 더 인상적이고 '직장에서 쫓아낸다'라는 의미를 완곡하게 전달할 수 있다. 중국어에서는 '炒鱿鱼(오징어를 볶다)', '丢饭碗(밥그릇을 잃다)' 등 표현을 통해 '직장을 잃다'는 뜻을 표현하며 문장이 더 생동감이 있게 만드는 효과가 있다.

예문 (62ㄴ)에서 화자는, 상대방의 행동이 잘못됐다고 생각하고 상대방에게 충고할 때 '네가 이렇게 하는 것은 전혀 옳지 않다'라는 직설적인 방법으로 지적하는 것이 아니라, '자승자박'이라는 사자성어로 간접적으로 지적하고 있다. 이렇게 하여 상대방이 자신의 의사를 받아들이는 데 도움이 되게 한다. 중국어에서 '-한 것과 다름이 없다'는 표현과 대응하는 것은 '就是(곧)', '简直是(그야말로)', '简直就是/无疑是(틀림없이)', '可真是/相当于(…와/과/랑 엇비슷하다)', '与…没什么两样(…와/과/랑 다를 게 없다)' 등이 있다. 그리고 '자승자박'에 대응하는 중국어 사자성어는 '自寻烦恼(스스로 걱정거리를 만들다)',

'自讨苦吃(스스로 사서 고생하다)', '自作自受(자기가 저지른 일의 결과를 자기가 받다)', '自食其果(자기가 저지른 죄악의 결과를 자기가 받다)', '咎由自取(자기가 뿌린 씨는 자기가 거둔다)' 등이 있다. '자신이 바보짓을 하거나 나쁜 일을 저지른 후에 오는 나쁜 결과는 자신이 책임져야 한다'는 뜻을 간단하고 완곡하게 표현할 수 있는 사자성어는 한국어보다 중국어에 더 많다.

⑤ 조언하기/조언 구하기

1) 모호한 표현 방식

(63) ㄱ. 병원에 가 보는 게 낫겠어.
(병원에 가서 의사에게 물어보는 게 낫겠어.)
你还是去医院看看吧。
(你还是去医院问问医生怎么说吧。)
ㄴ. 선풍기바람이 좀 약하네.
(선풍기를 좀 크게 틀면 더 시원할 거야.)
电风扇的风力有点小啊。
(把电风扇开大一点的话会更凉快。)

모호한 표현은 말 그대로 모호하게 의견을 제시할 뿐, 진의를 명확히 제시하지는 않는다. 예문 (63ㄱ)은 그냥 병원에 가 보자고 상대방에게 말했을 뿐 실제 조언은 병원에 가서 의사에게 뭐라고 하는지 들어보는 게 좋겠다는 것이다. 중국어에서 '去一趟医院吧(병원에 다녀오세요.)', '去看看医生吧(의사에게 가 보세요)', '去问问医生吧(의사에게 물어보세요)' 등 표현을 통해 의견을 제시한다. 이를 통해 의견을 전부 표현하는 것이 아니라 일부분만 완곡하게 말해 주면 상대방이 불쾌감을 덜 느낀다. 예문 (63ㄴ)은 모호하게 '선풍기 바람이 좀 약하네.'라는 사실을 진술함으로써 '선풍기를 세게 켜면 더 시원할 거야.'라는 진솔한 생각과 조언을 완곡하게 간접적으로 전달하고 있다. 중국어에서도 사실이나 통쾌한 표현을 사용하여 조언을 표현한다. 한국어에서 '약하다'라는 형용사는 중국어에서 '弱(강하지 않다)'로 대응되지만, 예에서처럼 '풍력의 강도가 약하다'는 표현에는 '小(작다)'라는 형용사로 대응된다.

2) 다른 사실을 들어 비켜하는 방식

(64) ㄱ. 저는 부모님처럼 몇 년 동안 노력하고 결과 없이 일생을 보내기 싫습니다.
(저는 선생님의 도움이 필요합니다.)
我不想和父母一样过奋斗几年最后毫无成果的一生。
(我需要老师的帮助。)
ㄴ. 집집마다 이 사찰 보살님의 자상함을 노래하고 있습니다.
(이 사찰에 가서 팔자를 보고 인생 조언을 듣고 싶습니다.)
家家户户都在歌颂菩萨的仁慈心肠。
(我想去这家寺庙算八卦听箴言。)

예문 (64ㄱ)에서 직접적인 도움이 필요하다는 자신의 도움을 표현하기 수줍기 때문에 도움이 필요한 이유 겸 사실을 빌어 완곡하고 에둘러서 설명한다. 중국어에서 보통 '徒劳无功, 劳而无功' 등 표현을 통해 '아무런 성과도 없이 헛일을 한다'는 뜻을 표현한다. 예문 (64ㄴ)에서도 사람들이 보살님을 노래하는 사실을 예를 들어 측면으로 사찰이 유명하여 자신이 사찰에 가서 팔자 한번 보고 싶다는 주장을 보여준다. 불교를 신앙하는 중국에서는 흔히

'菩萨显灵', '香火旺', '信徒较多' 등 어휘로 사찰의 인기를 표현한다.

3) 이유를 들어 표현하는 방식

    (65) ㄱ. 나는 어제 가서 봤는데 재미가 없었다.
          (그 영화 보지 마라.)
          我昨天去看了, 没意思。
          (那部电影别看了。)
       ㄴ. 이 차는 신형으로 나와 가격 대비 성능이 매우 뛰어나다.
          (이차는 한번 고려해 볼만하다.)
          这款车是新型的, 性价比很高。
          (这辆车可以考虑一下。)

    예문 (65ㄱ)은 '이 영화는 어제 보고 재미가 없어서 추천하지 않습니다.'라는 뜻이다. 중국어에서 '재미가 없다'는 뜻으로는 '没意思', '没趣味' 등이 주로 쓰인다. 그리고 비슷한 표현에 '没啥意思(별 재미가 없다)', '无聊(따분하다)', '没趣儿(흥미가 없다)', '枯燥(무미건조하다)' 등이 있다.
    예문 (65ㄴ)은 '이 차가 신형이고 가격대비 성능이 뛰어나기 때문에, 이 차를 생각해 볼 가치가 있다.'라는 뜻이다. 이유와 사유는 화자의 조언에 충분한 설명을 더해주며, 이는 화자의 조언을 상대방이 더 잘 받아들일 수 있게 해 준다. 예문 (64ㄴ)과 같은 경우에는 중국어와 한국어의 완곡어 표현의 사용은 큰 차이가 없다고 본다.

4) 비유 방식

    (66) ㄱ. 우리는 먼저 적을 포위한 다음에 독 안에 든 쥐 잡듯이 잡자.
          (우리는 먼저 적을 포위한 다음에 공격을 하자.)
          我们先把敌人包围起来, 然后来个瓮中捉鳖。
          (我们先把敌人包围起来, 然后进行围攻。)
      ㄴ. 다른 사람을 사귈 때는 낯은 알아도 마음은 모른다는 것을 기억하라.
          (남을 만날 때는 소심함을 명심하고 겉모습으로 사람을 판단하지 말아야 한다.)
          在与别人交往时, 要记住'知人知面不知心'。
          (在与别人交往时, 要小心谨慎, 不要以貌取人。)

  예문 (66ㄱ)에서 '적을 포위한 뒤 공격하다'라는 표현은 이런 작전 방법으로 승리를 거두는 것이 쉽고 확신이 있음을 말한다. 그래서 '독 안에 든 쥐'로 작전을 펼치고, 작전의 승리도 예고했다. 완곡하게 조언하는 동시에 화자의 생각도 충분히 표현하였다. 중국어에서 '독 안에 든 쥐'라는 표현은 '瓮中之鳖'이 대응된다. 같은 뜻으로 '瓮中捉鳖(독 안에 든 쥐를 잡다)', '釜底游鱼(솥 안에서 헤엄치고 있는 물고기)' 등이 있으며, 두 언어에서 사용하는 완곡 표현은 큰 차이가 없다고 본다.

  예문 (66ㄴ)에서 '낯은 알아도 마음은 모른다'라는 표현은 사교 시 조심해야 한다는 것과 상대를 외모로 판단해서는 안 된다는 것을 알려준다. 생동적인 속담 하나로 화자의 많은 조언을 완곡하게 표현하였다. 청자도 화자의 조언을 쉽게 이해할 수 있다. 한국어에서 예문 (66ㄴ)과 비슷한 의미를 가진 표현으로 '사람 속은 천 길 물속이라', '열 길 물속은 알아도 한 길 사람 속은 모른다' 등이 더 있다. 중국어에서는 같은 표현이 없지만, '人心难测(인심을 예측하기 어렵다)', '人心隔肚皮(사람의 마음은 뱃가죽을 사이에 두고 있다)', '知人知面不知心(사람을 알고 얼굴도 알지만 그 마음은 모른다, 사람은 겉만 보고 모른다)' 등 표현을 주로 사용한다.

⑥ 허락하기/허락 구하기

허락하기는 청하는 일을 하도록 들어 준다는 것이다. 완곡한 방식으로는 비유 방식을 주로 사용한다.

(67) ㄱ. 당신은 이제 자유다.
(당신은 오늘 출소할 수 있다.)
你现在自由了。
(今天你可以出狱了。)

ㄴ. 너희들 내년에는 국수 먹을 수 있을 거야.
(너희 둘은 내년에 결혼할 수 있을 거야.)
明年应该就能吃上你们的喜糖了。
(你们明年就可以结婚了。)

예문은 비유 방식을 통해 '허락하기나 허락 구하기'를 나타낸 것이다. 예문 (67ㄱ)은 '감옥에서 출소한 것'을 직접 표현보다, '당신은 이제 자유야.'라고 말함으로써 훨씬 더 부드럽고 상대방에게 존중감을 줄 수 있다. 이 말은 판사나 교도소장이 죄수에게 한 말일 수도 있고, 죄수가 마음속으로 자신에게 한 말이 될 수도 있다. 전자의 경우, '우리는 당신에 대한 징역형을 해제했고, 당신은 복역 기간을 다 마쳤으니 나갈 수 있다.'라는 의미다. 후자는 '나는 형기가 끝났으니, 사회는 나를 받아들일 수 있을 것이다.'라는 뜻이다. 중국어에서도 마찬가지로 '출소하다'라는 말 대신, '解放了(해방되다)', '解脱了(해탈하다)', '自由了(자유하다)' 등 표현을 통해 완곡하게 표현한다.

예문 (67ㄴ)에서는 한국인들은 옛날에 결혼을 할 때 국수를 먹었기 때문에 사람들은 '국수을 먹는다'는 말로 '결혼'을 대신했다. 그리고 중국에서는 결혼식 날에는 손님들이 사탕을 받기 때문에 중국인들은 '사탕을 먹는 것(吃喜糖)'으로 '결혼'을 대신 지칭한다.

⑦ **명령하기**

명령은 윗사람이나 상위 조직이 아랫사람이나 하위 조직에 무엇을 하게 하는 것이다. 명령은 흔히 명령을 받은 사람에게 압박감을 주게 된다. 따라서 완곡하게 명령을 전달해 상대방을 납득시키는 것이 좋다. 이를 테면 의문이나 추측을 통해 자신이 한 명령이 무엇인지를 상대방으로 하여금 의식적으로 실행하게 하는 것이 좋다.

1) 이유를 들어 표현하는 방식

    (68) ㄱ. 날씨가 추워졌네요,
          (옷을 많이 입으세요.)
          天气变冷了。
          (多穿衣服。)
      ㄴ. 건강에 좋잖아요.
          (과일을 많이 먹어요.)
          不是对身体好嘛。
          (多吃水果。)

예문 (68ㄱ)에서 '날씨가 추워졌다'는 사실이 '옷을 많이 입어야 하는'

화자 주장의 원인이 되어, 화자가 자신의 주장을 표현할 때 더 쉽게 받아드릴 수 있게 하였다. 중국어에서는 '外面变冷了(밖이 추워졌다)', '外面太冷了(밖에서는 너무 춥다)'라는 표현도 많이 쓴다. 형용사 앞에 '可/老/特别/真' 등 부사를 붙여 '날씨가 춥다'는 정도의 깊음을 나타내면서, 명령의 어조를 줄인다.

예문 (68ㄴ)에서도 '과일을 많이 먹어야 하는' 이유를 제기하면, 직설적인 '과일을 많이 먹어요.'라는 표현보다 더 쉽게 받아들일 수 있다. 중국어에서도 비슷하게 사용한다. '건강에 좋다'를 뜻하는 '有益身体健康啊'라는 이유를 설명하는 표현을 이용하여 명령을 나타낼 수 있다.

(2) 비유 방식

   (69) ㄱ. 네가 그에게 한 말은 '소귀에 경 읽기'야.
        (너는 그에게 이치를 따지지 마라.)
        你别对牛弹琴了。
        (你别跟他讲道理了。)
     ㄴ. 죽은 정승이 산 강아지만 못 한 거야.
        (너는 잘 살아라.)
        好死也不如赖活着呀！
        (你要好好活着！)

예문 (69ㄱ)에서 사람들은 '소귀에 경 읽기'라는 속담을 사용하여 이치를 모르는 사람에게 이치를 말하는 것은 쓸모가 없음을 비유하고 있다. 이 사람은 다른 사람이 아무리 말해도 듣지 않기 때문에, 화자는 상대방에게 그 사람과 도리를 따지지 말라고 단호히 명령한다. 그 사람에게 이치를 따지는 것은 바로 쇠귀에 경 읽기이기 때문이다. 다른 방식으로 말하면 명령은 더 쉽게 받아들여질 수 있다. 중국어에서 '소귀에 경 읽기'라는 표현을 쓰지 않고, '对牛弹琴(쇠귀에 거문고 뜯기)', '对牛鼓簧(쇠귀에 취생하기)', '鸡同鸭讲(닭과 오리가 서로 이야기를 나누기)' 등 표현을 주로 쓴다.

예문 (69ㄴ)에서 '잘 살아라'라는 표현은 비록 상대방을 권유하는 뜻을 가지고 있지만 명령문이기 때문에 딱딱하게 들리는 경우가 많다. 이와 같이 금기어인 생과 사를 말할 때 흔히 비유의 방식으로 완곡하게 표현하기도 한다. 예문 (69ㄴ)에서처럼 속담을 사용하면 상대방을 둘러 싼 삶과 죽음의 화제를 피하고, 환유의 방식으로 말하는 사람의 뜻을 완곡하게 전달하여 표현 목적을 달성하게 된다. 중국어에서도 성구, 속담을 가지고 비유적으로 표현하는 경우가 있다. 예들 들면 '蝼蚁尚且偸生(개미도 구차하게 살아남다)'), '苟且偸生(구명도생)' 등 표현으로, '잘 살아야 한다'는 뜻을 완곡하게 표현한다.

⑧ 금지하기

금지하기는 법이나 규칙, 명령 따위로 어떤 행위를 하지 못하도록 하는 것이기 때문에 듣기에 불편하다. 따라서 상대방에게 어떤 일을 금지시킬 때에는 자신의 잘못을 능동적으로 인식하고 자각할 수 있도록 하는 것이 필요하다.

1) 모호한 표현 방식

(70) ㄱ. 기숙사에서 허가받지 않은 전열기 및 취사도구를 사용하지 않는 것이 좋습니다.
(기숙사에서 허가받지 않은 전열기 및 취사도구의 사용을 금지합니다.)
最好不要在宿舍使用电器。

(宿舍内禁止使用电器。)

ㄴ. 손을 창밖으로 내밀지 않는 것이 좋다.

(창밖으로 손을 내밀지 마.)

最好不要把手伸出窗外。

(不要把手伸出窗外。)

예문 (70ㄱ)에서는 전기 제품이나 취사도구에 대해 모호한 표현 '사용하지 않는 것이 좋다'를 사용하여 명령의 감정을 줄이고 완곡하게 전달한다. 예문 (70ㄴ)에서도 '내밀지 않는 것이 가장 좋다'라는 표현을 사용하여 정도를 모호하게 하여 부드럽게 자신의 뜻을 표현하였다. 중국어에서는 대응 표현으로 '最好别', '最好不要' 등을 사용한다.

2) 다른 사실을 들어 비켜하는 방식

(71) ㄱ. 계속 울면 괴물이 와서 물어간다.

(울지 마.)

再哭的话会有怪物来叼走哦。

(不要哭。)

ㄴ. 제사를 지낼 때 머리를 들면 조상님께서 안 좋아해.

(제사를 지낼 때 머리 들지 마.)

祭祀的时候抬头的话祖先们会不开心的。

(祭祀的时候不要抬头。)

예문 (71ㄱ)에서 울지 말라는 말로 대신 '괴물이 와서 물어간다'는 사실을 들어 상대방이 발화자의 뜻을 더 쉽게 받아드릴 수 있고 완곡하게 금지하는 뜻을 전달한다. 중국어에서 '让妖怪把你抓走(괴물이 와서 물어간다)', '让警察来把你抓走(경찰에게 잡혀가다)' 등 표현을 자주 사용한다. 예문 (71ㄴ)에서 제사를 지낼 때 머리를 들면 안 된다는 직설적인 표현보다 조상님께서 안 좋아한다는 표현을 통해 완곡하게 자기의 의사를 전달한다. 중국어에서 이 상황에 '会不开心', '会不高兴', '会生气', '会发怒' 등 비슷한 기분이 나쁘다는 표현을 흔히 사용한다.

3) 이유를 들어 표현하는 방식

(72) ㄱ. 여기는 아이가 있어요.
　　　(여기는 금연구역이다.)
　　　这里有小孩子。
　　　(这里是禁烟区。)
　　ㄴ. 환경보호를 위해 폭죽을 터뜨리는 것을 금지한다.
　　　(폭죽을 터뜨리는 것을 금지하다.)
　　　为了保护环境，禁止燃放鞭炮。
　　　(禁止燃放鞭炮。)

예문 (72ㄱ)에서 담배를 못 피우게 하는 원인인 '아이가 있다'는 것을 언급하여 명령을 합리화하고, 듣는 사람이 더 쉽게 받아들일 수 있게 한다. '여기는 아이가 있다(这里有孩子)'는 이유를 먼저 말함으로써, 금연을 하라는 언외의 뜻을 표현한다.

예문 (72ㄴ)에서도 '환경보호를 하려(为了保护环境)'는 이유를 먼저 알려주고, 폭죽을 터뜨리는 것을 완곡하게 금지하는 것을 표현한다. 이런 상황에서 한·중 완곡 표현 사용 양상을 별 차이가 없다고 본다.

4) 비유 방식

  (73) ㄱ. 결혼 후 양다리를 걸치면 절대 안 된다.
     (결혼 후 남 몰래 다른 사람을 만나는 것은 절대 안 된다.)
     结婚之后, 绝对不可以脚踏两只船。
     (结婚之后, 偷偷地与别人私会是绝对不行的。)
   ㄴ. 꽃과 잔디도 생명이 있습니다.
     (잔디를 함부로 짓밟지 마시오.)
     花草也有生命。
     (请勿践踏草地。)

 예문 (73ㄱ)에서 결혼 후 부부 중 한쪽이 남 몰래 만나는 것을 '양다리 걸치기', '바람(을) 피우다'라고 표현할 수 있다. 비록 폄하하는 말이지만 '양다리 걸치기'는 이런 행위를 비유적으로 매우 적절하게 표현한다. 다른 사람에게는 익살스러울 뿐만 아니라, 받아들이기도 쉽다. 중국어에서 '바람을 피우다'는 '出轨(궤도를 이탈하다)'라는 표현을 주로 사용하고, 남녀관계에서 상대방을 배신하는 행위를 표현하는 말이다. 그리고 '脚踏两只船(양다리를 걸치다)'라는 표현은 중국어와 한국어에서 공유하는 표현이다.
 예문 (73ㄴ)에서는 잔디를 함부로 짓밟지 말라며 주의를 주고 있다. 직접 말하면 명령이라 거북함을 느끼게 된다. '화초도 생명이 있다(花草也有生命)'고 간접적으로 말하면 사람들이 이를 받아들여 능동적으로 보호해 주게 된다. 이 상황에서 한·중 완곡 표현은 차이가 없다고 본다.

 ⑨ 주의하기
 주의하기는 마음에 새겨두고 조심한다는 의미이므로, 주의의 담화 환경에

서는 완곡하게 표현하여 권고 사항을 수용하도록 환기하고, 불필요한 손해를 입지 않도록 하는 것이 좋다. 또한 다른 사람에게 귀띔을 할 때에도 말투에 신경을 써야 한다.

1) 모호한 표현 방식

 (74) ㄱ. 그 남자는 좀 도둑인 것 같다.
    (방범에 주의하라.)
    那个男的好像是小偷。
    (你要注意防范。)
  ㄴ. 바깥에 얼음이 얼었을 것이다.
    (미끄러지지 않도록 주의해.)
    外面路上结冰了。
    (你注意别滑倒。)

예문 (74ㄱ)에서 안전을 조심하라는 말을 직접 안하고 그 남자의 신분을 추측하면서 간접적으로 암시하고 있다. 여기에는 첫째 남자의 신분이 불명확하기에 확신을 못하고, 둘째는 그래도 안전을 고려하라는 뜻이 담겨졌다. 중국어에서는 '好像', '也许', '可能', '大概', '我觉得', '我认为' 등의 모호 표현을 주로 사용한다.

 예문 (74ㄴ)에서는 밖의 상황을 모호한 추측을 통해 조심할 것을 나타내고 있다. 중국어에서도 다른 사실을 빌어 자신의 뜻을 표현하는 현상이 많으며 한국어의 사용과 다른 점이 없다고 본다.

2) 다른 사실을 들어 비켜하는 방식

(75) ㄱ. 내 친구가 글쎄 컨닝하다가 들키고 말았어.
    (컨닝하면 걸릴 수 있으니 조심 해.)
    我朋友作弊被发现了。
    (作弊的话会被发现所以小心点。)

ㄴ. 우리 엄마가 어렸을 때 너무 부모님 말씀만 들어 자기 뜻대로 살지 않아 지금 엄청 후회해.
    (너 너무 다른 사람 말 듣지 마.)
    我妈妈年轻的时候总是听父母的话，结果没能活出自己，现在很后悔。
    (你不要太过听信别人的话。)

예문 (75ㄱ)에서는 자기 친구의 예를 들어 '부정행위를 하지 말라'는 자신의 의도를 에둘러서 표현하였다. 예문 (75ㄴ)에서는 자기 가족의 사실을 들어, 다른 사람의 말을 너무 들어 자신의 생활을 살지 못했다는 후회를 표현하면서, 상대방에 대한 충고를 완곡하고 에둘러서 표현한다. 위의 예문 같은 상황에 한국어와 중국어에서 사용하는 표현은 별 차이가 없다고 본다.

3) 이유를 들어 표현하는 방식

(76) ㄱ. 시력이 나빠질 거야.
    (오랫동안 휴대폰을 보지 마.)
    视力会变差的。
    (不要长时间看手机。)

ㄴ. 너는 입술이 다 텄으니.

(물을 마셔.)

你嘴唇都起皮了。

(喝点水吧。)

예문 (76ㄱ)에서 운동을 하라는 원인 즉, 시력이 나빠진다는 것을 첨가하여 화자의 근심을 전달할 뿐만 아니라, 청자가 더 쉽게 받아드릴 수 있도록 한다. 중국어에서 '视力变坏/恶化(시력이 나빠지다)', '视力会下降(시력이 저하될 수 있다)', '会把眼睛看坏的(눈이 나빠질 거야)', '费眼睛(눈이 소모하다)', '伤眼睛(눈을 상하게 하다)' 등이 다양한 표현이 있다.

예문 (76ㄴ)에서도 입술이 마른 전제를 제기함으로써 물을 마실 것을 더 쉽게 권장한다. 중국어에서도 이유를 들어 권장하는 경우가 많으며 '你嘴唇都起皮了(너는 입술이 다 텄으니)'라는 표현 외에 '你嘴唇太干了(너 입술이 너무 건조해)'라는 표현도 자주 사용한다.

4) 비유 방식

(77) ㄱ. 바늘도둑이 소도둑 된다는 말이 있잖아요.
　　　　(어려서부터 아이의 언행에 주의하여야 한다.)
　　　　俗话说，小时偷针大时偷牛。
　　　　(要从小留心孩子的言行举止。)
　　ㄴ. 냉수도 불어 먹어야지.
　　　　(일 처리는 신중하고 조심성 있게 해야 한다.)
　　　　冷水也要吹着喝。
　　　　(处事要谨慎小心。)

예문 (77ㄱ)에서 '바늘도둑이 소도둑 된다'는 말은 '어릴 때부터 도둑질을 하면 아주 작은 바늘이지만 자라면서 더 많은 것을 훔치게 된다'라는 의미이다. 모든 일은 처음 시작부터 주의를 기울여야 하고, 아이의 습관도 그렇다. 그러므로 이 속담을 사용하여 상대방에게 어릴 때부터 아이의 말과 행동에 주의를 기울이라고 말한다. 중국어에서 비슷한 표현으로는 '勿以恶小而为之 勿以善小而不为(악이 작다고 해서 하지 말고, 선이 작다고 해서 하지 말아야 한다.)', '小洞不补 大洞吃苦(작은 구멍을 막지 않아 큰 구멍이 되면 고생을 한다.)' 등이 있다. 이런 생동감이 있고 격식이 가지런한 속담을 이용함으로써 상대방에게 주의를 줄 때 보다 완곡하고 설득력이 더 있다.

예문 (77ㄴ)에서는 '냉수도 불어 먹는다'는 뜻은 모든 일에 조심하라는 의미이다. 뜨거운 물이 아니더라도 주의해야 한다. 이 속담은 과장된 의미를 가지고 있어서 다른 사람이 듣기에는 좀 황당할 수도 있지만, 이것은 무슨 일이든 그렇게 해야 한다는 것을 표현하고 있다. 중국어에서는 '소심하게 행동한다'는 뜻으로 표현된 속담은 '前虑不定 后有大患(앞일을 걱정하면 뒤탈이 생긴다.)', '谨于言而慎于行(말을 삼가고 행동을 삼가다.)', '三思而后行(세 번 숙고한 다음 행동하다)', '言寡尤 行寡悔(말로는 과실을 줄이고, 행동에는 회한을 줄인다.)' 등이 있다. 이런 속담으로 상대방에게 주의를 줄 때 상대방의 사고와 반성을 우회적으로 불러일으키기 때문에 상대방이 받아들이기가 훨씬 쉽다.

⑩ 지시하기

지시하기는 완곡한 어투로 말할 때 화자의 뜻을 더 잘 알 수 있도록 도와줄 수 있다. 일상에서 리더로서 어떤 일을 하라고 아랫사람에게 지시를 내리는 일은 흔히 있다. 상대에게 어떤 일을 하라고 지시할 때에는 딱딱한 어투가 아니라 상의하는 어투로 바꾸어 '좋습니까?', '될까?' 등처럼 질문 형식으로 끝맺는 것이 보다 완곡한 효과를 나타낼 수 있다. 즉, 청자는 지시를 받는다는 감정을 느끼지 않고 존중받는다는 감정을 갖게 되어 목적 달성에 효과적이다.

1) 모호한 표현 방식

(78) ㄱ. 담임선생님이 네가 사무실에 가라고 한 것 같다.
　　　　(담임 선생님이 네가 사무실에 가라고 했다.)
　　　　班主任好像让你去办公室。
　　　　(班主任让你去办公室。)
　　ㄴ. 담임선생님이 오후에 반회의를 할 것 같다.
　　　　(담임 선생님이 오후에 반회의를 할 것이다.)
　　　　好像班主任下午要开班会。
　　　　(班主任下午要开班会。)

예문 (78ㄱ)에서 원문은 태도가 강한 명령구이기에 일상생활에서 사용하기 부적절하다. 따라서 '-것 같다' 등 추측의 뜻을 가진 표현을 사용하여 확정성을 약화시키는 방식으로 명령의 어투를 줄여 완곡 표현의 목적을 달성하게 한 것이다.

예문 (78ㄴ)에서도 같은 방식을 사용하였다. 중국어에서는 '好像, 也许, 可能(-것 같다)', '我觉得, 我认为(내 생각에…)' 등의 표현을 자주 사용한다.

2) 다른 사실을 들어 비켜하는 방식

(79) ㄱ. 다른 사람들은 보고서를 모두 제출하였는데.
　　　　(빨리 보고서를 작성해 제출해.)
　　　　其他人的报告书都上交了。

(快写报告并上交。)

ㄴ. 뉴스에 의하면 최근에 많은 사람들이 밤을 새서 급사했다고 한다.

(일찍 자.)

新闻上说最近有很多人因为熬夜猝死了。

(早点睡觉。)

예문 (79ㄱ)에서 '다른 사람들은 보고서를 제출하였다'라는 사실을 들어 직접적인 지시를 대체하고 있다. 이를 통해 청자에게 자신의 뜻을 완곡하게 전달하여 더 부드럽게 들리게 한다. 예문 (79ㄴ)에서 '뉴스에 의하면 최근에 많은 사람들이 밤을 새서 급사했다고 한다(熬夜猝死)'라는 사실을 들어 일찍 자라는 직접적인 지시를 대체하여 완곡하게 자기의 뜻을 전달한다. 위의 예문 같은 상황에 중국어에서도 마찬가지로 표현한다.

3) 이유를 들어 표현하는 방식

(80) ㄱ. 내일 수업이 있어서 미리 좀…

(예습하세요.)

明天有课所以…

(提前预习。)

ㄴ. 집에 갈 거야.

(열쇠를 줘.)

我要回家。

(把钥匙给我。)

예문 (80ㄱ)에서 예습하라는 화자의 진실한 목적을 토로하지 않고 예습해야 하는 이유만 제기하여 청자가 스스로 인과관계를 깨닫게 한다. 이런 표현은 더 이상 필요 없는 설명을 생략하여 간략하면서 에둘러 자신의 마음을 전달하였다. 중국에서도 (80ㄱ)같은 상황에 '明天有课(내일 수업이 있어서)'라는 이유를 들어 '提前预习(미리 예습)'라는 뜻을 완곡하게 표현한다.

예문 (80ㄴ)에서 열쇠를 달라(要钥匙)는 명령보다는 집에 가야 하(要回家)는 이유를 제기함으로써 그곳에 꼭 필요한 열쇠라는 미끼를 던져 자신의 생각을 에둘러 표현하였다. 위의 (80ㄱ, ㄴ)과 같은 상황에서 한·중 완곡 표현의 사용 양상은 별 차이가 없다고 본다.

4) 비유 방식

(81) ㄱ. 고기는 씹어야 맛이고, 말은 해야 맛이지요.
(생각한 대로 말해.)
肉只有嚼才能尝出味道, 心里有烦闷的话, 说出来才痛快。
(怎么想的就怎么说。)
ㄴ. 가는 정이 있어야 오는 정이 있지요.
(다음에 네가 그의 집에 갈 때, 선물을 좀 가지고 가거라.)
人心换人心, 人情换人情嘛。
(下次你去他家的时候, 记得带点礼物。)

예문 (81ㄱ)의 '고기는 씹어야 맛이고, 말은 해야 맛이다'라는 말은 고기를 먹는 것에 비유한 것으로, 고기는 씹어야 향이 나고 말은 해야 시원하다는 뜻이다. 이 속담으로 상대방에게 '생각하는 대로 말하라'라고 지시를 한다. 중국어에서 '고기는 씹어야 맛이고, 말은 해야 맛이다'는 속담과 같은 뜻으로 된 표현은 '话不说不明 肉不嚼不香(말하지 않으면 분명하지 않다, 고기가 씹히지 않으면 고소하지 않다)', '灯不点不亮(등불이 켜지지 않이 커지지 않다)', '话不说不明/话不说不明 钟不敲不响(종을 치지 않으면 울리지 않는다)', '话不说不明/话不说不明 理不辩不清(이치를 따질지 않으면 분명하지 않다)' 등이 있다.

예문 (81ㄴ)에서 '가는 정이 있어야 오는 정이 있다'는 말은 예의를 갖추라는 뜻이다. 그래서 '다음엔 남의 집에 갈 때 선물을 좀 가지고 가거라'라는 지시 대신 이 속담을 인용한 것이다. 직접적인 지시는 다른 사람이 듣기에 명령으로 바뀔 수 있다. 중국어에서는 한국어 속담처럼 '가는 정이 있어야 오는 정이 있다', '가는 말이 고와야 오는 말이 곱다'라는 표현을 사용하지 않고, 대신 '礼尚往来(예의상 선물을 받으면 답례를 해야 한다)', '有来有往(자신이 받은 박해에 대하여 똑같이 갚다)', '投桃报李(복숭아를 선물 받고 자두로 답례하다)' 등 표현을 주로 쓴다.

3.2.3. 태도 표현하기

① 동의하기

1) 모호한 표현 방식

(82) ㄱ. 나는 너의 관점이 어느 정도 도리가 있는 것 같다고 생각해.
　　　(나는 너의 관점을 동의해.)
　　　我觉得你的观点某种程度上可能还有点道理。
　　　(我同意你的观点。)
　　ㄴ. 저도 이 집 음식이 저 집보다 더 맛있는 것 같다고 생각해요.
　　　(이 집 음식이 저 집보다 더 맛있다.)
　　　我也认为这家的食物可能比那家更好吃。

(这家的食物比那家的更好吃。)

　　예문 (82ㄱ)에서 '-것 같다'라는 자신의 주관적인 주장을 강조하는 표현을 사용하여 화자가 상대방의 주장이나 견해에 동의한다는 것을 완곡하고 겸손하게 표현하였다. 예문 (82ㄴ)에서도 '-것 같다'라는 표현을 사용하여 일반적인 사동이나 명령보다 더욱 부드럽게 들리게 한다. 중국어에서도 '我觉得', '我认为' 등처럼 자신의 사견을 표현하는 문장을 통해 완곡한 목적을 달성하며, '可能', '也许', '大概' 등 추측 표현도 함께 사용해서 더욱 완곡한 효과를 가진다.

2) 다른 사실을 들어 비켜하는 방식

(83) ㄱ. 더 먹으면 괴물이 와서 잡아 갈 거야.
　　　 (더 먹지 마.)
　　　 再吃的话会有小怪兽过来抓你的。
　　　 (别吃了。)
　　ㄴ. 계속 끌고 안 헤어지면 꽃도 다진다.
　　　 (계속 안 헤어지면 너의 시간만 낭비돼.)
　　　 继续拖着的话花都會凋谢的。
　　　 (再不分手的话只会浪费你的时间。)

　　예문 (83ㄱ)에서 딱딱한 '더 먹지 말라'라는 말투의 명령보다 '더 먹으면 괴물이 잡아간다'라는 귀여운 괴담 표현을 통하여 자신의 마음을 완곡하면서 상대방이 쉽게 받아들일 수 있게 한다. 중국어에서도 보통 '아이한테 사탕이나 과자를 먹지 말라'고 얘기할 때 '再吃的话会有小怪兽过来抓你的'라는 표현을 자주 쓰인다.

예문 (83ㄴ)에서 '시간'을 다른 사실인 '꽃의 주기(周期)' 로 비켜, 시간이 낭비된다는 직접 표현을 사용하는 대신, 우회적으로 표현했다. 한국어에서 '꽃이 다 진다'는 말은 중국어에서는 '凋谢', '凋零',' 败了', '枯萎' 등 표현을 주로 쓴다.

3) 이유를 들어 표현하는 방식

(84) ㄱ. 걔는 성격도 좋고 예쁘잖아.
　　　(걔는 좋아.)
　　　她性格也好, 又漂亮。
　　　(我喜欢她。)
　　ㄴ. 난 오늘 약속이 없어.
　　　(너랑 같이 갈게.)
　　　我没有安排。
　　　(和你一起去。)

예문 (84ㄱ)에서 '그 사람을 좋아한다'는 직설적인 고백보다 성격도 좋고 예쁘(性格好, 又漂亮)다는 이유를 말함으로써 그를 좋아하는 마음을 함축적이면서 완곡하게 표현하였다.

예문 (84ㄴ)에서 약속이 없다는 원인을 제기하여 자연스럽게 시간이 있어 같이 가게 될 수 있다는 결과를 이끌어 내어 대화의 부드러운 분위기를 만들어 준다. 중국어에서도 직접적으로 자신의 마음을 표현하는 것을 꺼려한다. 그래서 예문 (84ㄱ)에서 '性格好, 漂亮' 등 외면적이면서 다른 각도로 상대방을 선호하는 마음을 표현하였으며, 예문 (84ㄴ)에서 '没有安排'라는 원인을 제기하여 간접적으로 갈 수 있다는 것을 알려준다.

4) 비유 방식

 (85) ㄱ. 전시 시험장에서 임금님께서 나에게 꽃을 주었다.
    (전시에서 나는 합격되었다.)
    在殿试考场, 皇帝赐给我了花。
    (我殿试合格了。)
   ㄴ. 재판장은 판결 결과를 선포한 후 의사봉 두드렸다.
    (법률적으로 재판 결과에 동의 했다고 판결 내렸다.)
    法官宣布判决结果以后敲了法槌。
    (法律认定判决生效。)

 예문 (85ㄱ)에서 '꽃'은 '합격'의 상징을 가지고 있어 '임금님에게서 꽃을 받았다'는 것은 곧 '합격되었다'는 것을 의미하며, 비유의 수법으로 상징적으로 표현하였다. 중국어에서는 예전부터 여러 가지 사물에 상징의 뜻을 부여하여 자신의 뜻을 완곡하고 함축적으로 표하는 경우가 많다. 특히 왕궁에 있는 사람들이 더욱 예의와 함축성을 강조한다. 예문에서 '꽃'은 '아름다움(美丽)'과 '희망(希望)'의 상징을 가졌으며, '꽃(花)을 주는 것'으로 '합격된다'는 것을 완곡하게 표현한다.

 예문 (85ㄴ)에서 '법률'을 상징하는 '의사봉'을 두드림으로써 '판결의 선포'를 나타내고 그 결과가 유효하다는 것을 에둘러서 표현한다. 중국어에서는 사물이나 인물을 상징화하여 자신의 의도를 표현한다. 예를 들면 '盖上公章', '贴上封条', '点头' 등이 그것이다.

② 반대하기

1) 모호한 표현 방식

 (86) ㄱ. 저는 이 일을 할 수 없을 것 같아요.
    (저는 이 일을 할 수 없어요.)
    我觉得我做不了这件事情。
    (我做不了这件事。)
   ㄴ. 전 오늘 나갈 수 없을 것 같아요.
    (저 오늘 나갈 수 없어요.)
    我觉得我今天出不去。
    (我今天不能出去。)

 예문 (86ㄱ)에서 '-것 같다'라는 추측의 뜻을 가진 표현을 사용하여 자신이 할 수 없다는 태도를 알려주는 동시에 거절하는 것을 모호하게 하여 청자가 더 쉽게 받아들이도록 한다.
 예문 (86ㄴ)에서도 '-것 같다'라는 표현을 사용하여 나가기 싫다는 마음을 완곡하게 표현하였다. 중국어에서 '我觉得', '可能'의 표현이 이에 대응된다. '觉得', '认为'는 중국어에서 추측의 뜻을 표현하는 뿐만 아니라, 자신의 뜻을 완곡하게 표현하는 경우에도 쓰인다.

2) 다른 사실을 들어 비켜하는 방식

 (87) ㄱ. 다시 한 번 고려해 주셨으면 합니다.
    (이렇게 하시면 안 됩니다.)

希望您三思。

(不可以这样做。)

ㄴ. 부모님의 동의 없이는 계약하기 어렵습니다.

(부모님의 동의 없이는 계약 못 한다.)

没有父母的同意难以签约。

(没有父母的同意不可以签约。)

예문 (87ㄱ)에서 '다시 한 번 고려하라'는 다른 사실을 들어 직접적인 거절을 대체하고 있다. 이런 표현은 청자에게 자신의 마음을 완곡하게 전달하여 더 부드럽게 들리게 한다. 중국어에서 '三思而后行(세 번 생각한 후에 행하라)'이라는 말이 있는데 '더 고려하고 행동하라'는 뜻이다. 여기서 '三思하라'는 말인즉 '이렇게 하면 안 된다'는 것이라고 알려준다.

예문 (87ㄴ)에서도 '계약하기 어렵다'는 사실로 직접적인 거절을 대체하여 완곡함을 표현하고자 하는 목적에 도달하게 한다. 중국어에서 '很难', '难以' 등 표현으로 달성 가능성이 낮다면서 직접적인 거절 대신 완곡하게 표현한다.

3) 이유를 들어 표현하는 방식

(88) ㄱ. 저 집 음식이 맛없어요.

(저는 그 식당에 가기 싫어요.)

那家的东西不好吃。

(我不喜欢去那个食堂。)

ㄴ. 오늘은 토요일이야.

(오늘은 학교에 안 가요.)

今天是周六哦。

(今天不去学校。)

예문 (88ㄱ)에서 말하는 사람이 식당에 가기 싫은 이유를 음식이 맛이 없다는 것으로 완곡하게 전달하였다. 예문 (88ㄴ)에서는 '오늘은 토요일이라'는 전제를 제기하여 '학교에 안 가도 된다'는 결과를 암시하였다. 중국어에서는 직접적인 거절이나 자신의 뜻을 그대로 표현하는 것을 피하는 것이 문화적 분위기가 있는 표현으로 본다. 예문 (88ㄱ)처럼 '不好吃(맛없다)'라는 원인이나 핑계로 거절의 뜻을 표현한다든가, 아니면 기타 객관적인 조건을 예로 들어 자신의 뜻을 완곡하게 표현하는 것들이 그것이다.

4) 비유 방식

(89) ㄱ. 하늘이 무너져도 솟아날 구멍이 있으니 너무 빠른 판단을 하지 마세요.
(그 애는 꼭 살아남을 것이다.)
天无绝人之路, 不要轻易下判断。
(那孩子一定能活下来。)
ㄴ. 사실 우리 집도 서발 막대 거칠 것 없어…
(사실 우리 집도 잔돈이 없어 돈을 못 빌려준다.)
其实我家也穷得揭不开锅了。
(我家也没有能力帮助你。)

예문 (89ㄱ)에서 '하늘이 무너져도 솟아날 구멍이 있다'라는 속담을 인용하여 '그 애는 살아남을 것 같다'라는 자신의 주장을 완곡하고 에둘러 표현하였다. 예문 (89ㄴ)에서 과장의 수법으로, 자기도 어려워 도와주기 힘들다는 것을 함축적으로 표현하였다. 중국어에서도 비유법, 과장법, 상징법 등 수사법, 아니면 성구 속담으로 자신의 주장을 알려준다. 예문 (89ㄱ)에서 '하늘이 무너져도 솟아날 구멍이 있다'라는 표현을 중국에서 쓰지 않고, 그 대신 '天无绝人之路', '车到山前必有路'로 그 아이가 반드시 살아날 수 있다는 자신의 관점을 강조한다. 예문 (89ㄴ)에서 과장법으로 '穷得揭不开锅', '一穷二白', '家徒四壁', '饥寒交迫' 등 표현을 사용했다. 사실은 굶어 죽을 정도로 가난한 것이 아니지만 과장법으로 자신도 돈이 없어 못 빌려 준다는 것을 완곡하게 보여준다.

③ **부인하기**

1) 모호한 표현 방식

   (90) ㄱ. 저건 별로 쉽지 않을 것 같아요.
        (저건 쉬운 일이 아닙니다.)
        那个看起来不太容易。
        (那件事不容易。)
     ㄴ. 저 유리창은 문수 씨가 깬 것 같아요.
        (저 유리창은 제가 깬 것이 아니에요.)
        那个玻璃好像是文秀打碎的。
        (那玻璃不是我打碎的。)

예문 (90ㄱ)에서 '-것 같다'라는 추측의 뜻을 가진 표현을 사용하여 자신의 주장이나 견해의 확신성을 줄이고 보다 모호하고 완곡하게 전달하였다. 예문 (90ㄴ)에서도 마찬가지로 추측의 관용형을 사용하여 겸손하게 표현했다. 중국어에서도 '看起来', '好像', '也许', '大概', '可能' 등의 표현이 있는데, 이것과 비슷하게 사용된다. 추측의 뜻을 가졌지만 중국어에서는 자신의 마음을 완곡하게 전달하는 표현으로 자주 사용한다. 이런 표현 외에 또 '认为', '应该', '觉得' 등 자신의 주관적인 판단이 담긴 표현도 자주 사용한다.

2) 다른 사실을 들어 비켜하는 방식

    (91) ㄱ. 나 어제 아프다고 한 지혜가 쇼핑하는 것을 봤는데.
           (지혜는 아픈 척을 했다.)
           我昨天看到说自己不舒服的智慧在逛街。
           (智慧在装病。)
      ㄴ. 어제 엄마가 나를 픽업해 줬어.
           (엄마가 용의자 아니다.)
           昨天是妈妈接的我。
           (妈妈不是嫌疑者。)

예문 (91ㄱ)에서는 화자가 직접 본 사실 얘기를 통하여 지혜가 아픈 척을 했다는 사실을 암시한다. 예문 (91ㄴ)에서는 엄마가 자기를 픽업해 준 사실을 들어 자기랑 계속 있다는 것을 강조하여 엄마가 용의자가 아님을 에둘러 표현하였다. 중국어에서 '昨天是妈妈接的我'라는 표현으로 엄마가 용의자 아닌 것을 알려준다. 위의 두 예문 같은 상황에서 한·중 완곡 표현의 사용 양상을 비슷하게 사용한다고 볼 수 있다.

3) 이유를 들어 표현하는 방식

(92) ㄱ. 사람들이 다 섭섭한 표정으로 나와요.
　　　　(거긴 문을 안 열었다.)
　　　　大家看起来都闷闷不乐的。
　　　　(那里没开门。)

　　　ㄴ. 다들 다 열심히 공부하고 있어서 지금 쉬는 시간이 아닌 것 같아요.
　　　　(지금 쉬는 시간 아니예요.)
　　　　大家都在认真学习，所以应该不是休息时间。
　　　　(不是休息时间。)

예문 (92ㄱ)에서는 섭섭한 표정으로 나온다는 행인들의 모습 묘사를 통하여 문이 안 열렸다는 것을 암시한다. 중국어에서 '섭섭한 표정'은 '闷闷不乐的 表情', '不开心的表情', '阴沉沉的表情', '郁闷的表情' 등 표현으로 흔히 쓴다. 예문 (92ㄴ)에서는 다른 사람들이 다 열심히 공부하고 있다는 것을 드러내어 쉬는 시간이 아니라는 것을 완곡하게 표현하고 있다. 게다가 모호 표현인 '-ㄴ 것 같다(可能, 也许, 大概, 应该)'를 함께 사용해서 더 명확한 완곡 효과를 나타낸다. 이 상황에서 한·중 완곡 표현의 사용 양상을 보면 차이가 없다고 본다.

4) 비유 방식

(93) ㄱ. 원숭이도 나무에서 떨어질 때가 있다는 말이 있지 않니?
　　　　(아무리 잘해도 실수할 수 있다.)
　　　　都说人有失手，马有失蹄。

(再怎么优秀的人也会失手。)

ㄴ. 그녀는 안 했다고 시치미를 뚝 뗐다.
(그녀는 안 했다고 거절했다.)
她假装不知, 矢口否认是自己做的。
(她否认是自己做的。)

예문 (93ㄱ)에서 '원숭이도 나무에서 떨어질 때가 있다'라는 속담을 인용하여 아무리 잘해도 사람은 꼭 실수한다는 자신의 반대적인 주장을 완곡하게 제기하였다. 중국어에서도 직설적인 표현을 줄이고 성어나 속담을 사용하여 완곡하게 표현한다. 중국어에서는 '人有失手, 马有失蹄(달리기 잘 하는 말도 실수를 하는데 사람이 어찌 실수를 못 하는가)', '智者千虑, 必有一失(지혜로운 사람이라도 천 번의 생각 중에 한 번쯤은 반드시 실수가 있다)' 등 속담으로 '실수해도 괜찮다'는 뜻을 완곡하게 보여준다.

예문 (93ㄴ)에서는 '시치미를 떼다'를 사용하여 그녀가 거절했다는 것을 문화적인 방법으로 에둘러서 표현하였다. 중국어에서는 '假裝不知道发生了什么事情', '保持沉默' 등 표현으로 자신의 한 일을 모른 척하고 부인한다는 것을 완곡하면서 에둘러서 표현한다.

④ 추측하기

1) 모호한 표현 방식

(94) ㄱ. 이 책을 어디서 본 것 같은데.
(이 책은 내 것이다.)
这本书好像在哪见过。

(这本书是我的。)

ㄴ. 어제 그가 몰래 여기에 온 것 같다.

(물건은 그가 훔쳤다.)

昨天他好像偷偷地来过这里。

(东西是他偷的。)

예문 (94ㄱ)에서 '이 책을 어디서 본 것 같다'라는 모호한 표현을 사용하여 완곡하게 상대방에게 이 책이 자기 것임을 알려 준다. 중국어에서는 흔히 '好像在哪见过(어디서 본 것 같다)', '眼熟(눈에 익숙하다)', '面熟(낯익다)' 등 표현을 사용한다.

예문 (94ㄴ)에서 '-것 같다'라는 추측의 뜻을 가진 모호한 표현을 사용하여, 상대방이 듣기에 불쾌감을 줄 수 있는 어휘를 피하고 완곡하게 자기의 뜻을 전달한다. 중국어에서 흔히 '好像', '可能', '也许', '大概' 등 추측 표현을 통해 모호한 효과를 가진다.

2) 다른 사실을 들어 비켜하는 방식

(95) ㄱ. 옛날에 이순신 장군님이 승리할 수 있었던 원인은 끝까지 준비를 하였기 때문이라고 들었다.

(지금같이 아무런 준비도 없이는 도저히 못 이길 것 같다.)

以前李顺先将军百战不殆的原因是直到最后都做好了准备。

(现在这样毫无准备的话是没有胜算的。)

ㄴ. 친구 표정을 보니 아마 이 음식이 맘에 안 드는 모양이다.

(친구가 이 음식이 맘에 안 든다.)

看朋友的表情, 她好像不喜欢这道菜。

(朋友不喜欢这道菜。)

예문 (95ㄱ)에서 이순신 장군에 관한 사실을 들어 만사가 준비되어야 한다는 화자의 주장을 제기함으로써 지금으로서는 이기기 힘들다는 것을 완곡하고 부드럽게 표현하고 있다. 또 역사 사실을 인용하면 더욱 설득력이 있다. 예문에서 나타나지 않았지만 중국어에서도 자신의 역사를 보통 '战国时期的孙武(전국시대의 손무)', '秦国的白起(진나라의 백기)', '汉朝的韩信(한나라의 한기)' 등 연승 장군으로 예로 들어 상대방을 설득하고 자신의 뜻을 함축적으로 전달한다.

예문 (95ㄴ)에서 친구가 이 음식을 좋아하지 않는 것을 그의 표정을 지적함으로써 자신의 추측을 합리화하고 있다. 또 '아마'라는 추측의 뜻을 가진 어휘로 완곡하고 함축하게 표현한다. 한 사물이 맘에 안 드는 걸 표현할 때 중국어에서는 '这个会更好', '不太适合我', '我驾驭不住', '我无法承担' 등 자신의 감당할 수 있는 범위 밖이라는 것을 알려주어 완곡하게 표현한다.

3) 이유를 들어 표현하는 방식

(96) ㄱ. 날씨가 흐려져서 비 올 것 같은데.
    (날씨 때문에 체육대회 취소될 것 같다.)
    天变阴了，看起来要下雨了。
    (因为天气原因运动会可能会取消。)
ㄴ. 의사인 어머니께서 더 엄격하시지 않을까?
    (어머니께서 더 엄격하셔.)
    妈妈身为医生会不会更严格呢？
    (妈妈更严格哦。)

예문 (96ㄱ)에서는 체육대회가 취소될 것 같은 사실을 직접 들어 대화의 분위기를 다운시키는 것보다 그렇게 된 이유 즉, 날씨가 나빠진 것(阴沉, 变阴)으로 결과를 암시해 주고 완곡을 표현하고자 하는 목적에 달성하게 한다.

예문 (96ㄴ)에서도 어머니께서 엄격하신 이유를 들어 더욱 부드럽게 표현하고 있다. 그리고 추측의 말투가 포함되어 있어 더욱 완곡하고 부드럽다. 중국어에서 '会不会', '也许会', '可能会', '大概会(-지 않을까)' 등으로 상대방에게 질문을 다시 던져주는 방식을 사용한다. 이런 표현은 자신의 뜻을 얘기하고, 상대방이 자신의 뜻을 깨닫게 하게 한다.

4) 비유 방식

(97) ㄱ. 한길 물속은 알아도 열길 사람 속을 어떻게 알겠습니까?
　　　　(그 사람을 믿으면 안 된다.)
　　　　知人知面不知心。
　　　　(不可轻信他。)
　　ㄴ. 뛰어가는 뱁새보다 날아가는 황새가 더 좋지 않을까?
　　　　(일반 가정보다 재벌을 선택하자.)
　　　　比起跑步的鸦雀, 天上飞的黄鹤不是更好吗？
　　　　(比起一般家庭的, 还是选择富足的吧。)

예문 (97ㄱ)에서는 사람의 속셈을 알기 어렵다는 뜻을 가진 속담을 사용하여 '그 사람을 믿으면 안 된다'라는 진실된 얘기를 에둘러 설명하고 있다. 중국어에서는 흔히 성구나 속담으로 자신의 뜻을 완곡하게 표현한다. '知人知面不知心(사람은 겉만 보고 모른다)', '画虎画皮难画骨(범을 그리는데 가죽을 그리기는 쉬워도 뼈는 그리기 힘들다)' 등 성구나 속담으로 상대방을 쉽게 믿으면 안 된다는 것을 알려준다.

예문 (97ㄴ)에서는 완전히 다른 계급의 사람을 각기 '뱁새'와 '황새'에 비유하여 대화 속 조건이 더 좋은 쪽을 선택하자는 말을 암묵적으로 표현하고 있다. 중국어에서는 (97ㄴ)과 같은 경우에 보통 '人往高处走 水往低处流(사람은 높은 데로 가고 물은 낮은 데로 흐른다)'라는 관용 표현을 통해 완곡한 뜻을 전달한다.

⑤ 문제 제기

1) 모호한 표현 방식

(98) ㄱ. 내가 더 잘 할 것 같은데?
　　　　(내가 더 잘 해.)
　　　　我觉得我能做得更好？
　　　　(我做得更好。)
　　ㄴ. 지혜를 믿으면 안 될 것 같다고 그녀가 그렇게 말했는데?
　　　　(지혜를 믿으면 안 된다.)
　　　　她说她觉得不能相信智慧。
　　　　(不能相信智慧。)

예문 (98ㄱ)에서는 추측의 뜻을 가진 관용형을 사용하여 확정적인 사실을 가리키지만 듣게 되는 확정성을 모호하게 하여 청자가 보다 더 부드럽고 완곡하게 받아들이게 된다. 예문 (98ㄴ)에서도 단호하게 지혜를 믿으면 안 된다는 주장을 '-것 같다'라는 모호한 표현을 사용하여 더욱 모호하게 전한다. 중국어에 흔히 사용하는 '觉得', '认为' 등 추측의 뜻을 가진 문법은 추측의 뜻을 표현하는 뿐만 아니라, 자신이 진정으로 전달하려는 마음을 완곡하고 에둘러서 사용할 때가 많다. 뿐만 아니라 '认为', '应当' 등 자신의 주장을 표현하는 문법도 마찬가지로 사용한다.

2) 다른 사실을 들어 비켜하는 방식

(99) ㄱ. 난 내 짝꿍이 더 좋은데 짝꿍이랑 한 팀하면 안 돼?
(난 너랑 같이 하기 싫어.)
我更喜欢我同桌，我能不能和我同桌合作？
(我不想和你合作。)
ㄴ. 그 집 빵이 너무 달달하지 않아?
(그 집 빵이 내 입맛에 맞지 않다.)
那家面包太甜了不是吗？
(那家店的面包不符合我的口味。)

예문 (99ㄱ)에서는 화자가 자신의 주장을 직접 제기하는 것보다 자기 짝꿍이 더 좋다는 다른 사실을 들어 자기 짝꿍이랑 한 팀을 하겠다는 진실한 생각을 완곡하게 전달하고 있다. 중국어에서는 흔히 자신이 싫어하는 마음을 직접적으로 표현하는 것을 외면하며 다른 각도나 사실을 들어 자신의 마음을 완곡하게 표현한다. 예문 (99ㄱ)과 같은 상황에 '更喜欢'라는 표현으로 같이 하기 싫다는 것을 완곡하게 표현한다.

예문 (99ㄴ)에서도 빵의 맛을 지적하는 것으로 자신의 입맛에 맞지 않는다는 것을 에둘러 알려주고 있다. '-지 않아?'라는 표현은 중국어에서 흔히 '是不是?', '不是吗？', '难道不是？' 등 표현으로 대용할 수 있다.

3) 이유를 들어 표현하는 방식

    (100) ㄱ. 올해 코로나 때문에 장사 잘 안 되는 거 아니야?
           (올해는 망했다.)
           今年是不是因为疫情生意不太好？
           (今年完了。)
      ㄴ. 우리 요즘 너무 힘든게 사실 아니야?
           (우리 이제 그만 만나자.)
           我们最近是不是都太累了？
           (我们还是分手吧。)

예문 (100ㄱ)에서는 올해 장사가 망한 이유 즉, 코로나라는 이유를 제기하여 경제가 활발하지 않다는 것을 함축적으로 얘기함으로써, 최대한 분위기를 살렸다. 예문 (100ㄴ)에서는 너무 힘들어서 헤어지자는 생각을 가지게 되었다는 인과 관계를 들어 두 사람의 헤어짐을 에둘러 표현하고 있다.

    중국어에서는 흔히 다른 객관적인 사실이나 사람으로 자신의 마음을 측면적으로 알려준다. 위의 두 예문에서 '-는 거 아니야?'에 대응하는 중국어 표현은 '不太', '不大', '不怎么' 등이 있다.

4) 비유 방식

    (101) ㄱ. 툭 하고 쉽게 끊어지는 게 친구들과의 연락이지 않습니까?
           (친구는 쉽게 잃어지는 존재다.)
           难道朋友和朋友之间联系不是啪一下就会断吗？
           (维持友谊很难。)

ㄴ. 바람처럼 스쳐 가는 게 인연이라고 하지 않습니까?

(사람의 인연은 쉽게 사라진다.)

不都说如风一般的缘分嘛？

(人的缘分很容易消失。)

예문 (101ㄱ)에서 친구와의 인연이 툭 하고 쉽게 끊어진다는 표현으로, 친구를 사귀는 것은 쉽지만 우정을 간직하는 것이 어렵다는 사실을 완곡하게 전해준다. 이 상황에서 중국어에서도 비슷한 표현으로 완곡한 뜻을 나타낸다. 예문 (101ㄴ)에서 사람의 인연을 바람에 비유하여 바람처럼 쉽게 사라지는 인연을 아끼라는 화자의 주장을 완곡하게 전달하고 있다.

중국어에서 '쉽게 사라진다'는 완곡 표현은 '如风一般', '转瞬即逝', '昙花一现', '稍纵即逝' 등이 있다.

⑥ 의도 표현하기

1) 모호한 표현 방식

(102) ㄱ. 엄마는 일 때문에 내일 올 것 같다.

(엄마는 오늘 못 올 거야.)

妈妈因为工作可能明天才回来。

(妈妈今天不会回来了。)

ㄴ. 시간이 더 지나면 비가 와서 밖을 나가기가 불편할 것 같아요.

(늦을 테니까 빨리 돌아가세요.)

在晚点下雨的话出行会更加不方便。

(很晚了还是快点回去吧。)

예문 (102ㄱ)에서는 자신이 못 오겠다는 의도를 직접 말하는 것보다 '-것 같다'는 추측의 뜻을 가진 표현을 사용하였으며, 또 다른 이유를 추가하여 자신이 못 온다는 결과를 에둘러서 더 부드럽게 전달해 준다. 예문 (102ㄴ)에서도 마찬가지로 '-것 같다'는 추측문은 사용하여 가라는 말을 직접 하는 것보다 더 완곡하고 부드럽게 전달하고 있다.

중국어에서는 이런 추측의 뜻을 가진 표현으로 자신의 마음을 간접적으로 에둘서 완곡하게 사용하는 경우가 많다. 뿐만 아니라 '认为', '应该' 등을 이용하여 자신의 주관적인 관점을 에둘러서 표현할 때도 있다.

2) 다른 사실을 들어 비켜하는 방식

(103) ㄱ. 이웃집 지혜는 엄청 활발하고 해맑던데.
        (우리 아들은 말이 너무 적어서 걱정이다.)
        邻居家智慧就很活泼开朗啊。
        (我们家儿子话太少了, 所以很担心。)
    ㄴ. 지금 이 점수로는 일반대학 가기도 어렵습니다.
        (성적이 안 좋으니 더 노력해야 합니다.)
        这个分数去一般大学都很困难。
        (成绩不行, 需要多加努力。)

예문 (103ㄱ)에서 이웃집 지혜의 사실을 들어 자신의 자식과 비교하면서 자신의 아들이 말이 적어 근심됨을 암시하였다. 비난적인 서술을 피하였으며 다른 사실로 비켜하여 더욱 완곡하고 부드럽게 전해진다. 중국어에서 '活泼开朗', '活力四射', '活泼好动', '活泼豁达', '乐观向上' 등 표현을 이용하여 '활발하고 해맑다'는 뜻을 표현한다.

예문 (103ㄴ)에서는 '성적이 안 좋다'고 하는, 상대방이 들으면 부담스러워 하는 표현을 사용하는 것보다 이 전제 조건이 가져오는 결과, 즉 일반대학에 가기 어렵다는 결과를 미리 얘기함으로써 상대방이 상대적으로 받아드리기 쉽게 한다. 성적에 관한 완곡 표현은 중국어에서 '需要抓把劲', '打起精神', '振作起来' 등이 있다.

3) 이유를 들어 표현하는 방식

(104) ㄱ. 이 바지의 디자인은 매우 정교하다.
       (이 바지를 사고 싶다.)
       这条裤子的设计非常精致。
       (我想买这条裤子。)
    ㄴ. 예쁘지만 내 이상형 아니야.
       (나는 거절할 거야.)
       虽然很漂亮, 但不是我喜欢的类型。
       (我会拒绝的。)

예문 (104ㄱ, ㄴ)에서 다 이유를 들어 표현하는 방식으로 자기의 뜻을 더 완곡하게 표현한다. 예문 (104ㄱ)에서 바지를 사고 싶다는 의도를 직접 말하지 않고 좋아하는 이유를 통해 완곡하게 표현한다. 예문 (104ㄴ)에서 직접 거절하면 상대방의 자존심이 상하게 할 수 있기에, '예쁘지만 내 이상형은 아니야'라는 표현을 통해 완곡하게 거절한다. 중국어에서는 '이상형'이라는 표현을 대신에 '取向(취향)', '菜(요리)' 등 표현을 흔히 사용한다. 위의 상황에서는 한국어와 중국어에서 완곡 표현의 사용 양상이 별로 차이가 없다고 본다.

4) 비유 방식

 (105) ㄱ. 벌레도 밟으면 꿈틀거려.
    (사람 함부로 괴롭히지 마.)
    兔子急了也会咬人。
    (不要随便欺负人。)
   ㄴ. 낮말은 새가 듣고 밤말은 쥐가 들어.
    (항상 입 조심해.)
    隔墙有耳。
    (管好自己的嘴。)

 예문 (105ㄱ)에서 사람을 벌레에 비유하여 아무리 나약한 사람이라도 괴롭히면 반박할 수 있으니 선을 지키라는 화자의 주장을 에둘러 표현하고 있다. 중국어에서도 흔히 성어, 속담으로 자신의 뜻을 완곡하게 표현한다. 중국어에서 '벌레도 밟으면 꿈틀거리다'는 표현은 잘 안 쓰고, '兔子急了也会咬人(토끼도 급하면 사람을 문다)', '狗急了也会跳墙(개도 급하면 담장을 뛰어 넘는다)' 등 표현을 주로 쓴다.
 예문 (105ㄴ)에서는 흔히 보는 속담을 인용하여 사람은 항상 밀조심을 해야 한다는 것을 암묵적으로 표현하고 있다. '낮말은 새가 듣고 밤말은 쥐가 들어'라는 것은 한국어에서 특유한 표현이고, 중국어에서는 같은 뜻으로 '隔墙有耳(벽에 귀가 있다)', '属垣有耳(벽에 귀가 붙어 있다)' 등이 있다.

⑦ 바람·희망·기대 표현하기

1) 모호한 표현 방식

(106) ㄱ. 내가 보기에 너는 요즘 늦게까지 잠을 못 잔 것 같은데.
(다들 일찍 쉬고 싶어서 당신이 밤에 일찍 잘 수 있었으면 좋겠다.
我看你最近到很晚都没睡。
(大家想早点休息, 所以希望你晚上能早点睡觉。)

ㄴ. 어머니께서 이제 나실 것 같으니까 너도 빨리 너의 생활을 되찾았으면 좋겠다.
(어머니께서 이제 나실 거니까 너도 빨리 너의 생활에 신경을 써라.)
妈妈病情有所好转, 所以也希望你能找回你的生活。
(妈妈病情有所好转, 你也多对你自己的生活上心。)

예문 (106ㄱ)에서는 '-같은데(好像, 也许, 大概)'라는 추측의 뜻을 가진 어휘로 사실의 확실성을 줄이고 자기의 주관 감정이 더 들어가게 하여 보다 부드럽게 일찍 잤으면 하는 바람을 표현한다. 중국어에서 '내가 보기에'와 대응하는 말은 '我认为', '我觉得', '我看' 등이 있다.

예문 (106ㄴ)에서 '좋겠다'라는 추측의 뜻을 가진 어휘로 자신의 생활에 신경 썼으면 하는 바람을 표현한다. 중국어인 경우에는 이 표현이 추측의 뜻을 나타내지만 자신의 희망이나 바람을 강조하여 표현하기도 한다. '妈妈病情看起来有所好转, 希望你能找回你的生活'라는 예문에서 문장의 중점은 뒤 구절에 있으며 상대방에 대한 관심을 알려준다.

2) 다른 사실을 들어 비켜하는 방식

 (107) ㄱ. 빨리 부인의 기쁜 소식을 듣기를 바랍니다.
    (부인께서 하루빨리 득남하시길 바랍니다.)
    希望早日听到夫人您的好消息。
    (希望夫人早生贵子。)
   ㄴ. 해가 뜨기 전의 새벽이 제일 어두우니 조금만 더 버티면 곧 그 길이 보일 겁니다.
    (계속 네 일을 하면 사로가 잡힌다.)
    黎明前的日出最黑暗, 再坚持一下就能看到前路了。
    (继续做你的事情, 会有头绪的。)

 예문 (107ㄱ)에서는 상대에게 일찍 아들을 낳기를 바라는 마음을 솔직하게 표현하면 부담이 되기 때문에 '좋은 소식'이라는 표현으로 대신하여 상대에게 부담감을 덜 주고 기분도 좋아질 수 있게 표현한다. 중국어에서도 흔히 자신의 마음을 에둘러서 표현하는 경우가 많은데 예문 (107ㄱ)에서 임신에 관한 금기어 대신 '좋은 소식'이라는 표현을 사용하였다. 임신에 관한 완곡어에는 또 '喜事', '有喜' 등 비슷한 표현이 있다.
 예문 (107ㄴ)에서는 '해가 뜨기 전의 새벽이 제일 어둡다(黎明前最黑暗的时刻)'는 말로 '어두운 새벽'을 '현재'로, '해'를 '현재를 넘은 희망'으로 비유하여, 포기하지 말고 끝까지 하라는 기대를 표현한다. 이 상황에서 한·중 쓰는 표현은 별 차이가 없다고 본다.

3) 이유를 들어 표현하는 방식

(108) ㄱ. 새 학기인 만큼 선생님께서는 우리가 미래의 블랙호스가 되길 바라신다.
(새 학기인 만큼 선생님께서는 우리에 대한 요구가 더 많으시다.)
因为是新学期，老师也希望我们能成为黑马。
(因为是新学期，老师对我们的要求太多了。)

ㄴ. 전체적으로 어려우니 살 수 있기를 기도한다.
(전체적으로 어려워서 할 수 있는 것이 없다.)
大家都很难，只能祈祷能活下去。
(大家都很难，真的无能为力了。)

예문 (108ㄱ)에서 선생님께서 엄하게 요구하신 이유가 '새 학기'라는 것을 지적하고 있다. 즉 전제 조건을 알려주어 선생님의 요구를 보다 잘 받아들일 수 있게 전달해 준다. '블랙호스'라는 표현은 중국어에서 '黑马', '半路杀出个程咬金' 등으로 쓰이는데, '범상치 않은 인물'을 형용한다.

예문 (108ㄴ)에서 '할 수 있는 것이 없다'는 실망스러운 표현보다, '기도'라는 미래에 대한 기원을 표현함으로써 완곡하게 전한다. 중국어에서도 비슷한 표현으로 완곡하게 의사를 전달한다.

4) 비유 방식

(109) ㄱ. 그는 올해 3학년이 되었기 때문에 가족들은 그를 장중보옥으로 여겼다.
(그는 올해 3학년이 되었기 때문에 식구들의 기대가 대단히 크다.)

　　　　他今年大三了，家里人都把他看成是掌中明珠。
　　　　(他今年大三了，所以家里人对他的期望非常高。)
　　ㄴ. 결국 시련의 끝에 꽃이 만개하리.
　　　　(지금 못 나더라도 나중에 좋은 결과를 거두길.)
　　　　愿你试炼终点，花开万里。
　　　　(虽然现在毫不起眼，希望你日后收获好成果。)

예문 (109ㄱ)에서 '掌中寶玉'은 '손안에 있는 보옥'이라는 뜻이다. '보배처럼 여기는 사랑하는 그'를 사자성어 '장중보옥'에 비유하여, 가족들이 그를 매우 중시하면서 거는 기대가 크다는 것을 말해 준다. 중국어에서는 '掌中之物', '心肝宝贝', '掌上明珠' 등으로 같은 뜻을 나타낸다.

예문 (109ㄴ)에서 歌詞 '결국 시련의 끝에 꽃이 만개하리'를 인용하여, 상대방이 좋은 결과를 거두기를 간절히 희망하는 것을 표현한다. 여기에서의 '꽃'은 '경축'의 뜻을 가지며 천만번의 시련 끝에 성공했음을 암시하는 상징물이다. 중국어에서는 '锦鲤', '马到成功', '年年有余' 등 좋은 뜻을 비유한 동물이나 사물이 포함된 어휘를 사용하여 자신의 희망과 바람을 더욱 성의 있게 표현한다.

⑧ 가능/불가능 표현하기

1) 모호한 표현 방식

　　(110) ㄱ. 신분증 없이 술을 사기 어려울 것 같은데.
　　　　　　(신분증 없이 술을 못 팔아 준다.)
　　　　　　没有身份证的话酒可能很难买吧。

(没有身份证的话买不了酒。)

ㄴ. 우리 할 수 있을 것 같은데, 포기하지 마.

(우리 할 수 있어, 포기하지 마.)

我觉得我们也许能做到，别放弃。

(我们能做到，别放弃。)

예문 (110ㄱ)에서 '-같은데(可能, 好像, 也许, 大概)'는 추측의 뜻을 나타내는 어휘로, 신분증 없이 술을 못 구매한다는 사실을 완곡하게 전달한다. 중국어에서 '很难/难以买到 -吧'라는 문장에서, 술을 못 산다는 메시지를 전달하는 동시에 술을 사지 말자는 권고를 전달하고 있다.

예문 (110ㄴ)에서도 같은 추측 표현으로 부드럽게 할 수 있다는 것을 표현한다. 중국어에서는 '我认为, 我觉得 -吧'와 같은 추측의 뜻을 가진 표현으로 추측의 뜻을 나타내는 동시에 자신의 마음을 완곡하고 에둘러서 표현하는 경우가 더 많다.

2) 다른 사실을 들어 비겨하는 방식

(111) ㄱ. 할아버지가 천국으로 가셨기 때문에 너희들은 그를 다시 볼 수 없다.

(할아버지가 이미 돌아가셨으니, 너희들은 그를 다시 볼 수 없다.)

爷爷去天国了，所以你们以后再也见不到他了。

(爷爷已经死了，所以你们以后再也见不到他了。)

ㄴ. 그 환자는 이제 길을 떠날 준비를 해야 한다.

(그 환자는 건강을 회복할 가능이 없다.)

那个病人现在得做好心里准备了。

(那个病人没有康复的可能了。)

예문 (111ㄱ)에서 '천국'으로 '죽음'을 대체하여 할아버지가 돌아가신 사실을 에둘러서 표현한다. 중국어에서 '죽음(死)'이라는 금기어를 직접 사용하지 않고 '天国(천국으로 간다)', '天堂(천당으로 간다)', '过世了(별세하다)', '睡着了(잠을 자다)' 등의 표현을 사용한다.

예문 (111ㄴ)에서 건강 회복이 불가능하다는 잔혹한 사건을 직접 얘기하는 것보다 '길을 떠난다'는 표현으로 최대한 부드럽고 완곡하게 에둘러서 전달한다. '길 떠나다'라는 말에 대응하는 중국어 표현은 '上路'이고, 예문 (111ㄴ)과 같은 상황에 쓰면 약간 어색한 느낌을 든다. 이때는 중국어에서 보통 '做好心里准备了', '做好思想准备了', '做离开的准备了' 등 표현을 주로 쓴다.

3) 이유를 들어 표현하는 방식

(112) ㄱ. 선생님, 전 오늘 몸이 너무 아픕니다.
　　　　　(선생님, 전 오늘 학교에 못 갈 것 같습니다.)
　　　　　老师, 我今天身体真的很不舒服。
　　　　　(老师, 我今天好像不能去上课了。)
　　　ㄴ. 우리 이번 시상식에 참가할 수 있어.
　　　　　(우리 이번 시상식에서 상 탈 수 있어.)
　　　　　我们能参加颁奖仪式了。
　　　　　(我们能拿到奖了。)

예문 (112ㄱ)에서 학교에 못 가는 이유 즉, 불편하다는 이유를 지적하여 원인을 에둘러서 설명한다. 중국어에서는 '아프다'라는 뜻을 가진 단어로

'不舒服', '状态不佳', '脸色差' 등 표현이 있다.

예문 (112ㄴ)에서 시상식(颁奖式)에 갈 수 있다는 말인즉 상을 탔다는 것을 의미하며, 보다 부드럽고 겸손하게 전해 준다. 중국어에서도 이 상황에 같은 표현을 쓴다.

4) 비유 방식

> (113) ㄱ. 너는 그의 부모님의 동의를 얻고 싶니? 이것은 낙타가 바늘구멍 나가기가 아니냐!
> (그의 부모님의 동의를 얻어내는 것은 불가능한 것이다.)
> 你想取得他父母的同意？这不是比登天还要难嘛！
> (取得他父母的同意是不可能的。)
> ㄴ. 어머니의 동의를 얻는 것은 하늘의 별따기다.
> (어머니의 동의를 얻는 것은 불가능하다.)
> 想获得妈妈的同意堪比登天摘星星。
> (想获得妈妈的同意是不可能的。)

예문은 이 일이 불가능하다는 것을 속담으로 설명한다. 낙타가 바늘구멍 나갈 가능성은 제로이므로 그의 부모의 동의를 얻을 수 있는 것도 분명 불가능할 것이다. 하늘의 별 따기도 마찬가지다. '그건 불가능하다'는 말은 설득력이 없다. 그러나 비유적으로 상대방에게 이 사실을 우회적으로 알리는 것은 불가능하니 더 이상 기대하지 말라고 전달할 수 있다. 상대방에게 상처를 주지 않으면서 설득력이 강하다. 중국어에서는 흔히 과장 정도를 가진 속담, 예를 들면 '比登天还难(하늘에 오르는 것보다 더 어렵다)', '太阳从西边出来(해가 서쪽에서 뜨다)' 등의 표현으로 해내기 어렵다는 것을 예술적이면서 생동하게 표현한다. 이렇게 하면 불가능하다는 것을 알려줄 뿐만 아니라 직접적인 거절을 피하면서 더 쉽게 받아드릴 수 있다.

⑨ 능력 표현하기

1) 모호한 표현 방식

 (114) ㄱ. 그의 한국어는 그다지 좋지 않은 것 같다.
    (그의 한국어는 좋지 않다.)
    他的韩语好像不大好。
    (他的韩语不好。)
   ㄴ. 그는 노래를 잘 못하는 것 같다.
    (그는 노래를 잘 못한다.)
    他唱歌好像不太行。
    (他唱歌不好。)

예문 (114ㄱ)에서 상대방의 능력을 언급할 때 직접 능력이 부족하다는 표현을 대신에 '-은 것 같다(好像, 也许, 大概)'라는 추측의 뜻을 가진 모호한 표현을 통해 한국어 능력의 부족을 우회적으로 지적해 상대방의 자존심에 상하지 않게 부드럽게 표현하는 것이 더 적절하다. 예문 (114ㄴ)에서도 마찬가지로 추측 표현을 통해 노래를 잘 못한다는 뜻으로 완곡하게 표현한다. 중국어에서 '也许', '大概', '可能' 등 추측을 나타내는 표현을 흔히 사용하여 완곡한 효과를 나타낸다.

2) 다른 사실을 들어 비켜하는 방식

(115) ㄱ. 이 친구는 말이야, 뱃속에 음식찌꺼기밖에 안 남았어.
(이 친구는 말이야, 아는 것이 너무 적어.)
这位呀, 肚子里只剩下食物残渣了。
(这位呀, 肚子里没东西。)
ㄴ. 선생님께서 우리 아이를 지식백과라고 평가하셨습니다.
(선생님께서 우리 아이가 해박하다고 평가하셨습니다.)
老师评价我们孩子是知识百科。
(老师评价我们孩子知识渊博。)

예문 (115ㄱ)에서는 '지식이 해박하다'를 뜻하는 표현인 '뱃속에 먹이 있다'를 현실 상황과 결부하여 '뱃속에 음식찌꺼기만 남았다'는 표현으로 변형하여 사용하고 있다. 즉 '이 사람은 먹을 줄만 알고 지식이 적다'는 것을 완곡하고 에둘러서 표현하는 셈이다. 중국어에서는 '肚子里有墨水', '行走的百科全书', '腹有诗书', '满腹经纶' 등의 표현도 사용한다.

예문 (115ㄴ)에서 '지식백과'라는 명사로, '이 아이가 아는 지식의 범위가 넓고 종류가 다양하다'라는 의미를 에둘러서 표현한다. 상대방이 들을 때 자랑하는 성분을 줄여 보다 겸손하게 들리기도 한다. 중국어에서는 '学识渊博', '满腹经纶', '饱学之士', '高才博学', '博文强识' 등 사자성어를 사용하기도 한다.

3) 이유를 들어 표현하는 방식

(116) ㄱ. 김 선생님께서 교육계에서 이름난 분이라 몸값이 어마어마합니다.

(김 선생님께서 능력이 있는 분이다.)

金老师在教育界知名度很高, 身价也高。

(金老师是有能力的人。)

ㄴ. 몸이 많이 불편해서 손가락 움직이는 것조차 힘들다.

(몸이 많이 불편해서 움직일 수 없다.)

身体十分不方便, 动一下手指头也很困难。

(身体十分不方便, 无法行动。)

예문 (116ㄱ)에서 김 선생님의 객관 평가와 몸값을 예를 들어 설명한 것으로 김 선생님이 대단하다는 것을 간접적이면서 에둘러서 표현한다. 중국어에서는 흔히 간접적인 표현을 사용하여 사람이나 사물, 사건을 측면으로 나타낸다. '在教育界知名度高, 身价也高' 등 측면적인 평가를 통해 김 선생님의 능력이 뛰어나다는 것을 완곡하게 표현한다.

예문 (116ㄴ)에서 몸이 많이 불편하다는 전제 조건을 제기하면서 움직이는 능력이 없다는 것을 표현한다. 중국어에서도 이런 상황에 마찬가지로 표현한다.

4) 비유 방식

(117) ㄱ. 그녀는 언론계에서 발이 아주 넓다.

(그녀는 사교성이 뛰어나다.)

她在新闻界交结甚广。

(她的社交能力很强。)

ㄴ. 강을 다스리는 사람이 천하를 다스린다.

(작은 일을 완벽하게 해내는 사람은 큰일도 이룰 수 있다)

能治水者治天下。

(能把小事做得完美的人, 大事也能成功。)

예문 (117ㄱ)에서 '발이 넓다'는 관용어는 '발이 닿는 곳이 넓다'는 뜻이고, 깊은 뜻은 '교제가 넓고 인맥이 많다'는 것이다. 교제가 매우 넓은 이유는 이 사람의 사교 능력이 매우 강하기 때문이다. 그래서 이 관용어로 이 사람의 능력을 설명한다. 중국어에서 보통 '善于交际(교제를 잘한다)', '交结甚广(교제가 매우 넓다)', '八面玲珑/八面见光(팔방미인)' 등의 표현을 사용한다.

예문 (117ㄴ)은 '작은 일'을 '강을 다스리다'에 비유하고, '큰 일'을 '천하를 다스리다'에 비유하고 있다. 치수와 치천은 서로 순응하는 관계이기 때문에 사소한 일이나 큰 일 사이에도 이런 관계가 있다. 속담은 직접 표현보다 더욱 생동적이다. 중국어에서는 '得民心者得天下(민심을 얻는 자는 천하를 얻는다)'를 쓰기도 한다.

⑩ 의무 표현하기

1) 모호한 표현 방식

  (118) ㄱ. 넌 지금 성인이야!
      (성인의 의무 중 하나는 법에 따라 납세하는 것이다.)
      你现在已经是成年人了呀!
      (成年人的义务之一是依法纳税。)
    ㄴ. 미국과 중국의 규정이 달라 오늘 술을 못 마실 것 같다.
      (미국과 중국의 규정이 달라 오늘 술을 못 마신다.)
      美国和中国的规定不同, 所以今天可能不能喝酒吧。
      (美国和中国的规定不同, 所以今天不能喝酒。)

예문 (118ㄱ)에서는 만 18세 이상은 성인으로서 완전한 민사행위 능력을 갖추고 있으며, 독자적으로 민사 활동을 할 수 있다. 성인의 법정 의무중 하나는 법에 따라 세금을 내는 것이다. 특정 환경에서 원인만을 강조하고 상대방의 의무를 직접 말하지 않는다.

예문 (118ㄴ)은 애매한 불확실한 어조 '못 할 것 같다(可能不能, 也许不能)'로 술을 마시지 못하는 것이 당신의 의무라고 말하고 있다. 상대방의 감정을 해치지 않으면서 미국과 중국의 규정이 다르기 때문에 미국에서도 술을 마실 수 없다는 사실을 상기시킨다.

2) 다른 사실을 들어 비켜하는 방식

(119) ㄱ. 다른 친구는 다 자기의 일을 잘 처리할 수 있는데.
(너의 일을 잘 처리 하거라.)
其他同学都能好好处理自己的事。
(处理好你自己的事。)
ㄴ. 학생은 공부만 잘하면 돼.
(학생이라면 공부를 열심히 하고 다른 일에 신경을 쓰지 말해야 한다.)
学生的话就得好好学习。
(学生的话就得认真学习, 不要在其他事情上浪费时间。)

예문 (119ㄱ)은 다른 급우들이 모두 자신의 일을 잘 처리할 수 있다(能处理好自己的事)는 사실을 열거하고 상대방을 다른 급우들과 대조하여, 명확한 지적을 하지 않으면서도 상대방에게 강한 경각심을 준다.

예문 (119ㄴ)에서는 학생이라는 신분을 강조하고 자신의 주장을 전달하는 동시에 학생으로서의 의무를 강조하였다. 이처럼 다른 사실을 들어 비켜하는 방식을 통해 자기의 뜻을 조금 부드럽게 전할 수 있다. 중국어에서 비슷한 표현으로는 '学生就得好好学习, 学生学习好就行了' 등이 있다. 위의 두 예문 같은 상황에 의미 변화로 된 완곡 표현이고 이에 한·중 양국 쓰는 표현을 보면 별 차이가 없다고 본다.

3) 이유를 들어 표현하는 방식

 (120) ㄱ. 우리 이젠 휴가 끝났으니까 마음을 정리합시다.
    (우리 이젠 휴가 끝났으니까 작업에 집중하자.)
   我们的假期结束了, 收收心吧。
   (我们的假期结束了, 多把精力放在工作上吧。)
  ㄴ. 고3이니까 놀 생각하지 마요
    (고3이니까 공부만 해.)
   高三了, 别再想着玩了。
   (高三了, 好好学习。)

예문 (120ㄱ)에서 마음을 정리하는 이유는 방학이 끝났기 때문이고, 마음을 정리하는 것은 일을 잘하기 위한 것이므로, 이 예문에서 표현하고자 하는 것은 방학이 끝났기 때문에 모두 일을 시작해야 한다는 것이다. 즉, 이유를 설명하는 완곡한 방식을 적용해 명령의 표현을 피했다. 중국어에서 '마음을 정리하다'라는 표현을 잘 안 쓰고 '收收心', '静静心', '安心' 등 표현을 주로 사용한다.

예문 (120ㄴ)은 고3이 된 이유를 강조하는 것에 역점을 두고 '그만 놀고 공부를 해야 한다'는 뜻이다. 고3 학생의 의무와 과제는 공부를 열심히 하는 것이라고 학생들에게 전달하는 것이다. 예문 ㄴ에서 '늘 놀 생각'이라는 표현은 중국어에서 '總想着玩', '一直想着玩', '老想着玩', '不停想着玩' 등 표현으로 대용할 수 있다.

⑪ 사과 표현하기

1) 모호한 표현 방식

  (121) ㄱ. 우리가 너무한 거 같은데.
     (우리가 너무했어.)
     我们好像太过分了吧。
     (我们太过分了。)
    ㄴ. 아무래도 다시 정리하고 잘 얘기하는 게 좋을 것 같다.
     (아무래도 다시 정리하고 사과하는 게 좋다.)
     还是好好整理一下, 好好说一下比较好。
     (还是好好整理一下, 道个歉比较好。)

 예문 (121ㄱ)에서 '-ㄴ 거 같다(可能, 也许, 大概, 大约)'와 같은 모호한 추측 표현으로 화자 내면의 미안함과 반성을 잘 전달해 사과를 진솔하게 했다. 예문 (121ㄴ)에서는 사과를 얼버무려놓고 '잘 얘기하는 게 좋다'로 바꾸면서 '-ㄹ 것 같다'는 애매한 문법을 마무리로 사용함으로써 말을 부드럽게 하고 상대방이 쉽게 받아들일 수 있도록 했다.
 중국어에서는 '觉得 -好像, 认为 -可能' 등의 모호한 추측 표현을 사용하여 자신의 주장을 모호하게 하면서 간접적이고 에둘러서 표현한다.

2) 다른 사실을 들어 비켜하는 방식

(122) ㄱ. 과제할 때 우리는 조금만 하고 지혜가 거의 다 했는데.
(우리가 과제를 너무 적게 해서, 지혜한테 사과해야겠다.)
做小组发表的时候我们做的少，但是智慧几乎是做了所有。
(我们做小组课题做得比较少，要和智慧道歉呀。)

ㄴ. 제작진이 촬영 과정에서 지리 환경을 고려하지 않아, 연예인이 다치는 아쉬운 사건이 나타나 다시 한 번 안타까움과 죄송함을 표합니다.
(제작진이 촬영 과정에서 연예인이 다치는 아쉬운 사건이 나타나 죄송합니다.)
制作组在拍摄过程中没有考虑地理环境导致艺人受伤，再次表示遗憾和歉意。
(制作组在拍摄过程中对艺人受伤一事表示诚挚的歉意。)

예문 (122ㄱ)은 우리의 작업량이 지혜에 비해 매우 적고 거의 전적으로 그녀가 했다는 점을 부각시킴으로써 지혜에게 더욱 사과해야 한다는 점을 강조했다. 중국어에서는 흔히 자신의 주장을 더욱 설득력 있게 표현하고 상대방이 더 쉽게 받아드리게 하기 위해 다른 사실을 인용하여 대조하여 표현한다. 중국어에서 '我们做得少, 但是智慧却做了所有/做了全部'라는 표현을 통해 우리와 지혜의 작업량을 비교하고 지혜에게 사과해야 한다는 주장을 다시 한 번 표현한다.

예문 (122ㄴ)은 먼저 충분한 고려가 이뤄지지 않아 사고가 났다는 점을 강조하며 상대방과 시청자 모두에게 한 마디 자백을 한 뒤 사과한다. 이렇게 사건을 알게 된 후 사과하면 더욱 진솔하게 전달될 것이다. 중국어에서 보통

'考慮不周'라는 표현을 사용한다.

3) 이유를 들어 표현하는 방식

 (123) ㄱ. 우리가 먼저 못 살게 괴롭혔잖아.
   (우리가 먼저 못 살게 괴롭혀서 사과를 해야지.)
   我们先欺负他的。
   (我们先欺负他的，应该先道歉吧。)
  ㄴ. 선생님께서 힘들게 가르쳐 주셨는데 우리가 열심히 하지 않아서…
   (선생님께서 힘들게 가르쳐 주셨는데 우리가 열심히 하지 않아서 미안합니다.)
   老师教得很认真但是因为我们没有认真做…
   (老师教得很认真但是我们没有认真做，很抱歉。)

특정 문맥에서 이유만 설명하거나 사과하기 전에 이유를 설명하는 것은 사과를 더욱 타당하게 하고, 다른 사람을 납득 시키거나, 사과를 더욱 진심으로 하게 한다. 예문 (123ㄱ)은 우리가 먼저 그를 괴롭혔기 때문에 우리는 그에게 사과해야 한다는 뜻이다. 중국어에서 '괴롭히다'에 대응하는 표현은 '欺负', '为难', '刁难', '折磨' 등이 있다. 예문 (123ㄴ)은 '선생님께서는 열심히 가르치셨지만 우리는 열심히 듣지 않았기 때문에 우리의 잘못이다'를 뜻한다. 따라서 우리는 선생님께 사과해야 한다. 예문들은 사유만 설명하고 사과라는 부분은 생략했지만, 이 부분을 아끼는 것이 오히려 화자의 자성을 더 잘 드러낼 수 있다. 중국어에서 '열심히 하지 않다'는 표현은 흔히 '没有认真做', '做的不够认真', '做的不够仔细', '做的不够用心' 등 표현으로 대용된다.

4) 비유 방식

(124) ㄱ. 손을 가슴에 얹고 심사숙고해 봐요.
(자기 어디 틀렸는지 한번 고려해 봐요.)
把手放在胸口上反省一下。
(反省一下自己哪里做错了。)
ㄴ. 저의 반성의 마음은 하늘만큼 큽니다.
(저의 반성의 마음은 진실한 겁니다.)
我反省的心比天还大。
(我反省的心十分真诚。)

예문 (124ㄱ)에서 '심사숙고'라는 사자성구를 이용하여 반성하라는 뜻을 에둘러서 전달한다. 중국어에서 '심사숙고'라는 표현을 대신 '深思熟慮', '再三考慮', '冥思苦想', '沉思細想' 등의 표현이 흔히 사용된다.

예문 (124ㄴ)에서는 '자신의 반성의 마음'을 '하늘'에 비유하여 과장법으로 진심을 표 한다. '하늘만큼 크다'는 말은 중국어에서 '大如天'라는 표현과 대응된다.

⑫ 거절 표현하기

1) 모호한 표현 방식

(125) ㄱ. 혹시 저희를 좀 도와줄 수 있나요? 바로 남성역할을 하는 것입니다. 사실 우리 반의 다른 남학생들이 저보다 훨씬 더 잘한다고 생각합니다.

　　　　(죄송하지만 저는 당신에게 도움을 줄 수 없습니다.)
　　　　或许可以麻烦你帮我们一个小忙吗？就是扮演一个男性角色。
　　　　其实我觉得我们班上别的男生要比我更适合。
　　　　(对不起，我帮不了你们。)
　　ㄴ. 집안에 임산부 있어서 병문안 가기가 좀 그러네.
　　　　(집안에 임산부 있어서 병문안 가지 않기로 결정했다.)
　　　　家里有孕妇，去探病有点怪怪的。
　　　　(家里有孕妇，所以决定不去探病了。)

　　예문 (125ㄱ)은 직접 거부하거나 완곡하게 사과하지 않고 거절하는 대신 다른 말이나 견해를 말해 거부를 모호하게 한다. 상대에게 애매모호한 대답을 하면 상대방의 태도는 불확실해 보이지만 실제로는 숨겨진 의미는 거절이다. 관용형인 '-ㄴ다고 생각하다'는 완곡한 효과를 나타낼 수 있고 중국어에서 '我觉得', '依我看', '我认为' 등 표현 주로 쓴다.

　　예문 (125ㄴ)은 먼저 '안 간다'는 거절 표현을 직접 쓰지 않고 거절할 수 없는 이유를 설명했다. 막연한 '조금 난처할 수 도 있다'라는 식의 말로 상대방에게 설명한다. 이런 모호하고 완곡한 방식은 상대의 체면을 손상시키지 않으면서 자신이 원하는 효과를 얻을 수 있다. '-기가 좀 그러네'라는 표현은 중국어에서 흔히 '有点那个', '有点奇怪', '有点怪怪的', '有点不好', '有点不方便' 등의 표현이 주로 쓰인다. 그리고 중국어에서도 임산부와 출산에 관계있는 사건들은 다 공중장소나 일상생활에 직접 얘기하기 난감한 화제로 흔히 조심스레 피하는 경우가 많다.

2) 다른 사실을 들어 비켜하는 방식

(126) ㄱ. 좀 있으면 비가 올 것 같은데.
(너랑 같이 있기 싫어서 먼저 가보겠다.)
再过一会就要下雨了，所以我先走了。
(不想和你在一起所以先走了。)
ㄴ. 위가 아파서 술을 마시기 힘듭니다.
(술 마시기 싫다.)
胃不舒服不好喝酒。
(我不喝酒。)

예문 (126ㄱ)은 조금 있으면 비가 올 것 같다는 사실을 먼저 설명하고 나면 상대방이 그렇게 생각할 수도 있지만, 실제로는 상대방을 거절하고 상대와 계속 머무르지 않겠다는 뜻을 가지고 있다. 다른 사실을 말해 상대방을 간접적으로 거절하는 것은 상대방을 불쾌하게 하지 않는다.

예문 (126ㄴ)은 위가 불편해서 혼자 마시는 것이 아니라 술을 마시지 못한다는 뜻이다. 이는 사실을 먼저 설명하는 완곡한 방식으로 상대방에게 좋은 인상을 준다. 그런데 실제로는 자신이 술을 좋아하지 않기 때문에 함께 술을 마시는 것을 거절한다는 뜻이다. 중국어에서 직접적인 거절을 안 하고 흔히 다른 이유를 들어 거절의 뜻을 완곡하게 전달한다. '胃不舒服'은 전제 조건이 되며 흔히 술을 피하는 장소에서 자주 사용하는 표현이다. 이와 비슷한 표현에 '酒精过敏(술에 알레르기가 있다)', '开车(운전)' 등이 있다.

3) 이유를 들어 표현하는 방식

    (127) ㄱ. 우리 오늘 저녁에 해물관에 가서 식사할까?
            저는 해산물 알레르기가 있어서 같이 못 먹겠어요.
            (저는 해산관에 가서 해산물을 먹고 싶지 않습니다.)
            我们今天晚上去海鲜坊吃饭吧？
            我对海鲜过敏，所以不能和你一起去吃了。
            (我不想去海鲜坊吃海鲜。)
       ㄴ. 우리 함께 수영하러 가자!
            나는 부주의로 발을 부딪쳐 수영을 할 수 없었다.
            (나는 수영하러 가고 싶지 않다.)
            我们一起去游泳吧！
            我不小心伤到了脚，所以不能去游泳了。
            (我不想去游泳。)

  예문 (127ㄱ)에서는 '생선에 알레르기가 있어 못 먹겠다'는 이유를 설명하며 상대방의 초대를 완곡하게 거절하고 받아들일 수 있도록 했다. 중국어에서 흔히 사용하는 표현에는 '酒精中毒', '酒精过敏', '丌车' 등이 있다.
  예문 (127ㄴ)은 상대에게 '다리를 다쳐(伤到了脚) 수영하러 갈 수 없다'고 설명하며 완곡하게 거절한다. 다른 사람이 요구를 하고, 내가 거절하고 싶을 때, 자신이 원하지 않는다고 직접 거절하는 것은 상대방을 어색하게 하거나 불편하게 만들기 때문에 안 가고 싶은 이유를 상대방에게 설명함으로써 완곡하게 거절할 수 있다.

4) 비유 방식

(128) ㄱ. 쏟아버린 물은 다시 거두기 어렵습니다.
(이미 헤어진 상태라 다시 만난 법이 없습니다.)
覆水难收。
(分手了就没理由复合了。)
ㄴ. 어제 한번 말을 꺼냈는데 엄마가 단호박을 잘라버리고 말았다.
(어제 한번 말을 꺼냈는데 엄마가 거절하였다.)
昨天提了一嘴，从妈妈那里吃了个闭门羹。
(昨天提了一嘴，被妈妈一口拒绝。)

예문(128ㄱ)에서는 두 사람의 관계를 쏟아 진 물에 비유하여 물이 쏟아지면 다시 거두기 어렵다는 사실로 두 사람은 완전히 끝났다는 것을 암시하여 상대방의 다시 만나자는 요구를 완곡하게 거절한다. 중국어에서는 '覆水难收' 외에 '破镜难圆', '反水不收', '泼水难收' 등의 표현으로 상대방과의 화해를 거절하는데 사용한다.

예문 (128ㄴ)에서는 단호박을 잘라버렸다는 표현으로 거절당했다는 것을 완곡하게 표현한다. '단호박'이 한국어의 '단호'와 음이 겹쳐 거절당했다는 것을 표현한다. 이는 한국어에서의 특유한 표현이고 중국어에서는 '吃了闭门羹'으로 거절을 완곡하게 표현한다.

3.2.4. 감정 표현하기

① **만족/불만족 표현하기**

1) 모호한 표현 방식

    (129) ㄱ. 그 옷 색깔이 좀 칙칙하지 않을까?
           (그 옷은 맘에 안 든다.)
           那件衣服有点不太好。
           (那件衣服完全不行。)
       ㄴ. 나 인생 다 살았어.
           (오늘 너무 잘 놀았다.)
           我感觉自己此生圆满了/此生无憾了。
           (今天玩得很好。)

예문 (129ㄱ)에서는 '-지 않을까'라는 추측의 뜻을 질문을 사용하여 질문을 듣는 사람에게 옷이 맘에 안 든다는 것을 함축하여 전달한다. 중국어에서 흔히 '稍微', '有点(조금)', '可能(아마)', '或许(혹시)' 등이 표현을 이용하여 자신의 본뜻을 모호하게 하고 완곡하게 표현한다.

예문 (129ㄴ)에서는 '인생을 다 살았다'는 표현으로 '재미있게 놀았다'는 것을 에둘러 표현한다. 중국어에서 '인생을 다 살았다'는 표현을 직접 번역하면 어색한 문장이 되기 때문에 '此生圆满(인생이 원만하다)', '此生无憾(인생 유감없다)' 등 표현으로 대용할 수 있다.

2) 다른 사실을 들어 비켜하는 방식

 (130) ㄱ. 다른 것을 좀 더 보겠습니다.
    (나는 이것을 좋아하지 않아요.)
    我再看看其他的。
    (我不喜欢这个。)
   ㄴ. 그 옷이 더 이쁜 것 같아요.
    (이 옷이 마음에 안 들어요.)
    那件衣服看起来可能更漂亮。
    (这件衣服我不满意。)

예문 (130ㄱ)은 퉁명스럽게 좋아하지 않는 것을 말하는 것보다 다른 것을 좀 보겠다는 표현으로, 맘에 안 든다는 것을 완곡하고 에둘러서 표현한다. 중국어에서 이런 상황에서 '我再想想(다시 생각해 볼게)', '我还想再看看(좀 더 보고 싶다)'라는 표현이 주로 쓰인다.

예문 (130ㄴ)은 첫 번째 옷과 두 번째 옷을 비교하여 두 번째 옷이 더 이쁜 것 같다는 것으로, 첫 번째 옷이 맘에 안 든다는 것을 에둘러서 표현한다. 중국어에서 보통 '挺不错的/还可以/ 挺好的(괜찮아)' 등 표현을 사용한다.

3) 이유를 들어 표현하는 방식

 (131) ㄱ. 이 옷은 디자인은 좋은데 색깔이 마음에 안 들어.
    (나는 이 옷을 좋아하지 않는다.)
    这件衣服款式虽好, 但颜色我不喜欢。
    (我不喜欢这件衣服。)

   ㄴ. 이 원피스가 디자인이 잘 되기는 한데 가격이 너무 비싸.
    (이 원피스를 안 살 거야.)
    这件衣服设计的好是好，但是价格太高了。
    (这件连衣裙我不想买。)

 예문 (131ㄱ)에서는 옷이 마음에 안 든다는 사실을 지적하여 맘에 안 드는 것을 완곡하고 에둘러서 표현한다. 예문 (131ㄴ)에서도 표현하고자 하는 것은 옷에 대한 불만이지만, 먼저 장점을 긍정한 다음 불만족스러운 부분을 말하는 것이 더 완곡하다. 위의 (131ㄴ,ㄱ)같은 상황에 중국어에서는 보통 '好是好/不错是不错/可以是可以/喜欢是喜欢…但是…(좋기는 좋지만)'와 같은 표현으로 완곡하게 맘에 안 드는 것을 표현한다.

 4) 비유 방식

  (132) ㄱ. 이 작품의 선이 마치 할아버지의 지팡이처럼 비뚤어.
    (이 작품의 선이 완전 엉망이야.)
    这幅画的线条跟老爷爷的拐杖一样歪歪扭扭的。
    (这幅画的线条很差。)
   ㄴ. 이 상품의 가격이 무슨 로켓트 탔냐?
    (이 상품의 가격이 너무 비싸다.)
    这个商品的价格怎么回事，是坐了火箭吗?
    (这个商品的价格太贵了。)

 예문 (132ㄱ)에서 작품의 선을 할아버지의 지팡이에 비교하여 과장법으로 맘에 안 든다는 것을 완곡하면서도 알아듣기 쉽게 전달한다. 예문 (132ㄴ)에서는 가격을 로켓가 하늘 위로 치솟는다는 것에 비유하여 '가격이 비싸다'라는 것을 완곡하게 전달한다. 중국어에서도 '坐了火箭'라는 표현을 통해 속도가 빠르다는 사물에 비유한다.

② 걱정 표현하기

1) 모호한 표현 방식

    (133) ㄱ. 하루 세끼 챙겨 안 먹으면 몸에 안 좋을 것 같다.
           (하루 세끼 챙겨 안 먹으면 몸에 안 좋아.)
           一日三餐不好好吃的话会对身体不好的吧。
           (一日三餐不好好吃的话会对身体不好。)
        ㄴ. 너 이러면 너무 무리 한 것 같다.
           (너 이러면 너무 무리야.)
           我觉得你这么做过火了。
           (你这么做过火了。)

예문 (133ㄱ)에서 '-것 같다'는 추측의 뜻을 표현하는 문구를 사용하여 자신의 걱정이나 주장을 전달하는 동시에, 자신의 주관 관념이라는 강조하여 듣는 사람이 더 쉽게 받아들일 수 있게 한다. 예문 (133ㄴ)에서도 '-것 같다'는 표현을 사용하여 객관적인 사실을 얘기하는 대신 주관적 관념을 표현하는 것으로 더 부드럽게 전달한다. 중국어에서도 '我觉得', '我认为' 등 표현으로 비슷하게 사용한다. '可能', '也许', '大概' 등 추측 표현을 통해 강한 어감을 줄이고 완곡하게 자기의 생각을 전달한다.

2) 다른 사실을 들어 비켜하는 방식

 (134) ㄱ. 어제 확진인 수가 만 명 넘었대.
    (코로나 때문에 나가지 마.)
    昨天确诊人数已经过万了。
    (因为疫情不要出去。)
   ㄴ. 요즘 합격률이 작년보다 더 낮다고 들었는데. 어떡하지.
    (합격률이 낮아서 대학에 못 갈 것 같다.)
    我听说合格率比去年还要低, 该怎么办呢…
    (合格率比去年还要低, 可能没大学可上了。)

예문 (134ㄱ)에서는 확진자가 만 명 넘었다는 사실을 들어 현실 상태가 안 좋다는 것을 언급하여 근심을 에둘러서 표현한다. 그리고 정확한 수치로 현재 사태의 심각성을 반영하고 나갈 수 없는 사실을 설명하였다. 중국어에서는 이 상황에서 한국어와 같은 표현을 쓴다. 예문 (134ㄴ)에서 합격률이 낮다는 것을 예를 들어 진학에 대한 걱정을 표현한다. 그리고 '听说(듣다)'은 주관적인 판단의 뜻은 약해지면서 상대방이 듣기에 거부감이 줄어들고 더 잘 받아들일 수 있다는 뜻이 강해진다. 중국어에시 '据说/听闻(듣자 하니)', '据小道消息(항간의 소문에 의하면)' 등의 표현을 쓰는 경우가 많다.

3) 이유를 들어 표현하는 방식

 (135) ㄱ. 상민은 능력자고 우리는 아마추어잖아.
    (우리 상민한테 진다.)
    尚民是专业的, 我们是业余。

(我们会输给尚民。)

　　ㄴ. 해가 이렇게 큰 날에 달리기를 하다니…

            (해가 이렇게 큰 날에 달리기를 한다니 더위 먹어 쓰러질 거야.)

            在这么大的太阳下面跑步…

            (在这么大太阳下跑步, 肯定会中暑晕倒。)

　　예문 (135ㄱ)에서 상민한테 진다는 사실을 직접 얘기하는 대신 그렇게 된 이유를 지적하여 나쁜 결과를 언급하는 것을 피하는 것으로 완곡의 목적에 도달한다. '专业(전문)'과 '业余(아마추어)'는 완전히 다른 수준이다. 패배도 당연한 일이라고 할 수 있지만 체면을 손상하지 않기 위해 완곡하게 표현하는 것이다.

　　예문 (135ㄴ)에서 날씨가 무덥다는 객관적 환경을 지적하는 것을 통하여 더위 먹어 쓰러질 것 같다는 결과 겸 걱정을 에둘러서 표현한다. 위의 예문을 보면 이 상황에서 한국어와 중국어에서 완곡 표현에 대한 사용은 별 차이가 없다고 본다.

4) 비유 방식

　　(136) ㄱ. 고양이 이마만큼 큰 숙소에 어떻게 산담?

            (이렇게 작은 곳에 어떻게 산담?)

            这比猫额头还要小的宿舍, 怎么住啊。

            (这么小的地方怎么住啊。)

　　　　ㄴ. 작심삼일로 하면 과연 성적이 제고될 수 있을까?

            (열심히 안 하면 성적이 제고 안 된다.)

            三天打鱼两天晒网式学习, 成绩能提高吗？

(不认真学习的话成绩不会提高。)

예문 (136ㄱ)에서 과장법으로 공간이 작다는 것을 표현하면서 자신의 근심 걱정을 완곡하게 표현한다. '고양이 이마'에 비유해 기숙사가 작다는 것을 설명한다. 중국어에서 공간이 좁다는 비슷한 표현으로는 '弹丸之地/方寸之地', '立锥之地', '一席之地' 등이 있다.

예문 (136ㄴ)에서 '작심삼일'이라는 사자성어로 현실을 얘기하면서 열심히 안 한다는 것을 지적하여 얘기하지 않고 대신하여 완곡하게 표현한다. 중국어에서도 성어나 속담을 이용해서 완곡하게 표현하는 경우가 있다. 예를 들면 '三天打鱼两天晒网(사흘간 고기를 잡고 이틀간 그물을 말리다'라는 표현을 통해 공부나 일을 인내심을 가지고 꾸준히 하지 못한다는 것을 비유한다. 같은 의미로 '半途而废(중도에서 그만두다)', '三心二意(삼심이심)', '有始无终(시작은 있고 끝이 없다)' 등이 있다.

③ 고민 표현하기

1) 모호한 표현 방식

(137) ㄱ. 아냐 쟤들도 못 한 것 같으니까 너무 속상해 하지 마.
(속상해 하지 마.)
没事，她们也不一定就能做好，所以不要太伤心。
(不要太伤心。)

ㄴ. 사람이 너무 많은 것 같으니까 조금만 더 기다려.
(사람이 너무 많으니까 조금만 더 기다려.)
人好像太多了，请稍微等一下。

(人太多了，请稍微等一下。)

　　예문 (137ㄱ)에서 '-것 같다'는 추측의 표현을 사용하여 객관적인 사실을 얘기하는 것을 회피하고 자신의 주장을 강조하며 보다 완곡하게 표현한다. 예문 (137ㄴ)에서도 '-것 같다'라는 표현을 사용하여 너무 많은 것 같다는 추측을 표현하여 위안의 뜻을 표현한다. 중국어에서도 흔히 '好像/也许/大概/可能(-ㄴ/는 것 같다)' 등 추측 표현을 사용하여 주관적인 어감을 줄이고 완곡하게 자기의 뜻을 전달한다.

2) 다른 사실을 들어 비켜하는 방식

　　(138) ㄱ. 아니야, 이번 시험이 어려워서 그래. 괜찮아.
　　　　　　(아니야, 시험 못 봐도 괜찮아.)
　　　　　　不是，是这次考试太难了，没关系。
　　　　　　(不是，这次考试考砸了也没关系。)
　　　　ㄴ. 경제가 활발하지 않아서 그럴 수도 있어.
　　　　　　(수익이 적어도 괜찮아.)
　　　　　　经济不太景气所以也有可能哦。
　　　　　　(收入少也没关系。)

　　예문 (138ㄱ)에서 시험 못 봤다는 듣는 사람이 불편해 하는 사실을 언급하지 않고 다른 사실인 '시험이 어렵다'는 것을 언급하여 듣는 사람이 보다 더 쉽게 받아들일 수 있다.
　　예문 (138ㄴ)에서도 수익이 적다는 난감한 사실을 얘기하지 않고 이를 초래하는 이유를 얘기하여 보다 더 완곡하게 자신의 위로의 뜻을 전달한다.

위의 두 상황에서 한·중 완곡 표현의 사용 양상을 보면 별 차이가 없다고 본다.

3) 이유를 들어 표현하는 방식

 (139) ㄱ. 너는 그냥 너무 다급해서 그래. 다음번에 더 잘 할 수 있으니까 속상해 하지 마.
   (다급해서 못 한 거니까 너무 속상해 하지 마.)
   你就是太急了，下次你能做的更好，所以不要伤心。
   (你就是太着急了才没做好(带贬义)，不要伤心。)
  ㄴ. 상대가 너무 강해서 질 수도 있지.
   (져도 괜찮아.)
   对手太厉害了，输也是理所当然的。
   (输了也没关系。)

예문 (139ㄱ)에서는 상대방이 이번에 못한 이유인 '너무 다급하다'는 것을 지적하여 설득력을 강화하는 동시에 부드러운 말투로 돌려서 표현하였다. 예문 (139ㄴ)에서 졌다는 상대방이 들으면 싫어하는 표현을 직접직으로 표현하는 것보다 원인을 추가하여 상대적으로 받기 쉽게 얘기한다. 중국인들은 비판보다 격려적인 방식을 선호한다. 예를 들어 이번에 잘 하지 못하면 다음에 잘 하도록 독려하여 다른 사람의 자신감을 높일 수 있다. 항상 '没事的(괜찮아)', '你可以的(넌 할 수 있어)', '你是最棒的(넌 최고야)', '下次一定能成功(다음에 꼭 성공할 거야)'라는 말을 사용하여 상대방을 격려한다.

4) 비유 방식

(140) ㄱ. 원숭이도 나무에서 떨어질 때가 있다고 했잖아.

(누구나 다 실수할 수 있으니 괜찮다.)

马有失蹄, 人有失手。

(再优秀的人都会有失手的时候, 所以没关系。)

ㄴ. 열 번 찍어 안 넘어가는 나무가 없듯이 여러 번 반복하면 꼭 성공의 가능성이 생긴다.

(앞길이 보이지 않는다고 포기하지 마.)

至诚则金石为开, 多尝试几次就一定会有成功的可能性。

(就算看不到前进的道路也不要放弃。)

예문 (140ㄱ)에서는 원숭이도 나무에서 떨어질 때가 있다는 속담을 사용하여 아무리 우수한 사람도 다 실패할 수 있다는 뜻을 전달하여 완곡하면서도 부드럽게 위로의 뜻을 표현한다. 중국어에는 남을 위로하는 문장이 매우 많다. 예를 들어, '马有失蹄, 人有失手(원숭이도 나무에서 떨어질 때가 있다)', '胜败乃兵家常事(승패는 병가의 상례)', '人非圣贤孰能无过(사람은 성현이 아니면 누가 잘못이 없겠는가?)' 등이 그것이다.

예문 (140ㄴ)에서도 열 번 찍어 안 넘어가는 나무가 없다는 속담을 사용하여 끝까지 하라는 위안의 뜻을 전달한다. 중국어에서 다른 사람을 격려할 때 자주 사용하는 표현은 '精诚所至金石为开(정성스럽게 금석에 이르면 열린다)', '有志者事竟成(뜻이 있는 자는 일이 성사된다)', '功夫不负有心(쿵푸는 마음이 있는 사람을 저버리지 않는다)' 등이 그것이다.

④ 불평·불만 표현하기

1) 모호한 표현 방식

    (141) ㄱ. 이러면 너무 한 것 같은데.
          (이러면 너무 했다.)
          这样做可能有点太过分。
          (这样太过分了。)
       ㄴ. 책임을 다른 사람한테 미루는 거 너무 재수 없는 것 같다.
          (책임을 다른 사람한테 미루는 거 너무 재수 없어.)
          把锅甩给别人是不是有点太晦气了吧。
          (把锅甩给别人太晦气了。)

예문 (141ㄱ)에서는 '-것 같다'라는 추측의 뜻을 전하는 표현을 사용하여 객관적인 사실을 얘기하는 것을 회피하고 자신의 주장을 강조하며 완곡하게 표현한다. 예문 (141ㄴ)에서도 '-것 같다'는 표현을 사용하여 책임을 다른 사람한테 미루는 행위가 재수 없다는 자신의 마음을 에둘러서 표현한다. 중국어에서도 흔히 '也许/是不是/可能/大概(-ㄴ/는 것 같다)' 등 추측 표현을 이용해서 문장을 모호하게 하고 완곡한 효과를 가진다.

2) 다른 사실을 들어 비켜하는 방식

    (142) ㄱ. 다른 회사 상사는 직원의 요구를 허심하게 듣는데.
          (회사 상사가 좀 직원의 요구를 들어줬으면.)
          其它公司的老板都会很虚心地倾听员工的要求。

(我们老板也听听我们员工的要求吧。)

ㄴ. 예전에는 엄마가 내가 힘들어 하면 공부 그만 시키게 했잖아.

(엄마는 왜 지금 힘들다면 공부를 그만 안 시켜줘?)

以前妈妈看我学习累了就会让我休息一下的。

(我现在学习累了的话妈妈都不会让我休息的。)

예문 (142ㄱ)에서 다른 회사 상사와 자기 직원 회사 상사를 비교하면서 상사가 보다 직원들의 의견을 들어줬으면 하는 마음을 에둘러서 표현한다. 예문 (142ㄴ)에서는 과거의 엄마 모습을 예로 들어 지금과 비교하여 공부하다 휴식하게 했으면 하는 심정을 전해 준다. 위의 (142ㄱ, ㄴ)과 같은 상황에서 한·중 완곡 표현 사용 양상을 별 차이가 없다고 본다.

3) 이유를 들어 표현하는 방식

(143) ㄱ. 직원들을 기계 취급하는 회사는 언젠가는 망하니까 장 대리님 알아서 해요.

(직원들을 기계 취급하는 회사는 언젠가는 망하니까 장 대리님 그렇게 살지 마.)

把员工当机器人使的公司总有一天会倒闭的, 张代理。

(把员工当机器人使的公司总有一天会倒闭的, 所以你活不要这么干, 张代理。)

ㄴ. 나라를 다스릴 줄 모르는 왕은 멍청한 것입니다.

(이런 나라를 다스릴 줄 모르는 용군아.)

不会治国的君王是愚蠢的。

(您当真是位不会治国的庸君。)

예문 (143ㄱ)에서 기계인 취급하면 회사가 망한다는 인과관계를 지적하여 장 대리님이 인간관계를 잘 처리하기를 원하는 것을 에둘러서 표현한다. 중국어에서 '회사는 망하다'라는 결과 표현은 '关门(문을 닫다)', '破产(파산하다)', '停业(폐업하다)'로 대용하고 이런 표현들은 '完蛋(망하다)'보다 더욱 완곡하게 자신의 불평을 전달할 수 있는 뿐만 아니라 경고 작용이 더 강하다.

예문 (143ㄴ)에서도 나라를 못 다스리면 멍청하다는 인과관계를 들어 내 나라를 못 다스린다는 사실을 완곡하게 제시하였다. 중국과 한국에서 국가를 다스리는 것은 국왕의 책임과 의무이며, 중국어에서 국왕에 대한 가장 큰 비하 표현은 '庸君(용군)', '昏君(혼군)'이다. 예문 ㄴ에서 '不会治国的君王是愚蠢的君王(나라를 다스릴 줄 모르는 군주는 어리석은 군왕이다)', '不会治国的君主相当愚蠢(나라를 다스리지 못하는 군주는 상당히 어리석다)'라는 표현으로 자신의 큰 불만을 표현하고 있다.

4) 비유 방식

(144) ㄱ. 물이 배를 띄울 수 있는가 하면 배를 뒤집을 수도 있습니다.
(자기 맘대로 하지 말고 민심을 잘 다스려라.)
水能载舟亦能覆舟。
(不要随心所欲，得民心者得天下。)
ㄴ. 이 분이 화장을 진짜 원시인처럼 해 줬어.
(이 분이 화장을 진짜 못 해.)
这位竟然把我化成了原始人。
(这位化妆技术实在不太行。)

예문 (144ㄱ)에서 '물이 배를 띄울 수 있다'라는 고인의 말을 빌려 왕의 행위를 약속하는 뜻을 에둘러서 표현하였다. '水能載舟亦能覆舟(물이 배를 띄울 수 있는가 하면 배를 뒤집을 수도 있다)'라는 것은 국가 흥망이나 정권 안정에 백성이 결정적인 작용을 한다는 뜻이다. 중국어에서 비슷한 표현으로는 '火可暖人,也可焚人(불은 사람을 데울 수도 있고, 태울 수도 있다)', '劍能護人, 也能伤人(검은 사람을 보호할 수도 있고, 다치게 할 수도 있다.)', '财可助人, 也可害人(재물은 남을 도울 수도 있고, 해칠 수도 있다.)' 등이 있다.

예문 (144ㄴ)에서 메이크업 완성 후의 얼굴을 원시인에 비교하여 기술이 못 하다는 것을 에둘러서 얘기한다. '原始人(원시인)'은 인류가 진화하기 전의 상태를 가리킨다. 화장 후 오히려 보기 좋지 않아 화장 기술이 매우 좋지 않다는 것을 의미한다. 예문 (144ㄴ)은 중국어에서 '把我画得像个原始人(원시인처럼 해 줬어)', '他竟然能把我化成原始人(원시인처럼 해 주다니)'로 대용하고 동사 앞에 '竟然(뜻밖에도)'를 붙여 화자의 놀란 마음을 표시함과 동시에 메이크업 아티스트에 대한 불만을 암시했다.

⑤ 후회 표현하기

1) 모호한 표현 방식

(145) ㄱ. 그렇게 포기하면 너무 아쉬운 것 같은데.
　　　　(그렇게 포기하면 너무 아쉬워.)
　　　　就这么放弃的话感觉太可惜了。
　　　　(这么放弃的话太可惜了。)
　　ㄴ. 만약 그때 끝까지 견지하면 백만 부자는 못 돼도 먹고 살기는 식은 죽 먹기일 것 같다.
　　　　(그때 끝까지 견지 못 해서 먹고 살기도 힘들고 너무 후회된다.)

요是当初坚持到最后的话不说百万富翁, 能经济独立还是没问题的。
(当时没坚持到最后现在连吃喝都成问题, 真是太后悔了。)

예문 (145ㄱ)에서 '-ㄴ 것 같다'는 추측의 뜻을 가진 표현을 사용하여 사실의 진실성을 모호하게 하고 자신의 주관성을 첨가하여 보다 부드럽게 전해 준다. 예문 (145ㄱ)에서 '感觉'라는 단어는 자신이 그렇게 느꼈다는 것을 강조하고, 중국어에서는 '我认为', '我在觉得', '在我看来' 등 표현을 자주 이용하여 완곡한 어감을 준다.

예문 (145ㄴ)에서 그때 끝까지 견지하면 나중에 먹고 살기 쉽다는 좋은 결과를 상상하면서 자신이 견지하지 못한 아쉬움과 후회를 완곡하게 표현한다. 또 '-ㄴ 것 같다'는 추측의 뜻을 가진 표현을 사용하여 아쉬움을 더욱 함축적으로 표현한다. 중국어에서는 '觉得', '应该', '可能', '大概', '也许' 등 추측의 뜻을 가진 어휘가 추측을 표현할 뿐만 아니라, 자신의 마음을 완곡하게 표현하는 경우가 있다. '当初'는 비록 과거를 서술하는 과거형 어휘지만 흔히 옛날의 사실을 빌려 지금을 얘기하며 후회, 감탄 등 여러 가지 기분을 표현하는 데에 사용된다. 비슷한 어휘로는 '想当年', '那时候' 등이 있다.

2) 다른 사실을 들어 비켜하는 방식

(146) ㄱ. 옥수수 버리고 밤을 얻으려고 하면 후회할 거야.
(작은 것 때문에 큰 것을 버리면 후회할 거야.)
丢了西瓜捡芝麻可是会后悔的。
(因小失大会后悔的。)
ㄴ. 지금도 생각하면 배가 아파.
(지금도 생각하면 너무 후회된다.)

현在想想, 肠子都悔青了。

(现在想想, 真是太后悔了。)

　예문 (146ㄱ)에서 '옥수수', '밤'과 같은 것을 들어 현실 속에서 작은 것 때문에 큰 것을 잃게 되면 후회한다는 경고를 완곡하게 표현한다. 중국어에서 '丢了西瓜捡芝麻(수박을 잃어 참깨를 줍는다)', '因小失大(작은 것 때문에 큰 것을 잃다)', '得不偿失(얻는 것보다 잃는 것이 많다)' 등 표현을 통해 작은 것 때문에 큰 것을 잃었다는 뜻을 완곡하게 표현한다.

　예문 (146ㄴ)에서 '후회한다'는 직접적인 표현 '배의 아픔'에 연결하여 생동하면서 완곡하게 후회함을 표현한다. 중국어에서 '배가 아프다'는 표현으로 후회한다는 것을 말하지 않고 주로 '肠子都悔青了(너무 후회해서 창자가 시퍼렇게 멍들었다)', '后悔莫及(후회막급이다)' 등의 표현을 통해 후회한 것을 완곡하게 표현한다.

3) 이유를 들어 표현하는 방식

　　(147) ㄱ. 너무 쉽게 헤어진 그는 지금은 다른 사람과 만나지 않는다.
　　　　　　(너무 쉽게 헤어진 그는 후회돼서 다른 사람을 만나지 않는다.)
　　　　　　过于草率结束上一场感情的他至今未能重新开始。
　　　　　　(过于草率结束上一场感情的他后悔至今, 未能重新开始。)
　　　　ㄴ. 자기도 모르게 부모님의 길을 걷게 되었다.
　　　　　　(부모님의 길을 다시 걷게 되는 것을 후회한다.)
　　　　　　我竟不知不觉重蹈了父母的覆辙的。
　　　　　　(我为走了父母的老路感到十分后悔。)

예문 (147ㄱ)에서는 쉽게 헤어진 바람에 후회한 사람의 얘기를 완곡하고 부드럽게 전해 준다. 중국에서도 같은 표현을 이용하여 완곡한 효과를 가진다. 예문 (147ㄴ)에서 후회하는 이유, 즉 '부모님의 길을 다시 걸은 것'을 지적하여 설득력 있게 후회의 마음을 에둘러서 표현한다. '重蹈覆轍'는 실패를 교훈으로 삼지 않고 과거의 잘못을 되풀이하는 것이다. 중국어에서 '重蹈覆轍' 이외에 '重蹈前轍', '蹈其覆轍', '覆车继轨' 등 표현이 있다.

4) 비유 방식

(148) ㄱ. 부모님께서 천국에 가셔서야 효도할 줄 알지 마세요.
(부모님이 계실 때 잘 해줘야지 돌아가서 잘 해줄 기회조차 없다.)
不要等到父母去世了才知道孝顺。
(父母在的时候要好好照顾, 不在了的话连照顾的机会都没有了。)

ㄴ. 계실 때 효도를 못 하여 정말 풍수지탄이다.
(계실 때 효도를 못 하여 정말 후회스럽다.)
父母在世时没尽孝道, 真是应了那句风树之叹。
(父母在世时没尽孝道, 真是后悔。)

예문 (148ㄱ)에서 '천국에 가다'라는 표현은 죽음에 대한 완곡 표현이다. 중국어에서는 주로 '归', '死', '过'를 포함한 어휘로 구성된다. 예를 들어 '过世', '归天', '作故' 등이 있다. 또한 '咽了气(숨을 거두다)', '上路了(길을 떠나다)', '上天了(하늘에 가다)', '不行了(안 되겠다)', '倒下了(넘어지다)', '撒手人世(인간 세상에 손을 떼다)', '永眠/长眠/安眠着了(잠들다)', '闭眼了(눈을 감다)', '结束(끝나다)', '回老家(고향에 돌아가다)' 등 표현을 통해 사람이 죽을 때의 상태를 묘사하거나 멀리 떠나는 행동을 묘사함으로써 죽음을 완곡하게 표현한다.

예문 (148ㄴ)에서 '풍수지탄'이라는 표현을 사용하여 부모님에게 효도를 못한 후회를 예술적으로 표현한다. '풍수지탄'은 한시 '树欲静而风不止, 子欲养而亲不待'에서 왔다. 중국어에서 '及时尽孝(제때에 효도를 다하다)', '活着不孝, 死了干嚎(살고 있을 때 불효하고, 죽어서 울부짖는다)' 등 표현으로 같은 의미를 나타낼 수 있다.

⑥ 안도 표현하기

안도하기는 어떤 일이 잘 진행되어 마음을 놓을 수 있다는 의미이다. 완곡한 방식으로는 다른 사실을 들어 비켜하는 방식을 주로 사용한다.

(149) ㄱ. 애가 오랜만에 잠을 자는가 봐.
(애가 정신상태가 정상으로 되었다.)
看他好不容易睡着的样子。
(他精神状态好转了。)

ㄴ. 이젠 겨울도 지나갔고 봄날도 오고, 부모님도 다시 취직하였다.
(우리 집 사정이 좋아졌다.)
如今冬天过去春日也已经到来, 父母也再找到了工作。
(我们家情况好转。)

예문은 다른 사실을 들어 비켜하는 방식으로 안도하기를 나타낸 것이다. 예문 (149ㄱ)에서 드디어 잠을 자게 된 그 사람의 상태를 지적하여 그 사람의 정신상태가 정상으로 되었다는 것을 에둘러서 표현한다. '애가 오랜만에 잠을 자는가 봐' 라는 표현을 보면 이전의 정신상태가 좋지 않았음을 설명한다, 즉 잠을 자기가 어렵다는 언외의 뜻을 가지고 있다. 이에 중국어에서 '好不容易/很难/很艰难/很困难(-기가 어렵다)' 등 표현이 쓰인다.

예문 (149ㄴ)에서 집의 사정을 겨울과 봄에 비교하여 겨울로부터 봄으로의 변화 과정을 얘기함으로써 사정이 좋아졌다는 것을 완곡하면서도 부드럽게 전해준다. 중국어에서 '冬去春来(겨울도 지나갔고 봄날도 오다)'라는 말로 힘든 시절을 이겨내고 집안 형편이 좋아진다는 것을 완곡하게 표현한다.

⑦ 놀람 표현하기

1) 모호한 표현 방식

(150) ㄱ. 간이 떨어진 줄 알았어.
(놀라 죽는 줄 알았어.)
吓得我心脏都要跳出来了。
(我差点要吓死了。)
ㄴ. 입에 달걀이 들어갈 것 같아.
(너무 놀랐어.)
嘴巴里仿佛能塞下一个鸡蛋。
(太令人吃惊了。)

예문 (150ㄱ)에서 '놀라 죽는 줄 알았다'라는 표현에는 '죽다'라는 금기어가 들어가 사람들이 피하는 표현이다. 놀라움을 표현하기 위하여 '간이 떨어지다'라는 관용어를 사용하여 금기어를 회피하면서 완곡하게 표현한다. 중국어에서 (150ㄱ)과 같은 상황에서는 보통 '간이 떨어자다(肝掉了)'라는 표현은 쓰지 않고, '心脏都要跳出来了(심장이 튀어나올 것 같다)', '吓得我魂都没有了(놀라서 혼이 나다)', '吓得我心脏差点跳出来(놀라서 심장이 튀어나올 뻔하다)' 등의 표현을 이용하여 놀라움이라는 심리 상태를 비교적 과장된 표현을 통해 나타낸다.

예문 (150ㄴ)에서 놀라움을 표현하기 위하여 과장법을 사용하는 동시에, '-것 같다'라는 추측 표현을 통해 문장을 더욱 모호하게 하면서 완곡한 효과를 갖게 한다. 예문 (150ㄴ)과 같은 상황에서 중국어도 얼굴 표정에 대한 구체적인 묘사를 통해 놀라움이라는 심리를 모호하게 표현한다.

2) 다른 사실을 들어 비켜하는 방식

> (151) ㄱ. 이 소식을 알게 된 엄마에게서는 몇 분 동안이나 말이 안 나왔다.
> (이 소식을 알게 된 엄마는 깜짝 놀랐다.)
> 妈妈得知这个消息好几分钟没能说出话。
> (妈妈得知这个消息十分震惊。)
> ㄴ. 현장을 목격한 지인들은 눈이 휘둥그래졌다.
> (현장을 목격한 지인들은 깜짝 놀랐다.)
> 目击到现场的目击者们惊讶地睁大了双眼。
> (目击到现场的目击者们一脸震惊。)

중국어와 한국어에서 놀라움이라는 심리 상태를 완곡어로 에둘러서 표현한다. 예문 (151ㄱ)에서 엄마가 놀란 원인을 설명하여 합리성을 높이는 동시에, '몇 분이나 말이 안 나왔다'라는 측면적인 묘사 방법으로 놀라움을 표현한다. 중국어에서는 보통 '半天没能说出一句话来, 半天没说话, 好一会儿都没说话(한동안 한 마디도 하지 못했다)' 등의 표현을 통해 놀라움을 완곡하게 표현한다. 예문 (151ㄴ)에서도 한국어는 '눈이 휘둥그래졌다'라는 관용어로 놀라움을 생동하게 에둘러서 표현한다. 이에 대응하는 중국어 표현에는 '嘴唇发抖(입술이 떨리다)', '牙齿打颤(이가 덜덜 떨리다)', '瞳孔突然放大(동공이 갑자기 확대되다)' 등이 있다.

3) 이유를 들어 표현하는 방식

> (152) ㄱ. 워낙 심장이 안 좋은 부모님께서 자식의 말을 듣고 더 가슴 아파했다.
> (부모님께서 자식의 말을 듣고 깜짝 놀랐다.)
> 本来心脏就不好的父母听到子女的一番话胸口更疼了。
> (父母听到子女的一番话后大吃一惊。)
> ㄴ. 처음 이런 일을 겪어 부들부들 떨기만 했다.
> (우리는 놀라서 어쩔 바를 몰랐다.)
> 第一次经历这件事的我们瑟瑟发抖。
> (我们惊慌地不知所措。)

예문 (152ㄱ)에서 부모님들이 심장이 워낙 안 좋으신 이유를 제시하여 뒤의 결과를 알려주며, 직접 표현보다 놀라움을 완곡하게 표현한다. 예문 (152ㄴ)에서 '부들부들 떨다'로 완곡하게 표현하여 우리의 추태를 최소한도로 낮춘다. 중국어에서는 '心惊胆战(간담이 서늘하다)', '大惊失色(대경실색하다)', '提心吊胆(마음이 조마조마하다)' 등의 표현으로 놀라움을 표현한다.

4) 비유 방식

> (153) ㄱ. 얘는 유리 멘탈이야.
> (얘는 쉽게 놀라운 타입이야.)
> 她是玻璃心。

(她很容易受惊。)

ㄴ. 내가 토끼 심장이라고 놀림을 받았어.

(내가 너무 쉽게 놀란다고 놀림을 받았어.)

我被大家开玩笑说是玻璃心。

(我被大家说我很容易收到惊吓。)

예문 (153ㄱ)에서 '쉽게 깨지는 유리'에 비유하여 쉽게 놀라는 심리를 과장법으로 완곡하게 표현한다. 예문 (153ㄴ)에서도 토끼처럼 작은 동물의 심장에 비유하여 쉽게 놀라는 특성을 생동하게 표현한다. 위의 예문(153ㄱ, ㄴ)과 같은 상황에서 중국어도 '玻璃心(쉽게 상처 받는 여린 마음을 일컫는다)', '心理承担能力差(마음이 감당할 수 있는 능력이 부족하다)', '溫室里的花朵(온실 속의 꽃)' 등의 표현을 주로 사용한다.

⑧ 선호 표현하기

1) 모호한 표현 방식

(154) ㄱ. 아이를 너무 편애하는 것은 좋은 일이 아닌 것 같다.

(아이를 너무 편애하는 것은 좋은 일이 아니다.)

太偏爱孩子好像不是什么好的事情。

(太偏爱孩子不是好事。)

ㄴ. 너는 딸보다 아들을 더 좋아하는 것 같다.

(너는 딸보다 아들을 더 좋아한다.)

比起女儿, 你好像更喜欢儿子。

(比起女儿, 你更喜欢儿子。)

예문 (154ㄱ)에서는 '-것 같다'는 추측의 뜻을 담긴 어휘를 사용하여 아들을 편애하면 좋지 않다는 자신의 주장을 에둘러서 표현하였다. 예문 (154ㄴ)에서 '-것 같다'는 추측의 뜻을 가진 문장을 사용하여 자신의 개인 주장이라는 것을 강조하여 에둘러서 전달한다. 중국어에서 흔히 '好像', '是不是', '仿佛', '可能', '似乎' 등 추측 표현을 통해 모호한 효과를 전달한다. 이 점에서 한·중 언어의 사용 양상을 보면 별로 차이가 없다고 본다.

2) 다른 사실을 들어 비켜하는 방식

(155) ㄱ. 그는 술을 끌어안고 산다.
　　　　(그는 술을 마시는 것을 선호한다.)
　　　　他抱着酒瓶过日子。
　　　　(他喜欢喝酒。)
　　　ㄴ. 그는 맛있는 음식을 보면 그냥 지나치는 법이 없다.
　　　　(그는 맛있는 음식을 제일 좋아한다.)
　　　　他看见好吃的就挪不开脚步。
　　　　(他最喜欢吃好吃的。)

예문 (155ㄱ)에서는 직접적인 술을 안고 산다는 표현보다 술병을 끌어안고 산다는 표현으로 에둘러서 표현하였다. 중국어에서는 '抱着/带着(안다)'라는 단어 뒤에 구체적인 사물을 붙여 사물을 매우 좋아한다는 뜻을 표현한다. 예문 (155ㄴ)에서는 그가 맛있는 것을 좋아한다는 사실보다 음식을 보면 발길을 떼지 못한다고 하여 재미있고 에둘러서 표현한다. 중국어에서 '挪不开脚步, 挪不动腿(발을 못 떼겠다)', '一动不动, 寸步不移(꼼짝하지 않다)' 등 표현으로 발길을 떼지 못한다는 표현을 대용한다.

3) 이유를 들어 표현하는 방식

    (156) ㄱ. 공포영화를 볼래?
            나는 코미디 영화를 더 좋아한다.
            (나는 공포영화를 싫어한다.)
            一起看恐怖电影吗？
            我更喜欢看喜剧电影。
            (我讨厌看恐怖电影。)
       ㄴ. 세민 씨를 좋아하는 것 같다.
            그래. 세민 씨는 착하고 똑똑한 사람이다.
            (그래, 나는 세민 씨를 좋아한다.)
            你好像喜欢世民。
            当然, 世民又善良又聪明。
            (是的, 我喜欢世民。)

예문 (156ㄱ)에서 상대방의 요청을 그냥 거절하는 것보다 다른 영화를 보자는 요청을 들어 완곡하게 거절하였다. '공포영화를 볼래?(想看公布电影吗？)'라고 물어본 사람이 직접 싫다고 거절하면 상대방이 강한 거부감을 느낄 수 있어서 이 상황에서 '나는 코미디 영화를 더 좋아한다(更喜欢喜剧片)'라는 표현을 통해 주의를 완곡하게 거절하는 목적에 달한다.

예문 (156ㄴ)에서 세민 씨가 좋을 만한 이유를 들어 세민 씨가 좋다는 사실을 완곡하게 표현한다. 위의 두 예문 같은 상황에 한·중 언어의 사용은 차이가 별로 없다고 본다.

4) 비유 방식

　　(157) ㄱ. 돈이 바로 그의 생명이다.
　　　　　　　(그는 돈을 아주 좋아한다.)
　　　　　　　钱就是他的命。
　　　　　　　(他很爱钱。)
　　　　　ㄴ. 그는 잠자는 숲속의 미녀이다.
　　　　　　　(그는 잠을 자는 것을 좋아한다.)
　　　　　　　她像睡公主一样。
　　　　　　　(她喜欢睡觉。)

　예문 (157ㄱ)에서는 돈을 자신의 생명에다 비유하여 과장법으로 돈을 좋아한다는 것을 생동감 있게 에둘러 표현하였다. 중국어에서 '视财如命, 爱财如命(재산을 목숨처럼 여기다)', '见钱眼开(돈을 보면 눈이 트이다)' 등 표현을 통해 재물이나 돈을 매우 좋아한다는 것을 표현한다.

　예문 (157ㄴ)에서는 동화 속 천년 동안 잠자는 공주에 비유하여 잠이 많다는 것을 생동감 있게 표현한다. 중국어에서 '睡公主, 睡美人(잠자는 숲 속의 미녀)'은 잠자는 공주나 미인을 칭찬하는 표현이다.

⑨ 희노애락/심정 표현하기

1) 모호한 표현 방식

　　(158) ㄱ. 네가 싱글벙글하는 걸 보니 너는 기분이 좋은 것 같다.
　　　　　　　(네가 싱글벙글하는 걸 보니 너는 기분이 좋다.)

看你笑得合不拢嘴, 心情好像不错。

(看你笑得合不拢嘴, 心情很好。)

ㄴ. 그 사람이 말을 한마디도 하지 않는 걸 보니 그는 화가 난 것 같다.

(그 사람이 말을 한마디도 하지 않는 걸 보니 그는 화가 났다.)

看那个人一句话也没说, 好像生气了。

(看那个人一句话也没说, 是生气了。)

예문 (158ㄱ)에서는 '-것 같다'라는 추측 표현을 사용하여 상대방이 싱글벙글하여 기분이 좋아졌다는 것을 에둘러서 표현한다. 중국어에서 '心情似乎还不错/心情好像还不错/心情可能不错(기분이 좋은 것 같다)' 등 추측 표현으로 기분이 좋다는 뜻을 완곡하게 표현한다.

예문 (158ㄴ)에서도 '-것 같다(好像, 似乎, 大概, 也许)'라는 표현을 사용하여 그 사람이 화가 났다는 부정적인 메시지를 에둘러서 표현하였다.

2) 다른 사실을 들어 비켜하는 방식

(159) ㄱ. 요즘 따라 담배를 피고 싶다.

(요즘 기분이 너무 나쁘다.)

最近想抽烟。

(最近心情不太好。)

ㄴ. 날씨가 너무 좋아서 발걸음이 가볍다.

(기분이 좋아서 날씨가 좋아 보인다.)

天氣太好, 脚步也轻快了起来。

(心情一好, 天氣也觉得可爱。)

예문 (159ㄱ)에서는 속이 답답할 때 담배를 자주 피게 되는 사실로 기분이 나쁘다는 직설적인 표현을 대체하여 보다 완곡하게 전해 준다. 대다수의 사람들은 보통 기분이 좋지 않을 때만 담배를 피우려고 한다. 기분 나쁘다고 직접 말하기를 꺼려 다른 사람이 물어 봐도 '还行(괜찮아)', '没什么(아무도 아니야)', '别担心(걱정 마)' 등 완곡한 말로 기분이 나쁘다는 것을 완곡하게 표현하는 경우가 많다.

예문 (159ㄴ)에서 기분이 좋은 것을 연상의 수법으로 날씨에 연상시켜 자신의 심정을 에둘러서 표현한다. 중국어에서 '발걸음이 가볍다'는 말은 '步履轻快', '步伐轻快', '步履轻盈' 등 표현으로 대용할 수 있다.

3) 이유를 들어 표현하는 방식

    (160) ㄱ. 아이를 얻은 그는 입꼬리가 귓가까지 올라갔다.
        (그는 기분이 아주 좋다.)
        老年得子的他开心的嘴都合不上。
        (他心情很好。)
    ㄴ. 나는 너무나 난처해서 쥐구멍에라도 들어가고 싶은 심정이었다.
        (나는 너무나 난처했다.)
        我尴尬的想找个地缝钻进去。
        (我太尴尬了。)

예문 (160ㄱ)에서는 자식이 생겨 기쁘다는 것을 입꼬리가 귓가에 올라갔다라고 에둘러서 표현하였다. '老年得子(말년에 자식을 얻다)'라는 표현은 말년에 아이를 가졌다는 뜻이고, 이는 매우 쉽지 않고, 또한 희열도 나타낸다. 중국어에서 '笑得合不拢嘴(입을 다물지 못할 정도로 웃다)', '笑不可仰(배꼽을 잡고 웃는 모양)', '眉开眼笑(싱글벙글하다)' 등 표현도 기쁨의 깊이를 말해 준다.

예문 (160ㄴ)에서 쥐구멍에라도 들어가고 싶다는 표현으로 자신의 수치스러움을 예술적이면서 완곡하게 표현하였다. 중국어에서 보통 '想找个地缝钻进去/想找个老鼠洞钻进去(쥐구멍에라도 들어가고 싶다/땅구멍에라도 들어가고 싶다)'라는 표현을 통해 부끄러워하거나 창피하거나 무슨 군색한 일을 당하거나 바깥세상을 직시하고 싶지 않을 때, 즉시 아무도 없는 곳을 찾아 숨고 싶다는 심정을 나타낸다.

4) 비유 방식

(161) ㄱ. 그는 가마의 개미처럼 어쩔 바를 모른다.
(그는 너무 다급하다.)
他急得像热锅上的蚂蚁。
(他很着急。)
ㄴ. 기분이 롤러코스터 같다.
(기분이 많이 변한다.)
心情像过山车一样。
(心情多变。)

예문 (161ㄱ)에서는 '가마의 개미'라는 관용어를 사용하여 다급한 심정을 생동감 있게 표현한다. 중국어 속담에 '热锅上的蚂蚁, 团团转(뜨거운 가마 속의 개미가 뺑뺑 돌고 있다)'라는 말이 있는데, 마음이 초조하고 안절부절못하는 모습을 표현한 것이다. 사람이 급하고 짜증날 때 제자리에서 왔다 갔다 하는 모습은 마치 뜨거운 솥에 앉은 개미가 이리저리 옮겨 다니는 것과 같다. 예문 (161ㄴ)에서 기분의 자주 변하는 것을 주기성이 강한 롤러코스터에 비교하여 생동하고 에둘러서 자신의 마음을 표현한다. 중국어에서 흔히 '喜怒无常', '悲喜交加', '阴晴不定' 등의 표현으로 '마음이 자주 변덕스럽다'는 뜻을 표현한다.

3.2.5. 사교적 활동하기

① 인사하기

1) 모호한 표현 방식

  (162) ㄱ. 자리를 빛내 주셔서 고맙습니다.
     (와 주셔서 고맙습니다.)
     您的到来令寒舍蓬荜生辉。
     (感谢到来。)
    ㄴ. 오랜만이에요. 전보다 좀 동글동글해졌어요.
     (오랜만이에요, 살이 많이 쪘네요.)
     好久不见, 你比之前圆润了些。
     (好久不见, 你胖了不少啊。)

한국과 중국 두 나라는 모호한 표현의 방식을 사용하여 자신을 낮추어 상대방에 대한 존경의 뜻을 표현한다거나, 자신의 뜻을 완곡하게 표현하기를 선호한다. 예문(162ㄱ)은 말하는 자가 방문한 손님에게 인사를 하는 장면이다. '와 주셔서 고맙습니다', '感谢到来'는 직설적으로 자신의 감사의 뜻을 표현하는 문장이다. '자리를 빛내 주시다'는 자주 사용하는 문장으로, 과장법으로 오신 것을 환영한다는 것을 모호하게 표현한 것이다. 중국어에서는 자신의 저택을 '寒舍'로 낮추는 표현도 있기에 자세가 더욱 낮으며 상대방에 대한 존경을 더 잘 표현할 수 있다.

예문 (162ㄴ)에서는 다른 사람의 외모에 대해 평가할 때 뚱뚱하다고 말하는 것은 매우 무례하고 상대방이 자존심이 상할 수도 있다. 보통 이런 상황에 대해 중국어에서는 '圓润(동글동글)', '丰满(풍만)', '可爱(귀여움)', '肉嘟嘟(포동포동)' 등의 비교적 완곡한 표현을 주로 사용한다.

2) 다른 사실을 비켜하는 방식

(163) ㄱ. 님 덕분에 기운이 납니다.
　　　　　(병문안 와 주셔서 감사합니다.)
　　　　　多亏了你我觉得我好多了。
　　　　　(谢谢你过来看我。)
　　　ㄴ. 선생님께서 와 주신 덕분에 우리 아이가 공부하는 재미를 찾았습니다.
　　　　　(선생님께서 방문하신 것을 환영합니다.)
　　　　　多亏了老师我们孩子找回了学习的乐趣。
　　　　　(欢迎老师来家访。)

예문 (163ㄱ)에서는 병문안을 와 주셔서 기운이 난다는 표현을 사용하여 직설적으로 감사의 말을 하지 않았지만 직설적인 고마움보다 더욱 함축적이고 완곡하다. 예문 (163ㄴ)에서도 아이가 공부하게 된 사실을 빌려 선생님이 오신 것을 환영하다는 것을 알림으로써 더욱 겸손하고 완곡하게 표현하고 있다.

'덕분'은 중국어에서는 '多亏/幸亏(다행)'이라는 뜻이다. 남의 도움이나 어떤 호재로 인해 불행을 피했거나 덕을 보았다는 뜻이다. 예를 들면 '多亏了你 / 幸亏有你 / 还好有你(당신 덕분에)'가 그것인데, 보통 다른 사람에 대한 감사나 칭찬을 할 때 사용한다.

3) 비유 방식

(164) ㄱ. 여러분이 오자 까치가 우는 걸 보니 오늘 좋은 일이 생길 겁니다.
(손님여러분 오신 것을 환영합니다.)
在座的各位一来喜鹊就报喜, 看来今日会有好事。
(欢迎在座的各位。)
ㄴ. 그는 천국에 갔을 뿐 잘 지낼 거야.
(사람이 이미 죽었으니 너무 슬퍼하지 마라.)
他只是去了天国, 会过的很好的。
(人已经死了, 你不要太难过了。)

예문 (164ㄱ)에서 '까치가 울면 좋은 일이 생긴다'는 표현은 전통적인 옛말로, 지금 이 자리에 모인 손님 여러분을 환영함을 비유하여 더욱 고급지고 완곡하게 환영의 뜻을 전달하고 있다. 중국에서 까치는 '吉祥鸟'라고 불리며 경사가 겹친다는 것을 상징한다. 까치 소리는 '재잘재잘, 재잘재잘'(喳喳喳喳, 喳喳喳喳)인데, '경사가 나다, 경사가 나다(喜事到家, 喜事到家)'와 같기 때문에, 사람들은 줄곧 까치가 경사의 상징이라고 말해 경사를 의미한다. 그리고 까치를 보면 좋은 일이 생길 것을 예시한다고 믿는다.

예문 (164ㄴ)을 보면 천국(天国, 天堂)에는 많은 선한 사람들이 있고, 그곳에 간 사람들은 즐겁게 생활하기 때문에 '천국'이란 말을 듣는 사람에게 위로가 될 수 있다. 중국어에서 '죽음'을 대용하는 표현은 '归天(귀천)', '作故(작고)',

'上路了(길을 떠나다)', '上天了(하늘에 가다)', '撒手人世(인간 세상에 손을 떼다)', '永眠/长眠/安眠/睡着了(영면하다, 잠들다)', '回老家(고향에 돌아가다)' 등 표현이 있다.

② 소개하기

1) 모호한 표현 방식

    (165) ㄱ. 이 분이 제 수영의 계몽자이시다.
           (이 분이 나에게 수영을 가르쳐 주신 선생님이다.)
           这位是我游泳的启蒙者。
           (这位是教我游泳的老师。)
       ㄴ. 그녀는 눈시울이 빨개졌다.
           (그녀는 눈물을 흘리고 있다.)
           她眼眶变红了。
           (她在流眼泪。)

예문 (165ㄱ)에서는 선생님이라는 표현 대신 계몽자라는 표현을 사용하여 선생님에 대한 존경의 마음을 더욱 강력하고 부드럽게 표현하였다. 예문 (165ㄴ)에서는 눈물을 흘리고 있다는 직설적인 묘사 대신 눈시울이 빨개졌다는 묘사를 통해 부드럽고 완곡하게 그녀의 슬픔을 표현하고 있다. 계몽자는 지식수준이 낮거나 인습에 젖은 사람을 가르쳐서 깨우친다는 뜻이다. 중국어에서는 '启蒙恩师(계몽 은사)'를 써서 새로운 지식을 가르치는 첫 선생님에 대한 존중을 표현한다. 동시에 부모는 아이의 '第一个启蒙老师(첫 계몽 선생님)'이라고도 불리며 아이들에게 많은 것을 가르친다.

예문 (165ㄴ)에서 '그녀는 눈시울이 빨개졌다'에 해당하는 '眼眶湿了(눈시울이 젖어)', '眼睛里进沙子(눈에 모래가 들어가)', '哽咽(목이 메어)', '双眼朦胧(눈이 흐릿하다)' 등은 사람이 눈물이 흐른 상태를 완곡하게 표현하는 말이다.

2) 다른 사실을 비켜하는 방식

(166) ㄱ. 그녀는 성격도 좋고, 날씬하다.
　　　　(그녀는 예쁘지 않다.)
　　　　她的氣质很好, 也很苗条。
　　　　(她长得不漂亮。)
　　ㄴ. 그는 키도 크고 성격도 좋지만 창업 초기이다.
　　　　(그는 매우 가난하다.)
　　　　他个子很高, 性格也很好, 但是处于创业初期。
　　　　(他很穷。)

예문 (166ㄱ)에서는 못난 외모를 얘기하지 않고 그녀의 다른 장점들의 열거를 통해 그의 외모가 못난 것을 예의 바르게 간접적으로 표현하였다. 예문 (166ㄴ)에서도 그 남자가 가난뱅이라는 사실을 언급하지 않고 나른 사실을 예로 들어 완곡하게 표현하였다. 중국어에서도 사람들은 남의 단점을 직접 말하는 것보다, 남의 결점을 피하고 남의 장점을 칭찬하는 경우가 많다.
　예문 (166ㄱ)에서 '她的氣质很好, 也很苗条(그녀는 성격도 좋고, 날씬하다)'가 암시하는 뜻은 그녀가 예쁘지 않다는 것이다. 예문 (166ㄴ)에서도 마찬가지다. 키도 크고 성격도 좋지만 '창업초기'라는 표현으로 '他很穷(그는 가난하다)'를 나타내고 있다. 그리고 여성의 외모와 몸매를 직접 언급하는 것은 매우 무례한 짓이라서 평범한 외모의 여성을 평가할 때 보통 '可爱(귀여움)',

'文静(차분함)', '性格好(성격이 좋다)' 등 표현을 이용한다.

3) 이유를 들어 표현하는 방식

(167) ㄱ. 지혜는 요즘 일이 바빠서 그래.
(지혜는 냉담한 사람이야. 모임도 참가하지 않고.)
智慧是因为最近太忙了。
(智慧是冷漠的人, 连聚餐都不参加。)

ㄴ. 우리 어머니는 눈이 높아서 그래.
(우리 어머니는 엄격한 분이다.)
妈妈眼光比较高。
(妈妈是很严格的人。)

예문 (167ㄱ)에서는 지혜가 냉담하다는 사실을 드러내지 않고 다른 이유를 들어 그녀가 모임에 빠진 핑계를 얘기하면서 진실을 완곡하게 표현하였다. 예문 (167ㄴ)에서도 다른 표현으로 어머니의 엄격함을 에둘러 알려주었다. 예문 (167ㄱ) 중에 '지혜는 요즘 너무 바빠서 그래.'라는 구실은 지혜가 냉정한 사람이라고 직접적으로 말하면 존중하게 되어 에둘러서 한 표현이다. 중국어에서는 이 상황에서 보통 '她喜欢一个人 / 她想要一个人独处(그녀는 혼자 있고 싶다)', '她不喜欢热闹 / 她不善于与人相处(그녀는 시끌벅적한 데 싫다/그는 사람을 잘 안 만나다)' 등 표현을 쓸 수 있다. 예문 (167ㄴ)을 보면 중국어에서 보통 '妈妈眼光比较高 / 妈妈眼光比较挑剔 / 妈妈比较有眼光(어머니의 안목이 높다)' 등 표현을 통해 다른 사람에게 소개할 때는 이 사람의 약점을 완곡하게 표현한다.

4) 비유 방식

  (168) ㄱ. 그녀의 영혼에서 향기가 난다.
     (그녀는 예쁘다.)
     她的灵魂散发着香氣。
     (她很漂亮。)
   ㄴ. 아버지께서 돌아가셔서 그들은 슬퍼 보인다.
     (검은 옷을 입은 그들은 슬퍼 보인다.)
     穿上黑衣服(丧服)的他们看起来很悲伤。
     (父亲去世, 他们看起来很悲伤。)

 예문 (168ㄱ)에서 은유의 방식으로 향기로운 영혼을 가지고 있다는 이미지를 부각하여 측면으로 그녀의 아름다움을 드러내었다. 사람들이 외모에 대해 외적인 아름다움과 내적인 아름다움이 있다고 생각한다. 중국어에서도 영혼이 아름답다는 표현으로 사람의 외모에 대해 칭찬한 경우가 많다. 보통 '她的灵魂散发着香氣(그녀의 영혼에서 향기가 난다)/她有着独特的灵魂(그녀는 독특한 영혼)' 등 표현을 쓴다.

 예문 (168ㄴ)에서 금기어인 죽음을 피하고 장례식을 상징하는 검은 옷으로 그들의 슬픈 심정을 표현하였다. 죽음에 대한 표현은 중국어에서는 주로 '归', '死', '过'를 포함한 단어로 구성된다. 예를 들면 '过世(세상을 떠나다)', '归天', '作故' 등 표현이 있다. 또한 '咽了氣(숨을 거두다)', '上路了(길을 떠나다)', '上天了(하늘에 가다)', '不行了(안 되겠다)', '倒下了(넘어지다)', '撒手人世(인간 세상에 손을 떼다)', '永眠/长眠/安眠/睡着了(잠들다)', '闭眼了(눈을 감다)', '结束(끝나다)', '回老家(고향에 돌아가다)' 등 표현은 사람이 죽을 때의 상태를 묘사하거나 멀리 떠나는 행동을 묘사함으로써 죽음을 완곡하게 표현한다.

③ 감사하기

1) 모호한 표현 방식

 (169) ㄱ. 그동안 새싹인 우리를 나무로 키워 주시느라 수고 많으셨습니다.
    (그동안 우리를 가르쳐 주시느라 수고 많으셨습니다.)
    感谢过去那么长时间将还是幼苗的我们养育成才。
    (感谢过去那么长时间教导我们。)
   ㄴ. 남에게서 은혜를 입으면 갑절로 갚아야 한다.
    (남의 도움을 받으면 잘 보답해야 한다.)
    滴水之恩，当涌泉相报。
    (谢谢你的帮助，我会好好报答你的。)

예문 (169ㄱ)에서 오랫동안 가르쳐 주신 선생님의 은혜에 감사하는 뜻을 표현하였으며, 예문 (169ㄴ)에서 남의 은혜를 입을 때 상대방에게 감사의 뜻을 전달하는 표현이다. '새싹(幼苗)'은 '사물에 대한 인식이 부족한 매우 앳된 학생'을 가리키며, 중국어에서 보통 '初出茅庐(초출초려)/懵懂者(무지자)/初生牛犊(초생 송아지)/祖国的花朵(조국의 꽃송이)' 등 표현을 사용한다. 그리고 '教导有方(잘 가르치다)', '恩重如山(은혜가 산처럼 무겁다)' 등 표현을 사용하여 '선생님께 감사하다'의 뜻을 표현한다. '滴水之恩, 当涌泉相报(물 한 방울의 은혜라도 넘치는 샘물로 보답하라)'는 어려울 때 작은 은혜를 입더라도 그 은혜를 두 배로 갚아야 한다는 뜻이다. 비슷한 것 중에 '投之以桃, 报之以李(복숭아꽃을 던져 그것을 오얏으로 보답하다)'는 표현도 있다.

2) 다른 사실을 들어 비켜하는 방식

 (170) ㄱ. 너는 나의 데미안이야.
    (너는 나의 인생의 벗이다.)
    你是我的德米安。
    (你是我人生挚友。)
   ㄴ. 그대는 나의 앞길을 가리키는 등불이다.
    (그대는 나의 동반자이다.)
    她是我前进道路的指路灯。
    (她是我的同行者。)

예문 (170ㄱ)에서는 인생의 벗이라는 표현 대신 인생길을 밝히는 사자 데미안이라는 인물을 빌려 친구의 소중함을 예술적이며 함축적으로 표현하였다. 인생의 벗(人生挚友)은 일반적으로 진지하고 가장 친한 친구를 가리킨다. 중국어에서는 친구 간의 관계를 묘사할 때 '知己/知音(친구)', '患难之交(환난지교)', '生死之交(생사지)', '过命之交(생명지교)' 등 표현을 주로 사용한다.

예문 (170ㄴ)에서 동반자라는 주체를 언급하지 않고 앞길을 가리키는 등불에 비유하여 예술적이며 완곡하게 표현하였다. 중국어에서는 동반자라는 표현은 쓰지 않고 '同行者(동행자)'라는 표현을 쓴다.

3) 이유를 들어 표현하는 방식

 (171) ㄱ. 내가 힘들 때 위로해 줘서 고마워.
    (위로해 줘서 고마워.)
    谢谢你在我心累的时候安慰我。

(谢谢你安慰我。)

ㄴ. 아플 때 병문안 해 줘서 고마워.

(내 곁에 있어 줘서 고마워.)

谢谢你在我生病的时候过来探病。

(谢谢你在我身边。)

예문 (171ㄱ, ㄴ)에서는 다 감사하는 이유를 밝힘으로써 진실성을 강조하고 감사의 뜻을 더 강렬하게 표현하고 있다. 중국어에서는 이유를 들어 표현하는 방식으로 감사의 뜻을 표현하는 경우는 적다. 중국어에서 '安慰(위로)'는 '慰藉(위적)/鼓励(격려)' 등 표현으로 대용할 수 있고 병문안할 때는 '看望(방문)/探望(방문)' 등 표현을 주로 쓴다.

4) 비유 방식

(172) ㄱ. 나는 배, 너는 나의 노.

(너는 나의 인생의 벗이야.)

我是船,你是我的前进的桨。

(你是我的人生挚友。)

ㄴ. 우리는 서로의 야경, 서로의 달.

(우리는 서로 의지하고 서로 상처를 핥아주는 소울메이트.)

我们是彼此的夜景与月亮。

(我们是互相依靠 互相舔舐伤口的灵魂伴侣。)

예문 (172ㄱ)에서는 자신을 '배', 친구를 '노'에 비유하고 있다. 두 사람이 서로 떨어질 수 없는 존재라는 것을 비슷한 속성을 가진 다른 사물로 상징화

함으로써 더욱 함축적이며 완곡하게 친구에 대한 감사의 마음을 표현하였다. 예문 (172ㄴ)에서는 소울메이트인 두 사람을 각기 '야경'과 '달'에 비유함으로써 유일한 벗이 된다는 것을 언급하면서 두 사람의 우정을 예술적으로 표현하고 있다.

  중국은 비유를 표현하는 방식을 매우 좋아한다. 특히 우정을 묘사하는 것이 매우 많다. 예를 들면 '朋友是烈日里的一缕清风, 会为你拭去脸上的汗水(친구는 뜨거운 태양 속의 맑은 바람이고, 얼굴의 땀을 닦아 줄 사람)', '朋友是冬日里的一束阳光, 静静地为你送去心灵的温暖(친구는 겨울의 햇살 한 송이로 조용히 너에게 마음의 따뜻함을 보내준다)' 등의 표현을 통해 사람을 매우 편안하게 한다.

④ 축하하기

1) 모호한 표현 방식

    (173) ㄱ. 하나님의 인자함도 그대를 구할 수 없습니다.
           (곧 죽을 몸입니다.)
           上天/神的仁慈也拯救不了你了。
           (您是将死之人。)
       ㄴ. 새로운 가족이 생겼습니다. 축하합니다.
           (임신하셨습니다. 축하합니다.)
           您有新的家族成员了, 恭喜。
           (您怀孕了, 恭喜。)

  예문 (173ㄱ)에서 죽음이라는 금기어를 말하는 대신, 하나님이라는 실체가 아닌 모호한 종교적 상징인물로 완곡하게 상대방의 죽음을 전달해 준다. 중국어에서는 기독교를 믿는 사람이 한국과 달리 그리 많지 않아 보통 '上天(하느님)', '神(신)' 등 표현을 주로 사용한다. 예문 (173ㄴ)에서는 아시아 국가들이 평소에 이야기하기 싫어하는 출산을 '새로운 가족'이라는 표현으로 사용하여 완곡하게 표현하였다. 임신했다는 것을 알게 되면 축복을 보내야 하고, 말하는 방식에 따라 다른 느낌을 줄 수 있다. 보통 중국어에서는 '天赐贵子(하늘이 내려준 귀자)', '喜得千金, 喜得贵子(희득천금, 아들)', 当爸爸了(아버지가 되다)' 등 여러 가지 표현으로 임신에 대해 완곡하게 묘사한다.

2) 다른 사실을 들어 비켜하는 방식

(174) ㄱ. 그대의 반쪽과 함께 카펫을 걷게 된 것을 축하합니다.
(결혼하신 걸 축하합니다.)
恭喜你和另一半步入婚姻的殿堂。
(新婚快乐。)
ㄴ. 자유를 되찾은 것을 진심으로 축하드립니다.
(광복을 진심으로 축하드립니다.)
衷心祝贺重获自由。
(衷心祝贺解放。)

예문 (174ㄱ)에서 '결혼하신 걸 축하드립니다'라는 직설적 표현은 함축적 의미와 언어적 의미를 잘 드러내지 못한다. 하지만 '카펫을 걷는다'라는 표현을 사용하여 더욱 고급스럽고 함축적으로 표현된다. 예문 (174ㄴ)에서는 '광복'이라는 단어는 암울한 역사를 떠올리게 할 수 있기에, '자유를 되찾다'라는 희망이 넘친 표현을 사용하여 더 받아드리기 쉽게 한다.

위 예문에서 '그대의 반쪽(另一半)'은 다른 사람이나 자신의 배우자를 가리킨다. 중국어에서 '喜结连理(결혼 연리)', '秦晋之好(진진의 좋은)', '结发(결발)' 등 표현을 통해 결혼한다는 것을 완곡하게 묘사한다.

3) 비유 방식

(175) ㄱ. 원하는 대학에 떡하니 붙은 것을 축하해!
(원하는 대학에 합격한 것을 축하해!)
恭喜你金榜题名！
(恭喜你考上心仪的大学！)
ㄴ. 오늘, 자유의 깃발이 다시 날리게 되었다.
(오늘, 우리나라가 독립하게 되었다.)
今天，自由的旗帜重新飞扬了起来。
(今天，我们国家独立了。)

예문 (175ㄱ)에서 '떡하니 붙다'라는 표현을 사용하여 원하는 대학에 합격한 것을 표현하고 있는데, 비유의 수법으로 귀엽고 받아들이기 쉽게 표현하였다. '방상괘명(金榜题名)'은 관직을 획득하고, 편액을 얻어 사해를 널리 알리고, 조상을 빛내다는 것을 뜻한다. 예문 (175ㄴ)에서는 독립하였다는 표현보다 독립을 상징하는 '자유의 깃발(旗帜)이 날리게 되었음'을 사용하여 더 고급스럽고 아름다우며 완곡하게 표현하였다.

⑤ 칭찬하기

1) 모호한 표현 방식

(176) ㄱ. 너는 웃을 때 눈에서 빛이 나.
(너는 웃을 때 이뻐.)
你笑的时候眼睛在发光。
(你笑起来很好看。)

ㄴ. 경기장에서 뛸 때 머리가 원심력에 날리는 모습이 너무 멋있어.
(경기장에서 뛰는 모습이 너무 멋있어.)
你在操场上跑的时候, 头发因为离心力的作用甩起来的样子真是太帅了。
(你在操场上跑的样子太帅了。)

예문 (176ㄱ)에서 예쁘다는 칭찬을 직설적으로 하는 것보다 자세하게 눈의 자태를 묘사함으로써 상대방의 아름다움을 구체적으로 더 완곡하게 표현하였다. 중국어에서 눈을 묘사하는 어휘는 '亮晶晶(반짝반짝)', '水汪汪(멍멍)' 등이 있으며 사람의 눈에 대해 칭찬할 때 주로 '眼睛里有星星(눈에 별이 있고)', '眼里有万丈星河(눈에는 별이 만장)' 등으로 눈이 예쁘다는 것을 표현한다.

예문 (176ㄴ)에서도 마찬가지로 원심력으로 인하여 머리가 휘날리는 모습을 포착하고 묘사하여 자신의 뜻을 완곡하게 표현하였다. 중국어에서 '휘날리다'라는 표현을 대신 '飞扬', '飘扬', '飞舞', '飘动' 등 여러가지 표현으로 대용할 수 있다.

2) 다른 사실을 들어 비켜하는 방식

(177) ㄱ. 그녀는 양귀비 같은 미모를 가졌다.
　　　　(그녀는 보기 드문 미인이다.)
　　　　她有着如杨贵妃一般的美貌。
　　　　(她是罕见的美人)。
　　ㄴ. 얼굴이 짱구 같아서 귀여워.
　　　　(얼굴이 동글동글해서 귀여워.)
　　　　像蜡笔小新一样, 很可爱。
　　　　(脸圆圆的, 很可爱。)

예문 (177ㄱ)에서 엄청난 미인인 양귀비와 비교하여 미모를 더욱 강조하였다. 양귀비는 중국 고대 4대 미인 중 한 명으로, 양귀비로 비유하면 너무 예쁘게 생겼다는 것을 상징한다. 중국에서의 4대 미인인 왕소군(王昭君), 양귀비(杨贵妃), 가오리(貂蝉), 서시(西施)는 절세미인의 대표이며, 보통 이런 미인으로 비유하면 그 아름다움의 정도가 비범하다는 것을 의미한다.

예문 (177ㄴ)에서는 얼굴형이 동글동글하다는 상대방이 꺼려할 수 있을 것 같은 표현 대신 귀여운 애니메이션 캐릭터에 비켜하는 방식으로 귀여움을 구체적으로 더 받아들이기 쉽게 얘기하였다. '짱구'는 중국말로 '蜡笔小新'라고 하는데 애니메이션 속 캐릭터다. 사람들은 흔히 '귀여운 사람'을 '크레용 짱구'로 비유한다. 중국어에서 '스폰지밥(海绵宝宝)', '도라에몽(哆啦A梦)' 등 표현도 종종 사람을 귀엽게 묘사하는 데 쓴다.

3) 이유를 들어 표현하는 방식

(178) ㄱ. 나를 보는 눈길이 항상 부드러워.

　　　　(나는 너의 눈이 좋아.)

　　　　看向我的你的眼神永远是温柔的。

　　　　(我喜欢你的眼睛。)

　　ㄴ. 첫눈이 샤르르 녹아버릴 것 같은 그 가수의 목소리가 좋아.

　　　　(그 가수의 목소리가 좋아.)

　　　　我喜欢那个歌手如初雪般融化的嗓音。

　　　　(我喜欢那个歌手的嗓音。)

예문 (178ㄱ)에서 '눈길이 부드럽다'라는 이유를 들어 직설적인 칭찬보다 더욱 선을 지키면서 상대방이 듣기 좋게 표현하였다. 예문 (178ㄴ)에서도 마찬가지로 목소리를 좋아하는 이유를 들어 상대방이 부담스럽지 않게 더 쉽게 받아들이게 하여 완곡함을 표현하였다. 중국어에서도 비유의 수법을 사용하여 칭찬을 하는 경우가 많다. 흔히 보는 표현은 '如…一般', '像… 一样', '好似…' 등이나 고급스러운 다른 표현으로 대체하는 경우도 있다.

4) 비유 방식

(179) ㄱ. 그녀의 눈빛에는 불이 타오르는 것 같다.

　　　　(그녀는 이쁘다.)

　　　　她的眼睛里有火。

　　　　(她很美。)

　　ㄴ. 그는 세계의 모든 역사를 다 저장하고 있는 은하이다.

(그는 해박하신 분이다.)

他是储存了所有知识的银河。

(他知识渊博。)

예문 (179ㄱ)에서 직설적으로 '이쁘다'라고 칭찬하는 대신 그녀의 아름다운 눈빛을 구체적으로 묘사하였고, '불'에 비유하여 문학적으로 완곡하게 표현하였다. '불'은 '열정적 아름다움의 화신'이다. 중국어서에는 여자의 좋은 외모에 대해 평가할 때 흔히 '花容月貌(화용월태)', '闭月羞花(달도 숨고 꽃도 부끄러워할 정도로 아름다운 용모)', '宛若天仙(마치 신선 같은 미모)', '貌美如花(꽃 같은 미모)' 등의 표현을 쓴다. 예문 (179ㄴ)에서 해박한 지식을 '은하'에다 비유하여 생동적이면서 완곡하게 표현하고 있다. '은하(银河)'는 끝이 없고 해박(渊博)하다는 의미로 자주 쓰인다. 중국어에서 '丰富(풍부)', '广博(광박)', '鸿博(홍박)', '博识(박식)', '博学(박학)', '渊博(해박)' 등 표현을 쓸 수도 있다.

⑥ 환영하기

1) 모호한 표현 방식

(180) 자리를 빛 내 주셔서 영광스럽습니다.
(이 자리에 와 주셔서 영광스럽습니다.)
您的到来使这里蓬荜生辉。
(您的到来令我荣幸。)

이 예문(180)은 흔히 볼 수 있으면서 자주 사용하는, 환영을 표하는 문장이다. 예문에서는 상대방이 왔다는 표현으로 나타내지 않고 자리를 빛내 주었다는 다른 표현으로 모호하게 사용하여 자세를 낮춘 완곡한 표현이 되게 하였다. '蓬荜生辉'는 '찾아주시니 누추한 제 집이 빛이 나는 것 같다'는 뜻이고, 중국어에서 이런 상황에서 겸손한 표현 '寒舍(한사)'도 자주 쓰인다.

2) 다른 사실을 들어 비켜하는 방식

(181) 웬 까치가 울고 있나 했더니 그쪽이 오셨군요.
(그쪽이 오셔서 무척 기쁩니다.)
就说怎么喜鹊在叫, 原来是您来了。
(您的到来使我十分高兴。)

예문(181)에서 상대방이 온 것을 '기쁘다'고 직설적으로 표현이 아니라, 까치가 울고 있다는 것에 빗대어 자신의 기쁨을 완곡하게 표현하였다. 중국에서 까치는 吉祥鳥로, 경사를 상지한다. 중국인들은 까치를 보면 좋은 일이 생긴다고 믿는다.

⑦ **호칭하기**

1) 모호한 표현의 방식

(182) ㄱ. 이분은 제 인생의 동반자입니다.
(이분은 제가 사랑하는 사람입니다.)
这位是我人生的同行者。
(这位是我的爱人。)
ㄴ. 그는 내 영혼의 불길이다.

(그는 내가 사랑하는 사람이다.)
她是我灵魂之火。
(她是我深爱的人。)

아시아 국가들은 함축을 추구하는 문화를 가지고 있어서 사랑을 애기할 때도 직설적으로 말하는 것보다 에둘러서 다른 표현으로 표현할 때가 많다. 예문 (182ㄱ)에서는 사랑하는 사람을 인생의 동반자로 호칭하여 애인의 지위를 에둘러 표현하였다. 예문 (182ㄴ)에서도 직설적인 표현보다 '영혼의 불길'이라는 예술적인 표현으로 고급스럽고 아름답게 표현함으로써 완곡함을 더욱 잘 드러내었다.

중국어에서 '사랑하는 사람'을 지칭할 때 보통 '爱人', '恋人', '伴侣 同行者(동행자)', '灵魂之火(영혼의 불)', '灵魂伴侣(소울메이트)' 등 표현을 사용한다.

2) 다른 사실을 들어 비켜하는 방식

(183) ㄱ. 혜진 씨는 내가 아끼는 보물이다.
(혜진 씨는 내가 지키고 싶은 사람이다.)
尚民是我珍爱的宝物。
(尚民是我想守护的人。)
ㄴ. 그는 이 원소의 아버지라고 불린다.
(그는 처음으로 이 원소를 발견한 사람이다.)
他是这个元素之父。
(他是第一个发现这个元素的人。)

예문 (183ㄱ)에서는 지키고 싶은 사람을 '아끼는 보물' 즉, 완전히 다르지만 비슷한 사물로 대체하여 자신의 뜻을 에둘러 표현하였다. 지키고 싶은 사람은 보물처럼 귀중하다는 의식이 포함된 표현이다. '아끼는 보물'은 중국어에서 '珍爱/珍惜的宝物(아끼는 보물)', '珍贵/珍视的宝物(진귀한 보물)', '要爱护的/庇护的宝物(지키고 싶은 보물)' 등 표현을 대용할 수 있다.

예문 (183ㄴ)에서 단순히 '이 원소를 발견한 사람'이라는 사실을 직설적으로 말하는 '원소의 아버지'라는 표현을 사용하여 '발견'이라는 표현을 에둘렀으며 더 사랑스럽게 표현하고 있다. 새로운 것을 창조하거나 큰 공적을 가진 첫 번째 사람을 '아버지(父)'라고 부르는 것은 매우 큰 긍정과 칭찬이다. 중국어에서도 '…之父'라는 표현을 흔히 쓴다.

3) 비유 방식

    (184) ㄱ. 내 뱃속에서 날아다니는 나비.
          (내가 사랑하는 사람.)
          在我肚子里飞来飞去的蝴蝶。
          (我爱的人。)
      ㄴ. '차가운 미인' 님은 자주 웃지 않는다.
          (부인님은 자주 웃지 않는다.)
          '冷美人'不太爱笑。
          (夫人不太爱笑。)

예문 (184ㄱ)에서 '사랑하는 사람'을 '뱃속에서 날아다니는 나비'로 비유하였다. '뱃속의 나비'는 한 사람을 사랑할 때의 심정을 예술적으로 표현한 것이다. '사랑'이라는 말을 직설적으로 하는 것보다 예술적으로 표현하여 사랑의 마음을 완곡하면서도 더 강렬하게 표현하였다. 이 상황에서 중국어에서도 같은 표현을 사용한다.

예문 (184ㄴ)에서는 자주 웃지 않는 부인을 '차가운 미인(冷美人)'에 비유하여 더 생동감 있게 표현하고 있다. 한국어에서는 '차가운 미인'으로 사용하지만 중국어에서는 '冷美人(냉미인)'이나 '冰美人(얼음 미인)'라는 표현이 쓰인다.

3.3. 담화 목적 요인

담화 목적에 따른 완곡 표현의 사용은 크게 세 가지로 나눌 수 있다. 많은 학자들은 완곡 표현의 사용을 목적별로 '피휘(避讳)', '예의 및 존중', '숨김 및 위장'으로 분류하였다. 피휘는 금기어와 관련된 죽음, 그리고 질병, 성, 배설 등을 포함하고, 예절 및 존중은 보통 신체장애, 신체 명칭, 개인 평가, 직업, 범죄 등을 포함한다. 이러한 목적별 완곡 표현에 대한 분류는 간단명료하지만 세부적으로는 중복되는 부분이 많다는 문제점이 있다. 예를 들면 신체장애와 질병에 관한 완곡 표현의 생성은 피휘하는 심리에서 나오지만 동시에 당사자의 심리로 감당할 수 있는 심리상태도 같이 고려해야 한다. 또한 피휘하는 목적이 있는 동시에 예의 및 존중하는 목적도 있다. 배설은 사람에게 더럽고 불쾌한 느낌을 줄 수 있어서 보통 직접 말하는 것보다 완곡 표현을 통해 기피하는 효과를 가질 수 있다. 실제 우리가 이런 배설에 관한 완곡 표현을 쓰는 것은 상대방에게 어느 정도 예의 및 존중하는 심리가 존재하기 때문이다. 예를 들면 손님과 같이 식사하는 도중에 중간에 똥을 누러 가고 싶으면 직접 말하지 않고 모호하게 '화상실 좀 갖다 올게요'라고 말하는 것은 기피하는 심리와 예의 및 존중하는 심리를 동시에 존재하기 때문이다. 성에 관한 표현은 동방 국가뿐만 아니라 좀 더 개방적인 서방 국가에서도 직접 말하는 것보다 우회하여 완곡하게 표현하는 것을 선호한다. 예를 들면 'won't believe anything in trousers.', 'anything in trousers.'는 완곡 표현이지만 원래 남성의 성기를 가리킨다. 그러나 이 말을 하는 사람은 좀 더 예의 있게 완곡 표현을 통해 청자의 체면을 유지할 수 있을 뿐만 아니라, 더 우아한 자세를 보여 줄 수 있다. 화자는 남자 성기에 대한 표현을 피휘해야 한다는 생각에서 완곡 표현을 통해 예의 및 존중 목적도 같이 달성한다.

본 절에서는 아래 <그림 1>처럼 담화 목적별로 피휘 목적에 관한 완곡 표현, 피휘와 예의 및 존중 공동 목적에 관한 완곡 표현, 예의 및 존중 목적에 관한 완곡 표현, 숨김 및 위장 목적에 관한 완곡 표현으로 분류하여 한·중 완곡 표현을 대조해 보고자 한다.

세부적으로 살펴보면 피휘 목적에 관한 완곡 표현은 언어 금기에 관한 죽음과 경외의 대상에 관한 완곡 표현을 통해 한·중 대조를 살펴볼 것이고, 피휘와 예의 및 존중 공동 목적에 관한 완곡 표현은 신체장애, 질병, 성, 배설로 분류하여 한·중 대조 분석을 시도하고자 한다. 그리고 예의 및 존중 목적에 관한 완곡 표현은 직업, 개인 평가, 범죄에 관한 것으로 나누어 살펴볼 것이고, 마지막으로 숨김 및 위장 목적에 관한 완곡 표현은 정치외교에 관한 완곡 표현과 사회문화에 관한 완곡 표현으로 나눠 분석하고자 한다.

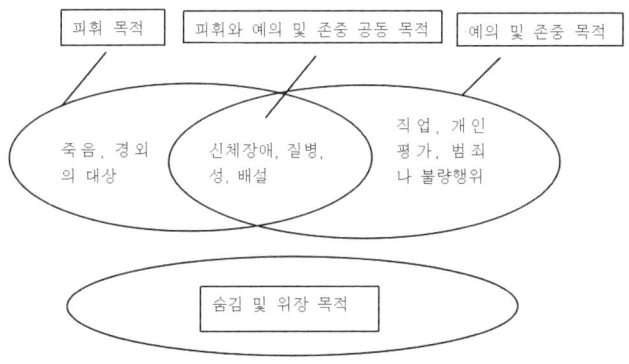

<그림 1> 담화 목적별 완곡 표현의 유형 분류

3.3.1. 피휘 목적

완곡 표현은 '터부'에서 시작되었다. 영어 'taboo'란 폴리네시아어 'tabu'에서 나온 말로 '금기된'이라는 뜻이다. 언어의 금기는 언어의 영물 숭배와 함께 나타났다. 고대사회에서는 생산력 수준, 지식 수준, 인식 능력 등 여러 조건의 제약으로 언어의 본질에 대해 과학적이고 명확한 해석을 할 수 없었다. 사람들은 언어가 바람, 천둥과 번개 등 자연 현상과 마찬가지로 초자연적인 힘을 갖고 있으며 복을 내릴 수도 있고 화를 없앨 수도 있다고 생각하였다. 다시 말하면, 길흉화복을 표현하는 단어를 그 자체로 간주하였다. 그리하여 언어의 사용에서 신을 분노하게 하거나 화를 초래하는 단어를 피하여 사용하였으며 그에 따라 완곡 표현도 나타났다. 이에 따라 담화에서의 완곡 표현은 옛날부터 언어 금기를 피하고 피휘(避讳)하려는 심리에서 유래했다고 할 수 있다.(최이 펑 훼이, 2009)

① 죽음에 대해 피휘하는 완곡 표현

죽음에 대한 표현은 중국어와 한국어에서 가장 완곡하게 표현되는 것이다. 이는 사람들이 모두 죽음에 대해 두려워하고 죽음을 인생의 가장 큰 불행이라고 생각하기 때문에 직접적으로 '죽다'라는 표현보다는 좀더 완곡한 표현을 쓰는 것이 더 바람직하다고 생각한 듯하다. 이에 죽음에 관련된 완곡 표현이 많이 생성된 것이라고 할 수 있다.

1) 신분에 따라 죽음에 대해 사용하는 완곡 표현

[영웅, 열사의 죽음]

한국어: 헌신하다, 목숨을 바치다, 몸을 바치다, 순직하다, 희생하다, 순국하다, 산화 등

중국어: 就义, 成仁, 光荣, 就义, 献身, 牺牲, 捐躯, 殉职, 殉国, 阵亡, 殉难, 舍身取义, 永眠, 长眠, 杀身成仁, 肝脑涂地 등[16]

(185) ㄱ. 그는 탈주범을 체포하다 장렬하게 <u>순직했다</u>.[17]

   (그는 탈주범을 체포하다 장렬하게 죽었다.)

   他为了抓捕逃犯殉职了。

   (他为了抓捕逃犯死了 。)

ㄴ. 할아버님께서는 항일 운동을 하다가 <u>순국하셨다</u>.

   (할아버님께서는 항일 운동을 하다가 죽었다.)

   爷爷在抗日战争中殉国了。

   (爷爷在抗日战争中死了。)

ㄷ. 그 분은 국가를 위해 <u>헌신하였습니다</u>.

   (그 분은 국가를 위해 죽었다.)

   他为了国家光荣献身。

   (他为了国家死了 。)

ㄹ. 그는 <u>희생할지언정</u> 노예로 살지 않을 것이다.

16　『委婉语应用辞典』을 참조함.
17　예문 (173ㄱ~ㅁ)은 NAVER 『중국어사전』을 참조함.

(그는 죽을지언정 노예로 살지 않을 것이다.)

他就算是<u>牺牲</u>也不会以奴隶的身份活下去。

(他就算是死也不会以奴隶的身份活下去。)

ㅁ. 수많은 독립투사들이 나라의 광복을 위해 <u>몸을 바쳤다</u>.

(수많은 독립투사들이 나라의 광복을 위해 죽었다.)

无数的独立志士为了国家的解放<u>献出了生命</u>。

(无数的独立志士为了国家的解放死了。)

위의 예문들은 영웅이나 열사가 국가나 직무 등 공의로운 대상 때문에 목숨을 바친 상황에서 쓰는 완곡 표현들이다. 이런 완곡 표현들은 죽음에 대해 직접 표현을 하는 것보다 영웅이나 열사에게 훨씬 더 존경하는 감정을 느낄 수 있고 정숙한 느낌을 줄 수 있다. 위의 예문 (185ㄱ, ㄴ)을 보면 한국어에서 '순직'은 '직무를 다하다가 목숨을 잃음'의 뜻이고, '순국'은 '나라를 위하여 목숨을 바침'의 의미로 죽음을 완곡하게 나타낸다. 이외에도 죽음을 의미하는 표현으로 '희생', '산화', '목숨을 바치다' 등이 있다. 중국어에서 '成仁'은 '仁을 이루다'의 뜻으로 죽음을 완곡하게 나타낸다. '光荣'은 본래 '영광스럽다'는 뜻을 가지는데, 전쟁에서는 더욱 죽음을 기피하기 때문에 이와 같이 모호한 표현으로 죽음을 대신하여 완곡하게 표현한 것이다. '就義'는 '義에 나아가다' 또는 '가까워지다'는 뜻으로 죽음을 완곡하게 나타낸다. '取義'도 '義를 취하다'의 뜻으로 죽음을 완곡하게 표현한 것이다. 이 외에도 '捐躯', '殉职', '殉国', '阵亡', '舍身取义', '杀身成仁' 등이 있다.(진흔흔, 2016)

|위인이나 유명 인사의 죽음|

한국어: 서거하다, 물고하다, 작고하다, 영면하다, 운명하다, 유명을 달리하다 등

중국어: 与世长辞, 逝世, 辞世, 寿终正寝, 谢世 등

(186) ㄱ. 연로한 지도자가 <u>서거하자</u> 모든 국민이 비통해 한다.
    (연로한 지도자가 죽자 모든 국민이 비통해 한다.)
    老首长<u>与世长辞</u>, 万民悲痛。
    (老首长死了, 万民悲痛。)

ㄴ. 그 유명한 선생님은 <u>물고하신</u> 지 오래되었습니다.
    (그 유명한 선생님은 돌아가신 지 오래 되었습니다.)
    老师在多年之前就已经<u>逝世</u>了。
    (老师在多年之前就已经去世了。)

ㄷ. 제가 어렸을 때 <u>작고하셔서</u> 얼굴조차 기억나지 않습니다.
    (제가 어렸을 때 돌아가셔서 얼굴조차 기억나지 않습니다.)
    在我很小的时候就已<u>与世长辞</u>, 所以记不大清楚脸了。
    (在我很小的时候就去世了, 所以记不大清楚脸了。)

ㄹ. 그는 결국 통일을 보지 못하고 <u>영면</u>하였다.
    (그는 결국 통일을 보지 못하고 죽다.)
    他最终也没看到统一就<u>长眠</u>于地下了。
    (他最终也没看到统一就死了。)

위인이나 유명인사의 죽음에 관한 완곡 표현들을 보면 문어에서 주로 많이 쓰여 좀 더 장엄하고 엄숙한 분위기를 조성한다. 한국어에서 '서거하시다'

는 특히 대통령의 죽음을 나타내는 말이다. '물고(物故)하다'는 예전에 죄인이 죽임을 당하는 일이나 죄인을 죽이는 일을 이르던 말이지만 지금은 유명한 사람의 죽음을 가리킨다. '작고하다'는 '고인이 되었다'는 뜻에서 나온 표현이고, '영면'은 '眠(잠)'이란 개념 요소가 들어가 죽음을 완곡하게 표현한 것이다. 이 외에도 '운명하다', '유명을 달리하다' 등의 표현이 있다. 중국어의 '与世长辞', '辞世', '故世', '去世', '过世'는 모두 '세상을 떠나다'의 뜻으로 완곡함을 표현한 것이다. '壽終正寢'은 '천수를 다하다'라는 뜻으로 쓰인다. 특히 '寿终正寝'가 '讣文'(부고)의 용어로 사용될 때는 남자는 '寿终正寝'라고 하고, 여자는 '寿终内寝'로 표현한다.

[일반인의 죽음]

한국어: 돌아가시다, 세상을 떠나다, 별세하다, 숨을 거두다, 눈을 감다, 하늘나라로 가다, 잠들다, 떠나다, 세상과 이별하다, 가다, 여의다, 밥숟가락을 놓다, 숨지다 등

중국어: 去世, 没了, 不在了, 走了, 过世, 故去, 闭眼了, 病故, 身故 등[18]

(187) ㄱ. 아버지는 <u>돌아가시기</u> 몇 달 전에 우리에게 유언을 남기셨다.
(아버지는 죽기 몇 달 전에 우리에게 유언을 남기셨다.)
父亲在他<u>去世</u>前的几个月给我们留下了遗言。
(父亲在他死前的几个月给我们留下了遗言。)

ㄴ. 사장님께서 <u>별세한</u> 후 그 누구도 와 본 적이 없습니다.
(사장님께서 돌아간 후 그 누구도 와 본 적이 없습니다.)

---

18   翟录(2006: 9)을 참조함.

社长逝世以后, 没有一个人来看他。

(社长死后, 没有一个人来看他。)

ㄷ. 이 영화는 여주인공이 연인에게 안긴 채 숨을 거두는 장면으로 끝난다.

(이 영화는 여주인공이 연인에게 안긴 채 죽는 장면으로 끝난다.)

这部电影以女主人公在恋人的怀里过世的画面落幕。

(这部电影以女主人公在恋人的怀里咽气的画面落幕。)

ㄹ. 몇 십여 년 고생 끝에 그는 고향에서 조용히 눈을 감았다.

(몇 십여 년 고생 끝에 그는 고향에서 죽었다.)

经历了几十年的沧桑, 他终于在故乡长眠。

(经历了几十年的沧桑, 他终于死在故乡。)

ㅁ. 그녀는 불치병으로 밥숟가락을 놓았다.

(그녀는 불치병으로 죽었다.)

她因为不治之症而离世了。

(她因为不治之症死了。)

한국어에서 일반 사람의 죽음에 대한 완곡 표현이 매우 많다. 위의 '돌아가시다'는 '다른 세상으로 가다'의 의미를 나타내고, '별세하다'는 윗사람이 세상을 떠남을 의미한다. 일반적으로 알려지지 않은 사람 등에게도 사용이 가능하다. '숨을 거두다', '눈을 감다'는 죽음에 수반되는 신체적 현상을 말하는 것이다. '가다'와 '떠나다'는 이동의 개념으로, '죽음'이 끝이 아닌 또 다른 세계로 이동한다는 의미로, 이를 통해 '죽음'에 대한 슬프고 고통스러운 감정을 약화시킨다. '여의다'는 '부모나 사랑하는 사람의 이별'이라는 뜻을 나타낸다. '밥숟가락을 놓다'는 사람이 '죽었다'는 말을 돌려서 표현하는 관용어이다.(진흔흔, 2016)

중국어의 '过世'는 '세상을 떠나다'의 뜻으로 완곡함을 표현한 것이다. '走了', '没了', '不在了,'는 각각 '없어지다', '갔다'의 뜻으로 죽음을 표현한 것이다. '身故'는 '신체가 죽다'의 뜻으로 죽음을 표현한 것이다. '亡故'는 '고인이 떠나다'의 뜻으로 죽음을 표현한 것이고, '病故'는 신체질병 때문에 죽다는 뜻을 완곡하게 나타낸 것이다.

2) 종교에 따른 죽음의 완곡 표현

[한국어에서 종교에 따른 분류]

불교: 열반, 적멸, 멸도, 원적, 좌화, 입적, 귀적, 입멸, 천화 등
도교: 우화, 등선 등
기독교: 천국(천당)으로 가다, 하늘나라로 가다, 신의 부름을 받다 등

[중국어에서의 종교에 따른 분류]

불교: 登蓮界, 歸寂, 歸元, 圓寂, 見佛主, 遷寂, 涅槃, 坐化, 無常, 轉世 등
도교: 蟬蛻, 羽化, 登仙, 成仙, 仙去, 上仙, 仙逝, 仙遊, 跨鶴, 騎鶴歸天, 物化, 物故, 返眞元, 遁化 등
기독교: 歸主, 上天堂, 見上帝 등[19]

  (188) ㄱ. 선생님께서 <u>원적하셨습니다</u>.
     (선생님께서 돌아가셨습니다.)

---

19 채춘옥(2014: 200)을 참조함.

大师圆寂了。

(大师去世了。)

ㄴ. 스님이 열반하여 새로운 종교 사상을 우리에게 가져다 올 것이다.

(스님이 죽은 후에 다른 방식으로 새로운 종교 사상을 우리에게 가져다 올 것이다.)

师父涅槃重生后会给我们带来新的宗教戒律。

(师父死后会以其他的方式给我们带来新的宗教戒律。)

ㄷ. 나리가 인성이 좋은 분이시라 학을 타고 서방 극락 세계로 갈 것이다.

(나리가 인성이 좋은 분이시라 죽은 후에도 좋은 삶을 살 것이다.)

大人是位德高望重的好人,将驾鹤西去前往极乐世界。

(大人是位德高望重的好人,死后会过上好日子。)

ㄹ. 그 유명한 도사가 몇 십 년의 수련 끝에 우화등선을 하셨다.

(그 유명한 도사가 몇 십 년의 수련 세속을 버리다.)

那个有名的道士经过几十年的修炼最后羽化登仙了。

(那个有名的道士经过几十年的修炼终于远离了世俗。)

ㅁ. 어머니는 하나님의 소환에 따라 천국으로 올라갔다.

(어머니께서 돌아가셨다.)

母亲遵从上帝的召唤,前往了天国。

(母亲去世了。)

불교에서 죽음에 대한 완곡 표현을 보면 죽어서 가는 곳을 말하거나(登蓮界, 見佛主), 정신과 육체가 이탈함을 말한다(遷化, 遷寂). 세상에 영원함이 없음을 나타내는 '無常'으로 표현하거나 다른 것으로 태어나는 '轉世'로 죽음을 완곡하게 표현한다. '圓寂', '歸寂'의 '寂'은 '涅槃'을 말하며 승려가 수행을 통해 죽음에 이르게 됨을 비유하는 것이고, '坐化'도 승려가 앉아서 수행하다 죽는다는 뜻이다. 중국어에서 '歸寂', '見佛主', '坐化', '無常', '轉世' 등은 일반 중국인들도 사용하고 있다고 한다(常敬宇, 1995: 37). 한국에서도 같은 뜻으로 뒤에 '-하다'를 붙여 쓰는데 주로 스님에 한해서만 쓰이고 있다.(채춘옥, 2014)

  도교는 중국의 황제와 노자를 교조로 하는 종교인데 도교를 믿는 중국 사람들은 자연으로부터 나와 대자연으로 회귀할 수 있다고 믿었다. 도교 관련 어휘들은 불로장생, 신선 추구 사상과 관련이 깊다. 도를 얻어 신선이 되거나(蟬蛻, 登仙, 成仙, 上仙, 仙逝, 仙遊), 그것을 더 형상적으로 나타내는 '跨鶴', '騎鶴歸天'(학을 타고 서쪽으로 가다), 학을 타고 나는 모습인 '羽化'로 죽음을 나타낸다. 천명을 다하고 죽었다는 뜻으로 '物化', '物故'가 쓰이고, 죽으면 대자연으로 돌아간다는 뜻으로 '返眞元'(본질)이 쓰인다. '遁化'의 '遁'은 '隱'자와 같아서 '숨다, 은거하다'의 뜻인데 영혼이 희미해진다는 것으로 죽음을 완곡하게 나타낸다. '羽化', '登仙', '成仙', '仙去', '仙逝', '仙遊' 등은 일반화되어 일반 중국인들이 사용하기도 한다(常敬宇, 1995: 52). 한국어에서는 '사람이 날개가 돋아서 하늘로 올라가 신선이 되다'는 뜻으로 [羽化/登仙+하다]로도 쓰이는데, '登仙하다'는 귀한 사람의 죽음을 완곡하게 표현하기도 한다.

  기독교에는 '歸主'(주께 돌아가다), '上天堂'(천당에 가다), '見上帝'(하나님을 만나다)가 있다. 불교와 도교에서 쓰이는 완곡 표현과는 달리 수가 적으며 종교적인 색채가 깊지 않다. 불교, 도교, 기독교뿐만 아니라 어떤 종교를 위해 죽는 것을 '순교(殉敎하다)'라고 표현한다. 한국에는 기독교 신자가 많은데 '하늘나라로 가다(昇天)'라는 완곡 표현은 많은 사람이 쓰고 있지만 불교, 도교에서의 죽음에 관한 완곡 표현은 거의 쓰이지 않고 있다.

② 경외의 대상에 대해 피휘하는 완곡 표현

과학기술이 발달하지 않은 원시사회에서는 독특한 자연현상에 대해 이해하지 못하고 맹목적으로 자연계의 일부 사물과 현상을 경외하였다. 이에 빠르고 힘이 있는 동물을 인간보다 우위에 있는 존재로 인식하여 맹목적으로 숭배하고 특정 동물을 자기 민족의 수호신으로 생각하기도 하였다. 따라서 맹수들의 이름을 직접 부르지 않고 다른 이름으로 대신해서 완곡하게 표현하였다.

[한국어]
호랑이: 산신, 산손님, 산신령, 산군, 산돌이, 사또, 영감
뱀: 긴 짐승, 업, 지킴, 용님

[중국어]
호랑이: 大虫(큰 벌레), 大猫(큰 고양이)
뱀: 小虫(작은 벌레), 小龙(작은 용), 长虫(긴 벌레)

(189) ㄱ. 그 산에 함부로 들어가면 안 돼, 산신이 지키고 있어.
　　　　(그 산에 함부로 들어가면 안 돼, 호랑이가 있어.)
　　　　不要随意闯入那座山, 山神在守护着那座山。
　　　　(不要随意闯入那座山, 有老虎。)
　　ㄴ. 무송이 눈여겨보니 산손님이 한 마리가 자기한테 걸어오고 있다.
　　　　(무송이 눈여겨보니 호랑이 한 마리가 자기한테 걸어오고 있다.)
　　　　武松定睛一看, 眼前一条大虫正向自己走来。
　　　　(武松定睛一看, 眼前一只老虎正向自己走来。)
　　ㄷ. 긴 짐승도 한여름 먹고 한겨울 잠자는데 사람이 일 년에 한 번

먹고 어찌 살겠소.[20]

(뱀도 한여름 먹고 한겨울 잠자는데 사람이 일 년에 한 번 먹고 어찌 살겠소.)

<u>长虫</u>可以夏天进食冬天冬眠, 但是人一年吃一次饭该怎么活呢。

(蛇可以夏天进食冬天冬眠, 但是人一年吃一次饭该怎么活呢。)

사람들이 '산신', '산손님' 등 완곡한 호칭으로 백수의 왕 '호랑이'의 지위를 높이는 것은 힘에 대한 신앙을 뚜렷이 나타낸 것으로 보인다. 이는 인류와 맹수 간의 대립과 모순을 없애고 위험이 발생할 가능성을 줄이기 위한 것이라고 할 수 있다. 또한 양국에서 용은 힘과 권력의 상징인데, 뱀을 용과 함께 언급하는 것은 바로 신분 지위를 인정하고자 하는 것에서 비롯되었다고 할 수 있다. 그런데 특이한 것은 중국어에서 '용'과 '뱀'을 '큰 벌레(大虫)/큰 고양이(大猫)'와 '긴 벌레(长虫)'로 부른다는 것이다. 이는 '고양이'와 '벌레'는 힘이 작은 편이지만 '큰'과 '긴'으로 한정하여 형태적 특징만을 나타낸 것일 뿐이다. 이런 완곡한 호칭은 '호랑이'와 '뱀'에 대한 권위적인 도전으로 간주할 수 있다. 다시 말하면 인류가 힘을 숭배하고 자연을 신앙하는 동시에 자신의 능력에 대해서도 자신이 있다는 것을 나타낸 것이라고 볼 수 있다. 즉, 인류가 자연에 도전하고 자연을 정복하고자 한 의식과 용기를 발견할 수 있다.(최이펑 훼, 2019)

---

20 『표준 국어 대사전』을 참조함.

3.3.2. 피휘와 예의 및 존중 공동 목적

① **질병에 관한 완곡 표현**

일상생활에서 사람들은 '병에 걸리다'라고 말하는 것을 꺼린다. 이는 질병을 불행하다고 생각하기 때문에 불행을 받지 않고자 하는 심리를 언급하기 싫어한 것이라고 볼 수 있다. 또한 유교문화의 전통 관념 때문에 '성'에 대하여 함축적으로 표현하고, '성병'을 말할 때에도 사생활이 문란하고 도덕적으로 성품이 떨어진다고 생각하여 직접적으로 언급하기를 꺼렸다.(진신, 2012)

[한국어]

병에 걸리다: 아프다, 몸이 안 좋다, 누워 있다, 편찮다, 불편하다.

천연두: 마마, 손님, 고운 마님, 호환마마, 별상마마, 손님자국, 큰손님, 두창(痘瘡).

홍역: 작은 손님

문둥병: 나병

폐결핵: 가슴앓이

암: 종양, 캔서, 안 좋은 것, 심각한 것, 고치기 힘든 병.[21]

[중국어]

生病(병에 걸리다): 不舒服(불서복), 难受(난수), 欠安(결안), 欠佳(결가), 卧床不起(와상불기), 气色不好(기색불호), 不大好(불다호)

天花(천연두): 见喜(견희)

红疫(홍역): 麻疹(마진)

---

21 姚妍君(2014: 32)을 참조함.

受伤(부상): 挂花(괘화), 挂彩(괘채)

麻风病(문둥병): 麻风(마풍)

痤疮(여드름): 青春痘(청춘두)

癌症(암): 绝症(절증), 不治之症(불치지증), 不乐观(불락관)

 (190) ㄱ. 어제는 <u>몸이 안 좋아서</u> 회사에서 조퇴를 하고 병원에 갔다.
   (어제는 병에 걸려서 회사에서 조퇴를 하고 병원에 갔다.)
   昨天<u>身体不舒服</u>, 从公司提前下班去了医院。
   (昨天病了, 从公司提前下班去了医院。)

  ㄴ. 무슨 큰 병인 줄 알았건만, 고작 <u>손님마마</u>구만.
   (무슨 큰병인들 알았건만, 고작 천연두구만.)
   还以为是什么大病呢, 原来只是<u>见喜了</u>。
   (还以为是什么大病呢, 原来只是天花)

  ㄷ. 예방 접종이 시작되면서 <u>작은 마마</u>로 인한 사망률이 급격히 낮아졌다.
   (예방 접종이 시작되면서 홍역으로 인한 사망률이 급격히 낮아졌다.)
   预防接种实施以来, <u>麻疹</u>的死亡率急剧下降了。
   (预防接种实施以来, 红疫的死亡率急剧下降了。)

  ㄹ. <u>가슴앓이</u>로 호흡이 잘 안 될 수 있으니 주의하십시오.
   (폐병으로 호흡이 잘 안 될 수 있으니 주의하십시오.)
   因为胸病可能会导致呼吸不顺畅所以请多加留意。
   (因为肺病可能会导致肺病所以请多加注意。)

  ㅁ. 예전에 <u>나병환자</u>를 한 곳에 집중하여 치료하는 사례가 있었어요.
   (예전에 문둥병 환자를 한 곳에 집중하여 치료하는 사례가 있었어

요.)

之前有过把麻风病人集中在一起治疗的先例。

(之前有过把癫痫病人集中在一起治疗的先例。)

ㅂ. 안 좋은 병에 걸린 수란 집은 치료비만 한 달에 거의 10만원이나 나간다.

(암에 걸린 수란 집은 치료비만 한 달에 거의 10만원이나 나간다.)

得了不治之症秀兰家一个月医疗费就有十万元。

(得了癌症的秀兰家一个月医疗费就有十万元。)

질병에 관한 완곡 표현을 살펴보면, 한국어에서는 '병에 걸리다'를 '아프다', '몸이 안 좋다', '누워 있다' 등의 완곡 표현으로 대체하여 사용한다. '천연두'는 직접 말을 하면 재앙이 온다고 믿어 좋은 뜻을 갖는 '마마', '손님', 그리고 그들에서 파생된 '손님마마', '고운 마마', '호환마마', '별상마마', '손님자국', '큰 손님'이라는 완곡 표현을 사용한다. '마마'는 상감마마, 중전마마처럼 왕족에게 붙이는 극존칭이다. 질병에 이런 이름을 붙인 것은 병의 원인을 알 수 없었던 사람들이 최대한 극존칭을 써 역신의 노여움을 달래려는 생각에서 비롯된 것이다. '홍역'은 '천연두'보다 조금 덜 위험하다고 생각해서 '작은 손님'이라고 하였다. '폐결핵'을 일상적으로 이르는 말은 '폐병'이지만 합성어인 '가슴앓이'로 완곡하게 표현한다.『표준국어 대사전』에서 '문둥병'은 '나병'을 낮잡아 이르는 말이라고 설명한다. 이때 '나병'은 '문둥병'의 완곡한 표현이라고 생각한다. '암'은 치유하기 어려운 질병의 하나이기 때문에 심리적인 두려움을 많이 준다. 이에 질병 이름을 직접적으로 말하는 것을 피하고 '안 좋은 것', '심각한 것', '고치기 힘든 병'이라고 표현한다. 또한 외래어 은폐화의 장점을 살려, '암'에 대한 단어 그 자체를 영어 'cancer(캔서)'로도 표현한다. 의사도 환자의 충격을 조금이라도 덜어 주려고 '결과가 좋지 않다', '좋지 않은 소식' 등 완곡하게 표현한다.

중국어에서는 '生病(병이 난다)'에 대한 일반적인 표현으로는 '不舒服(편치 않다)', '難受(불편하다)', '不大好(그다지 좋지 않다)', '欠安(안정이 모자라다)', '欠佳(좋은 것은 모자라다)', '臥床不起(누워서 일어나지 못하다)', '氣色不好(안색이 좋지 않다)' 등이 있다. '見喜(좋은 일을 만나다)'를 써서 '천연두에 걸리다'를 완곡하게 표현하기도 하고, '红疫(홍역)'을 '麻疹(마진)'이라 표현하기도 한다. '麻风病(마풍병)'은 한국의 '문둥병'과 같은데 중국어에서는 '病'을 생략하여 '麻风(마풍)'만으로 완곡하게 표현한다. '受傷(부상)'은 '挂花(괘화)', '挂彩(괘채)' 모두 '붉은 것 또는 붉은 꽃을 드리우다'의 뜻으로 '부상을 당해 피가 나다'를 표현한 것이다. '痤瘡(여드름)'은 청소년들이 사춘기 때 많이 걸리는 피부 질병이기 때문에 '青春痘(청춘두)'라고 부른다. '癌症(암)'은 치료할 수 없는 심한 질병이라고 생각해서 '绝症(절망적인 병)', '不治之症(치료하지 못하는 병)'이라고 부른다. 의사는 환자에 대한 동정과 배려 차원에서 직접 알리지 않고 '不樂觀(낙관적이지 않다)'라고 표현하기도 한다.

이상에서 살펴본 것처럼 한국과 중국 사람들은 질병에 대해 두려워하는 심리를 갖고 있기 때문에 질병에 대해 직접적인 표현을 안 쓰고 완곡 표현으로 대체하는 것을 알 수 있다. 한국에서 '천연두'를 '마마', '손님'이라고 부른 것을 보면 죽음을 가져올 수 있는 질병에 대해 존칭 방식의 완곡 표현을 사용했다는 것을 알 수 있다. 중국도 마찬가지로 안 좋은 것을 직접적으로 부르면 재앙이 온다고 생각해서 반대되는 뜻을 가진 표현인 '見喜(좋은 일을 만나다)'를 사용하여 '천연두'를 좋게 부른 것이다. 또한 중국어의 '不舒服(편치 않다)'와 한국어의 '몸이 안 좋다'는 모두 부정적인 표현을 써서 '병에 걸리다'의 완곡 표현을 실현한 것이다. '암'에 대한 완곡 표현은 한·중 양국 모두에서 모호하게 '고치기 힘든 병', '不治之症(불치지증)'이라고 부르는데, 한국은 외래어를 사용하여 '캔서'로도 표현하지만 중국은 그렇지 않다. 또한 질환 통보를 할 때 환자나 환자 가족의 충격, 불안, 슬픔 등 부정적인 정서적 반응을 감소시키기 위해 한중 양국 모두 '결과가 좋지 않다', '病情不樂觀(상황이 낙관하지 않다)' 등처럼 간접적인 표현을 사용한다. '가슴앓이'는 한국어에만 있는 합성어이기 때문에 중국어에는 대응된 표현이 없다. '부상'을 표현하는 '挂花(쾌화)', '挂彩(쾌채)', 그리고 '여드름'을 표현하는 '青春痘'는 중국어에만 있는 표현들이다.(姚姸君, 2011)

② 신체장애

질병에 관련된 완곡 표현과 다르게 신체의 결함 또는 약점에 관한 완곡 표현은 금기어를 대신하는 말이 아니다. 사람은 자신의 외모는 선택할 수 없지 만, 더 멋스럽고 아름답기를 원한다. 그래서 신체의 결함과 약점에 대해서 이야기할 때에는 되도록 사람의 감정을 상하지 않게 에둘러 말하는 것이 '예의'라고 할 수 있다. 한국어나 중국어에서 신체장애에 대한 완곡 표현은 장애인에게 존경하는 뜻을 포함하고 있다. 그런데 신체장애에 대한 중국어의 완곡 표현은 한국어보다 더 많고 다양하다. 이와 관련된 완곡 표현을 살펴보면 다음과 같다.

[한국어]

광범위한 장애: 장애인, 장애우
사지: 지체부자유자, 지체장애인, 다리가 불편한 사람
지능: 지능 장애인, 지적 장애아
시력: 장님, 시각 장애인, 시각 장애우
청력: 청각 장애인, 청각 장애우, 귀머거리
말하기 능력: 언어 장애인, 언어 장애우, 벙어리
정신: 정신 장애인, 사이코패스, 정신병자[22]

[중국어]

광범위에 관한 장애: 殘疾, 伤残, 殘障

사지: 腿脚不方便, 腿脚不靈活

지능: 智残人士,

시력: 失明, 视觉障碍者

청력: 重聽, 耳背, 失聰, 听觉障碍者

말하기 능력: 語言障碍

정신: 精神失常, 精神不正常

    (191) ㄱ. 다리가 <u>불편한</u> 분이라 혼자 이동하기 힘듭니다.

           (다리가 끊어져 혼자 이동하기 힘듭니다.)

           他腿脚<u>不方便</u>, 行动起来也不方便。

           (他腿断了, 行动起来也不方便。)

      ㄴ. 그녀는 태어나서부터 <u>지능장애인</u>이 돼서 사회성이 약하다.

           (그녀는 태어나서부터 지능 지수가 낮아서 사회성이 약하다.)

           她从出生起就是<u>智障人士</u>, 社会性比较差。

           (她是天生的弱智格所以社会性也差。)

      ㄷ. 심리장애로 <u>언어장애</u>가 동반되어 있습니다.

           (심리장애로 벙어리로 되었습니다.)

           由于心病, 同时还伴有<u>语言障碍</u>。

           (由于心病, 她成了哑巴。)

      ㄹ. 수화는 <u>청각장애인</u>의 손으로 말하는 아름다운 언어입니다.[23]

---

22 姚秋林(2012: 17)을 참조함.

23 『한국어학습사전』을 참조함.

(수화는 귀머거리의 손으로 말하는 아름다운 언어입니다.)

手语是听觉障碍者用手来说的美丽的语言。

(手语是聋子用手来说的美丽的语言。)

ㅁ. 그는 사고로 <u>시력장애</u>에 걸려 영원히 세계를 볼 수 있는 기회를 잃어 버렸다.

(그는 사고로 눈이 멀어 영원히 세계를 볼 수 있는 기회를 잃어버렸다.)

她因事故失明了，永远失去了看见世界的机会。

(她因事故眼睛瞎了，永远失去了看见世界的机会。)

한국과 중국의 신체장애에 대한 완곡 표현은 많다. 이러한 완곡 표현의 공통점은 장애인에게 심리적인 위축이나 상처를 최소화하기 위해 최대한 완곡하게 표현하고 장애인의 인권을 보호하기 위한 것이다. 한국어의 신체장애에 대한 완곡 표현은 중국보다 적고 보통 신체장애의 부위를 '장애인'이라는 단어를 붙여 완곡 표현 어휘를 실현한다. 반면, 중국어에서 신체장애에 대한 완곡 표현은 단어의 의미를 통해 완곡 표현을 구성하기 때문에 다양하고 풍부하다. 예를 들어, '失明(실명)', '失聰(실총)'의 '失(실)'은 '잃어버리다'의 뜻을 가진다. '聰', '明'은 '청각'과 '빛'라는 뜻을 나타내는데, '청각을 잃어버리다', '빛을 잃어버리다'라는 완곡 표현에 사용된다.

③ **배설**

사람들은 일반적으로 배설에 관련된 것을 최대한 피하고 싶어 한다. 예를 들면 식사할 때나 커피를 마실 때 화장실에 가고 싶으면 늘 '잠깐만 실례하겠습니다'라고 말한다. 여기에는 화장실을 생략하여 피휘하는 심리가 있는 동시에 상대방에게 존경하는 목적이 있기 때문이다. 즉 말을 직접 하지 않고 돌려서 하는 것이다.

|한국어|

변소: 화장실, WC

변소에 가다: 볼일 보다

똥을 누다: 대변을 보다, 뒤를 보다, 큰 거 누다

오줌: 소변,

|중국어|

厕所(변소): 卫生间, 洗手间(위생간), WC, 一号(일호)

上厕所(변소에 가다): 方便(편리하다)

拉屎(똥을 누다): 大便(대변), 大号(대호), 解大手, 出恭

撒尿(오줌): 小便(소변), 小号(소호), 解小手

尿床(야뇨하다): 画地图(지도를 그리다)

屁(방귀): 浊氣(더러운 기)

放屁(방귀를 뀌다): 放氣(기를 방출하다), 泄氣(공기가 새다)[24]

(192) ㄱ. 여섯 살 아인데 아직도 침대에 <u>지도를 그려</u>?

(여섯 살 아인데 아직도 침대에 오줌을 싸?)

都六岁了还在床上画地图吗？

(都六岁了还尿床吗？)

ㄴ. 빨리 <u>볼 일 보고</u> 와.

(빨리 똥을 누고 와.)

---

24 『委婉语应用辞典』을 참조함.

你快点去下大号吧。/我去方便下。

(快去拉屎吧。)

ㄷ. 사람들 앞에서 <u>기를 방출하여</u> 공기를 오염시키는 일을 하지 마요.

(사람들 앞에서 방구 끼는 일을 하지 마요.)

不要做出在众人面前<u>排放有毒氣体</u>的事情啊。

(不要做出在众人面前放屁的事情啊。)

ㄹ. 저 <u>화장실</u>에 갔다 올게요.

(저 오줌 누고 올게요.)

我去上<u>下小号</u>。/我去下<u>卫生间</u>。

(我去撒尿, 去去就回。)

위 예들은 신체적인 배설물과 관련되는 더러운 대상을 대신하여 그 대상의 위치나 방향, 기능, 모습, 일반적인 뜻을 다른 말로 바꿔 쓴 완곡어이다. 중국어 예문 중의 '一号'라는 것은 중국의 화장실 변기 모양이 '一'처럼 생겨 '一号'로 완곡하게 대신한 것이다. '如厕之事, 是头号大事(화장실에 가는 일은 제일 중요한 일이다)'라는 속어가 있어서 '一号'로 대신한다는 말도 있다. 예문 (192ㄱ)에서 어린이가 침대에 오줌을 싼 사실을 첫째 오줌은 인간의 생리활동이지만 사람들이 회피하는 말이라 직접 말하기 부담스러워하며 둘째 어린이의 자존심을 지키기 위해서 지도를 그린다는 표현으로 완곡하고 에둘러서 설명한다. 중국어에서는 '画地图, 去鱼塘抓鱼' 등 표현이 있다. 예문 (192ㄴ)에서 배설은 인간의 정상적인 생리 활동인 하나로 '볼일 보다'로 에둘러서 표현한다. 또 첫 번째로 중요한 배설이기에 중국어로 '大号'로 표현한다. 예문 (192ㄷ)에서 방구가 기체이기 때문에 '기체를 배출하다'는 표현으로 에둘러서 표현한다. 마찬가지로 중국어에서는 '出虚恭', '排放气体', '漏气' 등 어휘를 사용한다. 예문 (192ㄹ)에서 오줌은 인간의 생리활동의 하나로 '화장실에 가다', '볼일을 보다'는 표현을 사용하여 금기어를 회피하여 완곡의 목적에 도달한다. 중국어에서는 '解手', '方便', '上小号' 등 표현을 사용한다.(최이펑 훼, 2019)

④ 성

'성'과 관련된 어휘는 동양 사람들의 보수적인 심리로 인해 금기어에 속한다. '성'은 더럽고 상스럽다는 생각을 가지고 있기 때문에 '성'에 대한 표현은 수치감이나 부끄러움을 느끼게 하여 쉽게 입에 담는 것을 꺼려한다. 최근에는 생리위생지식의 보급과 관념의 변화에 따라 옛날과 다른 관념을 가지고 있지만 보통은 직접적인 표현을 회피하고 완곡한 표현으로 한다.

[한국어]
성: 섹스
성 기관: 거기, 그것, 그놈, 아래, 페니스, 잠지, 고래 잡다.
성행위: 방사, 밤일, 잠자리 가지다, 같이 자다, 관계를 가지다, 상관하다
피임약: 지우개
낙태: 치우다.
결혼하다: 국수를 먹다.
임신: 아기를 가지다, 몸이 무거워지다, 두 입이다, 기쁜 소식이 있다, 배부르다, 몸이 비지 않다.
부적절한 관계: 세컨드, 바람피우다. 바람이 나다. 배가 맞다, 외도하다. 오쟁이(를) 지다, 속도위반하다. 과속하다.[25]

---

25 채춘옥(2014: 203)을 참조함.

[중국어]

性器官(성기관): 私处(사처), 隐处(은처), 下边(하변), 下体(하체), 那個(그것)

性关系(성관계): 上床(침대로 향하다), 肉体上的接触(육체적인 접촉), 发生关系(관계를 발생하다), 夫妻生活(부부생활)

堕胎(낙태): 人流(인공유산), 刮了(긁어냈다), 做了(해치웠다)

避孕套(콘돔): 安全套(안전투), 小雨衣(소우의)

结婚(결혼하다): 吃喜糖(사탕을 먹다), 喝喜酒(축하주를 마시다)

怀孕(임신): 有喜(유희), 有了(생겼다), 身子重(몸이 무겁다), 身怀六甲(신회육갑)

不适当关系(부적당관계): 第三者(제삼자), 小三(소삼), 二奶(이내), 外遇(외우), 出軌(출궤), 戴绿帽子(녹색 모자를 씌우다), 先上车后补票(차를 타고난 후에 표를 끊다)

   (193) ㄱ. 너 페니스/그것 문제야, 병원에 한 번 가봐?

        (너 생식기 문제야, 병원에 한 번 가 봐.)

        你是那里/下体有问题了, 去医院看看吧。

        (你是阴茎的问题, 去医院看看吧。)

     ㄴ. 임신 중 방사(섹스)를 자제하는 것이 좋습니다.

        (임신 중 성행위를 하지 않는 것이 좋습니다.)

        孕期最好减少房事。

        (孕期最好不做爱。)

     ㄷ. 너 기쁜 소식이 있다고 들었어.

        (너 임신한다고 들었어.)

        听说你有喜了。

        (听说你怀孕了。)

     ㄹ. 보건 당국은 에이즈 예방을 위해 콘돔 사용을 지원하고 있다.

(보건 당국은 에이즈 예방을 위해 피임기구 사용을 지원하고 있다.)

保健当局为了预防艾滋病，正在提供避孕套。

(保健当局为了预防艾滋病，正在提供安全套。)

ㅁ. 나도 빨리 <u>국수</u>를 먹었으면.

(나도 빨리 결혼을 했으면)

我也想赶快吃喜糖。

(我也想快点结婚。)

ㅂ. 그들이 왜 그렇게 서둘러 결혼했는지 아십니까? 시쳇말로 <u>속도위반</u>을 조금이라도 가리려고 그랬던 겁니다.

(그들이 왜 그렇게 서둘러 결혼했는지 아십니까? 시쳇말로 혼전임신을 조금이라도 가리려고 그랬던 겁니다.)

知道他们为什么那么急着结婚吗？用时髦的话来讲就是想掩饰一下'<u>先上车后补票的</u>'局面。

(知道他们为什么那么急着结婚吗？用时髦的话来讲就是想掩饰一下'未婚先孕'。)

한·중 양국의 성에 대한 완곡 표현은 모두 지시대명사 '그것(那个)'를 써서 성 기관에 대해 모호하게 하고 완곡하게 표현하지만, 한국어에서는 외래어를 사용하는 경우가 있다. 성행위는 모두 '관계'라는 어휘를 써서 성에 대한 집중력이 흐려지게 하고 간접적으로 표현을 한다. 유교문화의 영향으로 '傳宗接代(대를 잇다)'는 것을 중시하는 한·중 양국은 '임신'에 대해서 모두 '기쁜 소식이 있다'라고 한다. 그러나 최근에는 직접적으로 '임신'이라고 표현한다. '콘돔'도 외래어를 차용해서 표현한 완곡 표현인데 중국에서는 기능에 초점을 두어 완곡 표현을 나타낸다. '결혼하다'는 '국수를 먹다'와 '吃喜糖(사탕을 먹다)', '喝喜酒(축하주를 마시다)' 등의 관용어를 써서 표현한다. 결혼 전 아이가 생기는 것은 비정상적인 것으로 여겨 '속도위반하다'와 '先上車後補票(차를 타고난 후에 표를 끊다)'의 표현을 쓴다.[26](姚姸君, 2011)

3.3.3. 예의 및 존중 목적

① **직업**

사람들은 '직업에는 귀천이 없다'고 하지만 직업 환경, 직업 성격, 복지, 대우 등으로 차별이 존재하는 것은 사실이다. 이에 사람들은 자기의 평등 의식을 표현하기 위해서 완곡 표현을 사용한다.

|한국어|
청소부: 환경관리원
장사꾼:상인, 사업가, 비즈니스맨
식모: 가정부(家政婦)
머리를 깎는 사람: 미용사(美容師)
간호원: 간호사, 白衣天使(백의천사)
보안원: 경비원, 保安(보안)
세리(稅吏): 세무공무원[27]

|중국어|
扫大街的: 环卫工人, 城市美容师
做买卖的: 商人

---

26 예문은 NAVER 『중국어사전』을 참조함.
27 용요요(2010: 58)를 참조함.

保姆: 家政人员

剃头匠: 理发师, 美发师

护士: 白衣天使

(194) ㄱ. 상인이니 뭐니 해도 공무원보다 잘 되겠냐.
    (장사꾼이 뭐니해도 공무원보다 잘 되겠냐.)
    再怎么说商人能比公务员好吗?
    (再怎么说卖东西的能比公务员好吗?)

ㄴ. 백의천사들 덕분에 도시가 돌아가는 거야.
    (의사들 덕분에 도시가 돌아가는 거야.)
    多亏了白衣天使城市才能得以运转。
    (多亏了医护人员城市才能得以运转。)

ㄷ. 저 미용사가 머리를 잘 정리해줘.
    (저 머리 깎는 사람이 머리를 잘 정리해 줘).
    那个美发师很会打理头发。
    (那个剪头发的很会打理头发。)

ㄹ. 너네 엄마 직업이 뭐야? 가정부라며?
    (너네 엄마 직업이 뭐야? 식모라며?)
    你妈妈是干什么的？家政？
    (你妈妈干什么的？保姆？)

ㅁ. 경비원 장모 덕분에 우리 동네 안전하게 되었다.
    (보안원 장모 덕분에 우리 동네 안전하게 되었다.)
    多亏了警卫张某，我们小区才得以安生。
    (多亏了保安张某，我们小区才得以安生。)

위의 예문을 보면 대부분 육체노동을 위주로 하는 직업과 서비스 업종에 속한다. 현실적으로 이러한 유형의 직업은 사회나 자신이 인정하기에도 낮은 지위에 속한다고 볼 수 있다. 이에 직업에 관련된 완곡 표현은 '더럽다', '힘들다' 등과 같은 표현을 기피한다. 그런데 직업에 관련된 완곡 표현에서 '-师'는 중국어에서나 한국어에서나 흔히 존재한다. 이때 '-师'는 뚜렷하게 긍정적인 의미를 가진다. 따라서 접미사로 '사'를 선호한다.(张娜, 2016)

예문 (194ㄱ)에서 옛날에 상인을 비꼬아 말하는 말인 '장사꾼'으로 얘기하면 상대방의 비호감을 일으킬 수 있어 '상인'이라는 존칭을 사용하여 상대방에 대한 존중의 태도를 표현한다. '-꾼'이라는 어휘는 옛날 한국에 사용하는 단어라 지금 보면 약간 비꼬아 말 하는 혐의가 있다. 예문 (194ㄴ)에서 한국과 중국에서 의사는 비교적 이상적인 직업이지만 '백의천사'로 의사의 직업의 고상함을 강조하여 자신의 존경의 뜻을 전해준다. 예문 (194ㄷ)에서 '머리 깎는 사람'이라고 말 하면 예의성이 떨어져 '미발사'로 고급스럽게 일컬어준다. 예문 (194ㄹ)에서 '식모'는 옛날 양반 집에 일하는 하인과 비슷하여 비꼬아 말하는 성분이 있어 '가정부'로 세련된 이미지를 부각해준다. 예문 (194ㅁ)에서 '보안원'보다 '경비원'이라는 호칭으로 이 직업의 직업 특징을 살려주고 존중의 뜻을 부여한다.

중국어에서는 직업을 크게 두 가지로 나누는데 첫째는 의사 등 사회적 지위가 높은 직업을 존경을 표현하기 위해 '白衣天使', '律政佳人', '人民教师', '园丁' 등 어휘를 사용한다. 다음은 사람들이 흔히 소홀히 하는 직업을 '城市建设者', '绿衣使者', '城市美容师', '美发师', '发型设计师', '家政员' 등 어휘로 존경의 뜻을 부여하여 사용한다.

② 개인 평가

여기에서의 '평가'는 주로 나이, 생김새, 몸매 그리고 품격 등과 같은 것에 대한 것이다. 우리는 일상생활에서 이러한 것에 대한 반응이 상당히 빠르다. 따라서 평가되는 내용이 부정적인 의미를 나타낼 때에는 언어 표현에 각별히 신경 써야 한다.

[한국어]

늙다: 나이 들다, 어르신

인색하다: 손이 작다.

통통하다: 복스럽다, 넉넉해 보이다, 여유가 있다

[중국어]

老: 上了年纪, 年长, 高龄, 年事已高

小氣: 铁公鸡

胖: 丰满, 发福, 富态

(195) ㄱ. <u>나이가 든 분</u>이지만 분위기 하나는 끝내줍니다.
　　　　(늙은 분이지만 분위기 하나는 끝내줍니다.)
　　　　虽然是<u>上了年纪</u>, 但是气质这一块拿捏得死死的。
　　　　(虽然有点老, 但是气质这一块拿捏得死死的。)

　　ㄴ. 아이고, 그런 <u>손이 작은</u> 사람이랑 만나기 싫어.
　　　　(아이고 그런 인색한 사람이랑 만나기 싫어.)
　　　　哎呀真的不想与这种<u>铁公鸡</u>见面。
　　　　(哎呀真的不想与这种吝啬的人见面。)

　　ㄷ. <u>부티가 나는</u> 걸 보니 요즘 잘 지내는가 보네.

(살이 찐걸 보니 요즘 잘 지내는가 보네.)

看你这富态, 最近过得挺好啊。

(看你长胖的样子, 最近过得挺好啊。)

ㄹ. 요 몇 달만 안 봤는데 복스러워졌네.

(요 몇 달만 안 봤는데 살이 많이 쪘네.)

几月不见变得发福了。

(几月不见长胖了许多。)

ㅁ. 어르신들은 다 인생 경험이 풍부해.

(늙은 사람들은 다 인생 경험이 풍부해.)

年长者们人生经验都很丰富。

(老人们人生经验都很丰富。)

나이를 언급하는 것은 한국에서나 중국에서나 민감한 화제이다. 현대 사회에서 직접적으로 상대방에게 나이를 물어보는 것은 예의에 맞지 않는 표현이다. 양국 언어에서 '老'자를 직언하지 않는 것은 공통점이라고 할 수 있다. 왜냐하면 '老'자를 말하는 것은 다른 사람들로 하여금 '죽음까지(死之将至)', '쇠약' 등과 같은 단어를 생각나게 할 수 있기 때문이다. 이러한 점에서 사람들의 금기 심리를 쉽게 발견할 수 있다. '小氣', '胖' 등과 같은 표현도 똑같다. 예문 (195ㄱ, ㅁ)에서 '늙은 분', '늙은 사람' 등 나이를 직접 드러내는 표현 '늙다'를 사용하지 않고 존경의 뜻을 가진 '나이가 들다', '어르신' 등 어휘를 사용하여 나이를 언급하는 것을 피하고 또 상대방에 대한 존중을 나타낸다. 중국어에는 나이든 사람을 '年长者', '长辈', '前辈' 등으로 사용한다. 예문 (195ㄴ)에서 사람의 나쁜 성질을 얘기할 때도 마찬가지로 완곡어를 사용한다. 흉금이 그다 넓지 않는 사람을 '손이 작다'를 인용하여 그 사람의 인색함을 완곡하게 지적하였다. 이와 같이 중국어에서는 '铁公鸡', '一毛不拔', '爱算

계' 등 어휘로 에둘러서 사용한다. 나이뿐 만아니라 사람의 용모를 묘사할 때도 상대방이 싫어하는 특징을 에둘러서 말한다. 예를 들면 예문 (195ㄷ, ㄹ)에서 상대방이 살이 쪘을 때 직접적으로 얘기하면 당돌할 뿐만 아니라 큰 실례이다. 그래서 '부티난다', '귀엽다', '포동포동하다' 등 표현으로 에둘러서 표현한다. 중국어에서는 '富态', '可爱', '萌' 등 표현으로 상대방의 용모를 에둘러서 평가한다.

③ 범죄나 불량행위

절도, 감금, 형벌, 마약 등 범죄행위는 예로부터 사회적 비판의 대상이다. 이런 행위에 관련된 말은 자극성이 있고 심지어 잔인해 보인다. 예컨대, '사형', '목이 잘리다' 등과 같은 어휘들에 대해 사람들은 말하기 곤란해 한다. 반면 죄를 지은 사람에 대해서는 동정하거나 구하고자 하는 생각을 가지고 이들이 잘못을 고치고 바른 길로 돌아오길 바란다. 따라서 사람들은 자극을 줄일 수 있거나 모호하게 과실 행위를 지시하는 단어들을 선택하여 일정 정도 범죄인의 인격과 존엄을 지키고자 한다. 이에 범죄나 불량행위에 관련된 표현들은 완곡어로 이루어져 있다.(최이 펑 훼이, 2009)

[한국어]

감옥: 높은 담
감옥에 들어가다: 콩밥을 먹다, 들어가다
마약: 하얀 가루
강간: 폭행
사형: 극형
도둑: 밤손님
부정수단: 손을 쓰다

[중국어]

监狱: 高墙

入狱: 进去了, 吃牢饭, 进宫

毒品: 白粉, 白面

强奸: 强暴, 糟蹋

死刑: 极刑

小偷: 梁上君子

阴谋活动: 做手脚[28]

    (196) ㄱ. <u>콩밥 먹기</u> 싫으면 잘 해.

          (감옥 가기 싫으면 잘 해.)

          不想吃<u>牢饭</u>的话就好好做。

          (不想去监狱的话就好好做。)

      ㄴ. 살인범죄자들은 <u>극형</u>에 처할 것이다.

          (살인범죄자들은 사형에 처할 것이다.)

          杀人者们将处以<u>极刑</u>。

          (杀人者们将被处以死刑。)

      ㄷ. 그녀는 <u>손을 좀 써서</u> 이 학교에 들어왔어.

          (그녀는 부정수단을 좀 써서 이 학교에 들어왔어.)

          她<u>走后门</u>进的学校。

          (她用了点手段进的学校。)

      ㄹ. <u>흰 가루</u>를 먹어 정신상태가 나빠졌다고 들었어.

          (마약을 흡입하여 정신상태가 나빠졌다고 들었어.)

---

28   翟录(2006: 17)을 참조함.

听说吃了点白粉, 精神状态变差了。

(听说吸了点毒, 精神状态变差了。)

ㅁ. 저기 저 손이 더러운 사람들이 있으니 조심 해.

(저기 도둑이 있으니 조심 해.)

那里有手脚不干净的人小心点。

(那里有小偷, 小心点。)

위 예들의 대부분은 범죄 행위나 죄행과 관련된 것들을 현저한 특징으로 대신한 것이다. 이런 완곡 표현은 부정적인 연상을 줄이고 직접 범죄 행위를 말하는 자극이 약화시킨다. 한국어에서 '범죄행위'나 '부정행위'를 '손을 쓰다(用点手段)', '손이 더럽다(手脚不干净)', '약을 먹다', '약을 빨다(嗑药)', '흰 가루를 먹다(吸粉)' 등 표현을 사용한다. 이런 표현은 직접적인 범죄행위를 지적하지 않고 완곡하게 얘기함으로써 당사자나 듣는 사람들이 더 편히 받을 수 있게 한다. 마찬가지로 범죄처벌 방식에도 대응되는 완곡어가 있다. 예를 들면 감옥에 들어가면 한국어에서는 '콩밥 먹다'로 대체하고, 감옥에서 나온 것을 '두부를 먹다'로 대체한다. 중국어에서는 '蹲墙角', '进号子' 등 표현을 사용한다.

3.3.4. 숨김 및 위장 목적

완곡 표현은 인간관계에서 '윤활제(润滑剂)'의 역할을 한다. 다른 사람의 감정을 상하지 않는 동시에 또 다른 차원에서는 '허위'의 성질을 지닌다고 볼 수 있다. 위장에 관한 완곡 표현은 다음과 같은 분야에서 많이 볼 수 있다.

[한국어]

야한 영화/야동: (19금)성인 영화

돈 받다: 봉투 받다

[중국어]

色情电影: 黄片, 限制级电影

礼金: 红包

    (197) ㄱ. 많이 <u>노출된 영화</u>는 가능하게 개봉 못 할 것 같다.
          (야한 영화는 가능하게 개봉 못 할 것 같다.)
          <u>裸露过多的电影</u>会无法上映。
          (18禁电影可能无法上映。)

       ㄴ. <u>봉투</u>를 받아서 그런지 요즘 그 분은 생활이 많이 좋아졌다.
          (뇌물을 받아서 그런지 요즘 그 분은 생활이 많이 좋아졌다.)
          不知是否收到了<u>红包</u>, 他生活滋润了很多。
          (不知是否收到了贿赂, 他生活滋润了很多。)

       ㄷ. 18세 미만 관영할 수 없는 영화라 입장하기 전에 등록증을 검사해야 한다.
          (성인영화라 입장하기 전에 등록증을 검사해야 한다.)
          由于是<u>未成年人无法观看的电影</u>入场前要检查登陆证。
          (由于是承认电影入场前要检查登陆证。)

위의 예문에서 볼 수 있듯이 같은 개념을 표현하더라도 한국어와 중국어에서 다르게 나타난다. 중국에서 黄色은 권위와 존귀의 상징으로, 황실의 전용 색깔이다. 예를 들면 '黄袍'는 황제의 전용 복식이고, 서민과 사자(士子)는 절대 입어서는 안 되는 것이다. 그러나 서방 국가의 영향으로 '黃色'은 '반동(反动)', '타락(堕落)', '도색(色情)', '음란(淫秽)' 등과 같은 부정적인 의미를 가지게 되었다. 이에 완곡 표현 '黃片'으로 '色情电影'를 대체하는 것이 일반화되었다. '红色'는 긍정적인 의미를 가지는 것으로, 사랑과 열정의 상징이다. 그러나 한국에서는 '红色'이 사랑과 열정 등 긍정적인 의미를 가지는 것 외에 다른 두 가지 의미가 있다. 역사적으로 보면 한국에서는 '황제(皇帝)'가 아니라 '왕'자만 쓸 수 있었다. 왕실의 복식과 용품 색깔의 선택에서도 '黃色'을 사용하지 못하고 '红色'만 쓸 수 있었다.

중국에서는 결혼을 하고 새해 인사를 할 때 축의금 혹은 세뱃돈을 주고받는 풍속이 있다. 이때 사람들은 항상 돈을 빨간 종이봉투에 넣어 준다. 이는 '用语贿赂的钱财'의 의미로 쓰인다. 반면 한국에서는 '돈 받다'의 완곡 표현으로 '봉투 받다'를 사용한다. 왜냐하면 한국인의 풍속에 따르면 돈은 꼭 봉투에 넣어야 한다. 그렇지 않으면 버릇이 없다고 생각할 수 있기 때문이다.

제4장
결론

　이 책은 대조언어학적인 관점에서 한국어와 중국어 완곡 표현의 사용 양상을 연구하였다. 구체적으로 담화 차원에서 담화 요인을 고려하여 한국어와 중국어의 완곡 표현을 예문을 통해 살펴보고, 거기서 발견되는 공통점과 차이점을 분석하였다. 대부분 학자들의 연구를 보면 보통 어휘, 문장, 구성 방식 차원에서 완곡 표현에 대해 연구를 진행해 왔다. 그러나 완곡 표현은 화용론적인 성격을 띠기 때문에 언어 사용 환경을 이탈하면 의사소통에 장애를 일으키기도 한다. 이에 소통과 이해가 중요한 현대 사회에서 상대방에게 자극적이고 소극적인 심리반응을 줄 수 있는 표현들을 피하고 상황에 맞는 적절한 완곡 표현을 쓰는 것이 필요하다. 완곡 표현의 사용은 상대방을 배려하는 동시에, 화자 자신의 높은 예의와 교양 수준도 보여줄 수 있다.
　완곡 표현의 개념은 학자마다 의견이 다르다. 어휘 범주나 문장 범주 각각에서 정의를 내리는 학자도 있고, 어휘 범주와 문장 범주를 함께 고려하는 학자도 있다. 그러나 완곡 표현은 일정한 언어 환경에서 발화자의 의도에 따라 발생하는 언어 현상이기 때문에 언어 상황을 함께 고려하여 정의해야 한다. 이에 이 책에서는 완곡 표현은 특정한 언어 환경이나 담화 상황 맥락에서 화자 자신이나 청자, 제3자에게 부정적이고 소극적인 심리반응을 줄 수 있는 말들 대신 우회적으로 쓰이는 표현들, 또는 인간관계를 원활하게 유지하기 위하여 직접적인 표현 대신 듣기에 더 부드럽고 점잖은 표현들이라고 정의하였다.

완곡 표현의 가장 기본적인 특징은 완곡성을 갖고 있다는 점이다. 완곡성이 있는지에 따라 완곡 표현인지 다른 표현인지가 결정된다. 완곡 표현의 두 번째 특징은 간접성을 갖고 있다는 것이다. 완곡 표현은 직접 표현 대신 본래의 뜻을 가진 다른 표현으로 대용하는 언어 현상이라서 간접성을 가지고 있다. 완곡 표현의 세 번째 특징은 공손성이다. 완곡 표현은 상대방을 배려하여 담화 내용에 대한 부담을 바꾸어 표현한다는 점에서 공손성을 가지고 있다. 완곡 표현의 네 번째 특징은 가변성이다. 완곡 표현은 시간이 지남에 따라 완곡성이 떨어져 완곡 표현이라고 볼 수 없는 경우가 있다. 또한 과학기술이 발전함에 따라 자연이나 우주에 대해 더 깊이 인식하면서 무섭고 기피해야 하는 신이나 사물들을 기피할 필요가 없어지면서 완곡 표현으로 볼 수 없는 것이 있다. 다섯 번째 특징은 지역성이다. 완곡 표현은 국가마다 다를 뿐만 아니라 같은 나라에서도 지역마다 다를 수 있다. 특히 중국 같은 경우에는 56개 소속 민족이 있기 때문에 완곡 표현이 다르게 쓰이는 경우가 많다. 완곡 표현의 여섯 번째의 특징은 의존성이다. 완곡 표현은 구체적인 언어 환경을 이탈하면 완곡성이 떨어질 수 있어서 언어를 사용하는 환경에 의존하는 특성을 가지고 있다. 완곡 표현의 마지막 특징은 모호성이다. 우리는 의사소통을 할 때 직접적이고 정확한 언어로 뜻을 표현하는 것보다는 좀 모호하고 함축적인 언어를 통해 상대방이 소극적인 심리 반응을 피할 수 있게 한다. 즉, 상대방에게 불쾌감을 주거나 불편하게 들리거나 충격을 주지 않도록 모호한 언어 수단을 이용하여 원활한 의사소통이 이루어질 수 있게 한다.

대부분 학자들은 완곡 표현 유형을 완곡 표현의 사용 영역이나 주제에 따라 분류하였다. 구체적으로 보면 성행위, 죽음, 질병, 배설 행위, 형벌, 신체 명칭, 직업, 정치, 군사, 외교, 사회, 교육 등의 분류가 이에 해당한다. 그리고 일상 공간 영역과 인터넷 공간 영역으로 분류한 학자도 있다. 완곡 표현은 사용자의 심리·의도의 영향을 크게 받는 표현이라서 그에 따라 분류하기도 힌다. 금기 피함, 저속 피함, 예의와 존경, 피휘, 위장, 우아, 길상, 사회적 배려 등의 분류가 그것이다. 완곡 표현을 어휘, 문장, 담화 범주로 분류하는 학자도 적지 않다. 어휘 차원에서는 신체, 배설, 질병, 정치, 군사, 외교, 사회, 성, 직업, 교육 등 13개 큰 분류를 나누었고, 문장 차원에서는 피동, 추측, 희망, 청원, 지소사, 모호 표현, 이유, 서술, 의문, 청유, 명령, 거절, 충고와 참모, 자기의견 표현, 비평 등으로 분류할 수 있다. 담화 차원에서는 주로 생활 담화 분야, 광고 표현 분야, 정치 외교 분야, 경제 무역 분야, 사회·도덕·교육 분야로 나뉜다. 이에 이 책에서는 완곡 표현의 특징과 담화 상황 맥락 구성 요소를 같이 고려하여, 담화 차원에서 완곡 표현을 담화 참여자 요인, 담화 기능 요인, 담화 목적 요인으로 나누어서 한·중 완곡 표현의 사용 양상을 분석하였다.

먼저 대화 참여자 요인을 청자 중심, 화자 중심, 제3자 중심으로 나누고, 각 상황별로 한·중 완곡 표현의 사용 양상을 분석하였다. <국제 통용 한국어 표준 교육과정 적용 연구> 의 담화 기능 분류에 따라 담화 기능 요인으로 정보 요청하기와 정보 전달하기, 설득하기와 권고하기, 태도 표현하기, 감정 표현하기, 사교적 활동하기 등 다섯 가지의 담화 상황을 설정하고 각 상황별로 더 세분화하여 특정한 언어 환경에서 한·중 완곡 표현이 사용 양상을 살펴보았다. 그리고 담화에서 완곡 표현을 쓰는 목적 요인을 피휘 목적, 피휘와 예의 및 존중 공동 목적, 예의 및 존중 목적, 숨김 및 위장 목적 등 네

가지로 분류하였다. 피휘 목적에 관한 완곡 표현은 언어 금기에 관한 죽음과 경외의 대상에 관한 완곡 표현을 통해 한·중 대조를 하였고, 피휘와 예의 및 존중 공동 목적은 신체장애, 질병, 성, 배설로 분류하여 예문을 통해 한·중 대조 분석을 하였다. 그리고 예의 및 존중 목적은 직업, 개인 평가, 범죄나 불량행위에 관한 완곡 표현으로 나누어 살펴보았고, 마지막으로 숨김 및 위장 목적으로 한·중 완곡 표현의 사용 양상에 대해 살펴보았다.

　이러한 논의를 바탕으로 완곡 표현에 대해 더 깊이 이해할 수 있을 뿐만 아니라, 한국어 학습자의 사용상 오류를 줄일 수 있는 방안에 대해서도 알 수 있었다. 특히 소통과 이해를 중요시하는 현대 사회에서 상황에 맞는 적절한 완곡 표현의 사용이 중요함을 알 수 있었다.

참고문헌

1. 한국 자료

1) 단행본

강명윤(1992),『국어통사론의 제 문제』, 한신문화사.
강현화 외(2003),『대조분석론: 한국어·스페인어 문형 대조를 바탕으로』, 역락.
김광해(1995a),『국어 어휘론 개설』, 집문당.
_____(1995b),『어휘 연구의 실제와 응용』, 집문당.
김선희(2001),『우리 사회 속의 우리말』, 한국문화사.
나진석(1971),『우리말의 때매김 연구』, 과학사.
문금현(1999),『한국어 관용 표현 연구』, 태학사.
박영순(2001),『한국어의 사회언어학』, 한국문화사.
심재기(1982),『국어어휘론』, 집문당.
이강주(1993),『한국어의 의미와 문법』, 삼지원.
이기문(2003),『동아새국어사전』, 두산동아출판사.
이성범 외(2002),『화용론 연구』, 태학사.
이종철(2004),『국어 표현의 화용론적 연구』, 역락.
임지룡(1992),『국어의미론』, 탑출판사.
잠범성(2004),『중국인의 금기』, 살림출판사.
최경봉(1998),『국어명사의 의미 연구』, 태학사.
허웅(1983),『국어학』, 샘문화사.
홍성호(2000),『교열 리포트』, 커뮤니케이션북스.

2) 논문

곽단양(2006), "중국어권 학습자를 위한 한국어 완곡 표현 교육 연구", 서울대학교 대학원 석사학위논문.
권길호(2015), "한국어 완곡 표현 연구", 부산대학교 대학원 박사학위논문.

김강희(2018), "한국어 지시화행의 담화문법 연구-의미, 형태, 사용에 대한 맥락 분석적 접근을 중심으로", 연세대학교 대학원 박사학위논문.

김미라(2006), "한·일 양 언어의 완곡 표현 대조·비교", 경상대학교 대학원 석사학위논문.

김미형(2000), "국어 완곡 표현의 유형과 언어심리 연구", 『한말』 7, 한말연구학회, 27-48.

김시진(2006), "상황 맥락을 활용한 어휘력 신장 효과의 연구", 홍익대학교 교육대학원 석사학위논문.

김욱(2011), "한·중 완곡어 대조 연구", 경희대학교 대학원 석사학 위논문.

김자윤(2019), "한국어교육을 위한 종결어미 '-던데(요)'와 '-더라고(요)'의 담화기능 분석", 동국대학교 대학원 석사학위논문.

김재민(1992), "미국영어의 완곡어법", 『언어와 언어학』18, 한국외국어대학교 외국어종합연구센터 언어연구소, 3-20.

김혜인(2017), "담화 중심 부정 표현 교육 연구", 고려대학교 교육대학원 석사학위논문.

金鉉哲·金民英(1992), "현대 중국어 완곡 표현 연구", 『중국어문학논집』18, 중국어문화연구회, 235-263.

김홍석(2008), "국어 어휘 범주의 완곡어(委婉语)", 『한어문교육』 19, 한국언어문학교육학회, 20-37.

노대규(1975), "완곡어법고", 『연세어문학』6, 연세어문학회, 67-82.

남기심(1982), "금기어와 언어의 변화", 『언어와 언어학』8, 한국외국어대학교 외국어종합연구센터 언어연구소, 75-79.

남경영(2019), "한국어 피동표현의 담화기능 교육방안 연구", 인하대학교 대학원 석사학위논문.

마경기(2008), "담화와 맥락을 통한 정관사 지도 방안 연구", 전남대학교 교육대학원 석사학위논문.

마풍빈(2012), "한·중 대조를 통한 완곡 표현 연구", 대구대학교 대학원 석사학위논문.

문금현(2002), "광고문에 나오는 간접표현의 의미 분석", 『한국어 의미학』10, 한국어의미학회, 73-90.

박미화(2009), "상황맥락을 통한 중국어 회화 교수법 연구", 경희대학교 교육대학원 석사학위논문.

박종호(1998), "국어와 영어 婉曲语·卑曲语 표현", 『사회과학연구』6, 안양대학교 사회과학연구소, 113-127.

박창균(2008), "듣기·말하기 교육에서 맥락 설정에 관한 연구", 고려대학교 대학원 박사학위논문.

배성영(2012), "고급 한국어 학습자를 위한 완곡 표현의 교육 방안 연구", 영남대학교 대학원 석사학위논문.

석진주(2011), "한국어 교육용 완곡 표현 연구", 경희대학교 교육대학원 석사학위논문.
성미선(2009), "한국어 추측 표현의 완곡어법 양상과 교육 방안", 한양대학교 교육대학원 석사학위논문.
성금자(2008), "영어 완곡어법의 연구", 군산대학교 대학원 석사학위논문.
소우(2011), "한·중 완곡에 의한 공손표현 대조 연구", 고려대학교 대학원 석사학위논문.
심재숙(2013), "금기어를 활용한 한국문화 교육 방안 연구", 『국학 연구』23, 한국국학진흥원, 685-720.
양세희(2016), "국어의 조사 교육에 대한 연구-담화 문법을 중심으로", 고려대학교 대학원 박사학위논문.
양정(2017), "한국어 교육용 완곡 표현 선정 및 등급화 연구-중국어권 학습자를 중심으로", 한국외국어대학교 대학원 박사학위논문.
염정연(2018), "담화 기반 문법 교수를 위한 '구' 계열 종결어미의 담화 맥락 연구: '-구나', '-군', '-군요'를 중심으로", 이화여자대학교 교육대학원 석사학위논문.
오한별(2017), "담화문법 차원에서 상대 높임법 교수학습 방안 연구", 고려대학교 교육대학원 석사학위논문.
王笑丹(2011), "한국어와 중국어 완곡 표현의 대비 연구", 충남대학교 대학원 석사학위논문.
왕효효(2011), "한국어 완곡 표현 교육 연구-교재에 나타난 완곡 표현을 중심으로", 동국대학교 대학원 석사학위논문.
姚妍君(2014), "韓国語와 中国語 婉曲表現의 比較研究-단어와 관용어를 중심으로", 강원대학교 대학원 석사학위논문.
용요요(2010), "한국어와 중국어의 완곡 표현 대비 연구", 건국대학교 대학원 석사학위논문.
유민애(2017), "맥락 중심의 한국어 담화문법 교육 연구-중국인 학습자의 내러티브 분석을 중심으로", 서울대학교 대학원 박사학위논문.
刘晓璇(2012), "한국어 완곡 표현 교육 방안 연구-완곡 표현의 화행 유형을 중심으로", 청주대학교 대학원 석사학위논문.
윤현애(2011), "한국어 피동 표현의 담화 기능 연구", 연세대학교 교육대학원 석사학위논문.
윤희주(2007), "완곡어법과 위악어법의 번역원인 및 번역방법", 『번역학연구』8-1, 한국번역학회, 193-220.
이갑남(2017), "중한 금기어와 완곡 표현 대조 연구-죽음과 질병 관련 어휘를 중심으로", 『동아인문학』41, 동아인문학회, 125-153.
이길용(2012), "중국어 완곡 표현에 대한 연구", 『중국인문과학』 52, 중국인문학회, 69-86.
이수나(2018), "중국인 학습자를 위한 한국어 피동표현의 담화·화용적 지도 방안 연구", 서울대학교 대학원 석사학위논문.
이주섭(2001), "상황 맥락을 반영한 듣기·말하기 교육의 내용 구성에 대한 연구", 한국교원

대학교 대학원 박사학위논문.
이시은(2017), "한국어 학습자를 위한 양태부사의 상황 맥락 분석 연구", 고려대학교 대학원 석사학위논문.
이용주(1959), "완곡어법 소고", 『국어교육』2, 한국국어교육연구회, 33-45.
이종능(2003), "英语에서의 婉曲语法에 관한 研究", 한서대학교 대학원 석사학위논문.
이효신(1998), "완곡 표현의 일반 대조 고찰", 계명대학교 대학원 석사학위논문.
장슬이(2019), "중국인 한국어 학습자를 위한 완곡 표현 교육 연구", 한양대학교 대학원 석사학위논문.
전지연(2013), "미국 신문과 한국 신문의 사망 기사와 부고에 사용되는 죽음에 대한 완곡어법의 차이 비교 연구", 단국대학교 대학원 석사학위논문.
정지선(2007), "담화 상황을 고려한 문장 종결 교육 연구", 숙명여자대학교 교육대학원 석사학위논문.
조영미(2016), "상황 맥락 기반 한국어 문법 교육 방법 연구 : 피동 사동을 중심으로", 부산대학교 대학원 박사학위논문.
조향숙(2013), "금기어와 한국인의 감성", 『인간·환경·미래』10, 인제대학교 인간환경미래연구원, 97-118.
조혜선(1999), "완곡어법의 화용론적 설명", 『한국커뮤니케이션학』7, 한국커뮤니케이션학회, 303-331.
종언선(2019), "한중 완곡어 대조 연구", 연세대학교 대학원 석사학위논문.
진신(2012), "한·중 금기어의 변형 양상 대조 연구", 경희대학교 대학원 석사학위논문.
진흔흔(2016), "한·중 완곡 표현의 비교 연구", 충북대학교 대학원 석사학위논문.
채춘옥(2013), "한중 완곡 표현의 음성 변용과 문자 변용에 관한 대조 연구", 『서강인문논총』38, 서강대학교 인문과학연구소, 253-300.
_____(2014), "한·중 대조를 통한 완곡 표현 연구", 서울대학교 대학원 박사학위논문.
_____(2016), "인지적 관점에서 본 완곡 표현의 생성기제", 『서강인문논총』45, 서강대학교 인문과학연구소, 379-417.
최이 펑 훼이(2009), "한·중 완곡어 구성 방식의 대조 연구", 경북대학교 대학원 석사학위논문.
최영란(2012), "담화 문법 관점의 구어 종결 표현 교육 연구", 서울대학교 대학원 박사학위논문.
하완(2017), "한중 외모 묘사 완곡 표현 대조 연구", 경희대학교 대학원 석사학위논문.
한신(2019), "한중 완곡 표현의 대조 연구-완곡 표현의 구성 방식을 중심으로", 서울시립대학교 대학원 석사학위논문.
한하림(2017), "한국어교육을 위한 맥락 모형 연구", 고려대학교 대학원 박사학위논문.

한하림·양재승(2014), "한국어능력시험 듣기 담화의 상황 맥락 연구", 『이중언어학』55, 이중언어학회, 457-485.

3) 사전

국립국어연구원(1999), 『표준 국어 대사전』, 두산동아출판사.
이기문(1997), 『속담사전』(개정판), 일조각.
임형재(2011), 『한국어학습사전』, 한국외국어대학교출판부.

2. 중국 자료

1) 단행본

陈望道(1932), 『修辞学发凡』, 复旦大学出版社.
陈原(1983), 『社会语言学』, 学林出版社.
陈松岑(1989), 『礼貌语言』, 商务印书馆.
陈北郊(1991), 『汉语讳学』, 陕西人民出版社.
李中生(1991), 『中国语言避讳习俗』, 人民出版社.
史秀菊(2004), 『语境与言语得体性研究』, 语文出版社.
吳禮權(2006), 『現代漢語修辭學』, 複旦大學出版社.
张宇平·姜燕萍·於年湖(1998), 『委婉语』, 新华出版社.

2) 논문

戴国瑞(2015), "中韩委婉表达差异的对比分析", 信息化建设 第8期, 242.
高洋洋(2018), "跨文化交际中的委婉语研究", 现代交际 第3期, 46-47.
胡胜高(2003), "谈委婉语的构造方法及其语用功能", 四川教育学院学报 第19卷 第3期, 49-50+62.
黄雪云(1994), "谈谈委婉语的种类及形成手段", 广西师院学报(哲学社会科学版)第3期, 92-95.
黄瑞红(2001), "委婉语的交际功能与表现手法", 无锡轻工大学学报(社会科学版), 第2卷 第4期, 401-405.
庚桂兰(2003), "委婉语语用功能解读", 延边大学, 硕士学位论文.
金莉娜(2006), "汉语、韩国语的委婉语对比分析", 延边大学学报(社会科学版) 第39卷 第4 期,

76-79.

蒋利·李顺春(2002), "论委婉语的构成", 湖北民族学院学报 第20卷 第6期, 119-120.

林琼(2001), "谈委婉语-特殊的会话含义", 宁波高等专科学校学报 第13卷 第1期, 58-60.

吕春燕(2004), "朝鲜语的委婉方式", 《民族语文》第3期, 47-50.

李善熙(2012), "汉韩委婉语对比研究", 黑龙江大学 硕士学位论文.

李军华(2004), "关于委婉语的定义", 湘潭大学学报 第28卷 第4期, 162-165.

_____(2006), "委婉语的语言间接性研究", 求索 第8期, 197-199.

李芳元(1999), "古汉语委婉语的多种表达方式", 枣庄师专学报 第2期, 76-77.

李建功(2004), "委婉语产生的社会心理探析", 洛阳师范学院学报 第4期, 92-94.

刘娜(2017), "从顺应论角度看委婉语跨文化交际的语用功能", 桂林师范高等专科学校学报 第31卷 第3期, 58-60.

刘蓉(2014), "委婉语的语用分析", 科技视界 第28期, 178+261.

刘淑珍(2002), "从语用角度看委婉语", 西安民族学院学报 第24卷 第3期, 316-318.

刘秉浩(2004), "试论委婉语的中国文化底蕴", 教育评论 第6期, 92-94.

柳惠(1999), "浅谈汉语的委婉语", 伊犁师范学院学报(文理综合版) 第3期, 36-37+40.

卢忠雷(2011), "委婉语的构建及功能", 和田师范专科专科学校 学报 第30卷 第1期, 245-246.

马丽(2017), "韩国新闻报道中委婉语的构成方式和语用功能", 韩国语教学与研究 第3期, 78-83.

_____(2019), "浅析韩国语委婉语构成方式", 韩国语教学与研究 第2期, 20-27.

孟繁平(2014), "中韩委婉表达对比研究", 黑龙江大学 硕士学位论文.

南桂仙(2006), "汉韩委婉语对比研究", 延边大学 硕士学位论文.

倪一凡(2015), "有关韩语句子委婉语及教育方案的研究-以电视剧《来自星星的你》为中心", 吉林财经大学 硕士学位论文.

朴缮希(2002), "浅谈汉语委婉语与对外韩语教学-兼谈汉韩委婉语的对比", 北京语言文化大学 硕士学位论文.

全珍儿(2017), "跨文化交际中的汉韩委婉语对比研究", 北京外国语大学 硕士学位论文.

邱志华·陈叶·朱小玉(2014), "顺应论视角下新时期委婉语探析", 江西师范大学学报(哲学社会科学版)第47卷 第1期, 139-144.

束定芳(1989), "委婉语新探", 外国语 第3期, 28-34.

束定芳·徐金元(1995), "委婉语研究-回顾与前瞻", 外国语 第5期, 17-22.

绍军航·樊葳葳(2002), "委婉语的分类研究", 信阳师范学院学报(哲学社会科学版)第22卷 第1期, 61-65.

绍军航(2008), "委婉语的定义", 黄石理工学院学报 第25卷 第3期, 14-19.

苏晓霞(2015), "中韩委婉语比较研究", 当代教育实践与教学研究 第11期, 242-243.

宋兴(1997), "委婉语的表现形式及其心理因素", 五邑大学学报(社会科学版)第11卷 第1期, 54-58.

田英(2011), "韩汉委婉语对比研究", 河北师范大学 硕士学位论文.
田九胜(2001), "委婉语的语用分析", 福建外语(季刊)第2期, 18-21+37.
王艳华(2009), "从语言顺应论看委婉语的使用", 洛阳师范学院学报 第28卷 第6期, 134-136.
王元浩(2013), "语用学视角下的韩国语委婉语研究", 中韩语言文化研究 第8辑, 283-296.
吴祥云(2004), "委婉语的社会功用", 昭通师范高等专科学校学报 第26卷 第1期, 29-36.
吴颖(1996), "关于禁忌语与委婉语的区别与联系", 洛阳大学学报 第11卷 第1期, 36-39.
伍铁平(1989), "从委婉语的机制看模糊理论的解释能力", 上海外国语学院学报 总第61期 第3期, 16-22.
徐丽丽(2016), "浅析中韩跨文化交际中的言语差异", 现代语文(学术综合版)第10期, 158-160.
熊金丰(1991), "委婉语及委婉表达方式", 龙岩师专学报(社会科学版) 第9卷 第2期, 129-134.
姚秋林(2012), "汉韩委婉语对比研究", 中国海洋大学 硕士学位论文.
姚剑平(2005), "论委婉语的概念、结构与功能", 宜春学院学报 第S1期, 169-171+177.
杨静(2016a), "韩国语句子层面的委婉语表达分析与教学建议", 语文学刊 第11期, 6-11.
_____(2016b), "韩国语委婉表达分析及教学研究-以词汇为中心", 韩国语教学与研 第4期, 99-108.
杨静(2018), "韩国语委婉表达研究文献综述", 韩国语教学与研究第期, 33-40.
张娜(2016), "韩中委婉语对比研究", 延边大学 硕士学位论文.
张宝晔(2013), "汉韩死亡委婉语对比研究", 中国海洋大学 硕士学位论文.
张琳(2005), "论委婉语的得体使用", 郑州大学, 硕士学位论文.
翟录(2006), "中韩委婉语对比研究", 对外经贸大学, 硕士学位论文.
赵美恩(2011), "韩汉委婉语对比研究", 山东大学 硕士学位论文.
郑晓晖(2004), "从'委婉语'的构造看其语义特征", 荆门职业技术学院学报 第19卷 第5期, 50-53.
朱适·鄭玉琪(2001), "委婉语的功能及其语言文化因素探析", 东南大学学报(哲学社会科学版)第3卷 第2A期, 79-81.
周丽蕊(2001), "委婉语的类别、功能及其导致的跨文化交际障碍", 徐州教育学院学报 第16卷 第1期, 81-84.
甄雨(2018), "中韩委婉表达对比及教学建议", 华中师范大学研究生学报 第25卷 第2期, 99-105.

3) 사전

송창수·김인룡(2008), 『한중속담사전』, 연변대학출판사.
신경숙(2012), 『한중사전』, 흑룡강조선민족출판사.
李军华(2010), 『汉语委婉语研究』, 中国社会科学出版社.
刘纯豹(2001), 『英语委婉语辞典』, 商务印书馆.

朱景送(2018),『通用委婉语词典』, 语文出版社.
王雅军(2013),『委婉语应用辞典』, 上海辞书出版社.
张拱贵(1996),『汉语委婉语辞典』, 北京语言大学出版社.
中国社会科学院语言研究所词典编辑室(2016),『现代汉语词典』, 商务印书馆.

3. 사이트

국립국어원 표준국어대사전: http://stdweb2.korean.go.kr
국립국어원 언어정보나눔터 말뭉치(https://ithub.korean.go.kr)
네이버 중국어 사전: http://cndic.naver.com
네이버 지식백과 http://terms.naver.com/
百度百科 http://baike.baidu.com/

지은이 한존새(韩存玺)

중국 흑룡강성 하얼빈 출생
중국 흑룡강대학교 한국어학과 문학학사
한국 충남대학교 무역학과 경영학석사
한국 충북대학교 외국어로서의 한국어교육학과 교육학박사
현재 중국 칭다오이공대학교(青岛理工大学) 마르크스주의 이론학과 강사

<주요 저서>
『두만강 유역 역사문화 연구』, 「다문화 커뮤니케이션에서의 문화 불균형 관점으로 본 한국어교육 중 '중국 문화 실어증' 현상의 원인」, 「중국대학교 한국어 교육의 현황과 개선 방향: 4년제 본과 교육을 중심으로」, 「한류의 변동」, 「한국의 문화 여형-술 문화」

한·중 언어문화 현상: 담화 중심 완곡 표현의 사용 양상 연구
韩中语言文化现象: 以谈话为中心的委婉表达使用样相研究

초판 인쇄 2025년 10월 20일
초판 발행 2025년 10월 31일

지은이 한존새(韩存玺)
펴낸이 이대현
편집 이태곤 권분옥 임애정 강윤경
디자인 안혜진 최선주 김다윤 | 마케팅 박태훈
펴낸곳 도서출판 역락 | 등록 1999년 4월 19일 제303-2002-000014호
주소 서울시 서초구 동광로46길 6-6 문창빌딩 2층(우06589)
전화 02-3409-2060(편집부), 2058(영업부) | 팩스 02-3409-2059
전자우편 youkrack@hanmail.net | 홈페이지 www.youkrackbooks.com

字數 181,781字

ISBN 979-11-7396-339-1 93710

정가는 뒤표지에 있습니다.
파본은 교환해 드립니다.